Nina Vale

Ahura Mazva e a Ordem Divina
A Sabedoria Antiga do Zoroastrismo

Direitos Autorais
Título Original: Ahura Mazda and the Divine Order
Copyright © 2023, publicado em 2024 por Luiz Antonio dos Santos ME.
Este livro explora os fundamentos e práticas do Zoroastrismo, abordando sua história, filosofia e impacto cultural. Pretende inspirar o autoconhecimento e oferecer um guia sobre esta tradição espiritual, mas não substitui orientação médica, psicológica ou terapêutica.

Zoroastrismo
Segunda Edição
Equipe de Produção da Primeira Edição
Autor: Luiz Antonio dos Santos
Revisão: Glória Silva
Design Gráfico e Paginação: Matheus Costa
Capa: Booklas Studio
Tradução: Luiz Antonio dos Santos
Edição: Luiz Antonio dos Santos

Publicação e Identificação
Zoroastrismo / Por Luiz Antonio dos Santos
Booklas Publishing, 2024
Categorias: Religião / Zoroastrismo
DDC: 299.92 - CDU: 28-92
Copyright
Todos os direitos reservados a:
Booklas Publishing / Luiz Antonio dos Santos

Sumário

Prólogo 4
Capítulo 1 Zoroastrismo 6
Capítulo 2 Os Textos Sagrados - O Avesta 14
Capítulo 3 Cosmologia 21
Capítulo 4 Ahura Mazda - A Divindade Suprema 29
Capítulo 5 Angra Mainyu e as Forças do Mal 37
Capítulo 6 A Criação do Mundo 45
Capítulo 7 Asha e Druj - Ordem e Caos 53
Capítulo 8 O fogo 61
Capítulo 9 Ética 69
Capítulo 10 As mulheres 78
Capítulo 11 Rituais de purificação 87
Capítulo 12 Festivais e celebrações 96
Capítulo 13 Vida após a morte 105
Capítulo 14 Os Amesha Spentas 113
Capítulo 15 Luz e escuridão 122
Capítulo 16 Influência noutras religiões 131
Capítulo 17 Templos de Fogo 140
Capítulo 18 Sacerdotes 149
Capítulo 19 Zaratustra nas tradições orais e lendas 158
Capítulo 20 O fim dos tempos 167
Capítulo 21 Cantos rituais 176
Capítulo 22 A diáspora 184
Capítulo 23 A conquista islâmica da Pérsia 194

Capítulo 24 A filosofia do livre-arbítrio 202
Capítulo 25 Influência na cultura persa 209
Capítulo 26 Ética ambiental 217
Capítulo 27 Verdade e honestidade 226
Capítulo 28 O Futuro do Zoroastrismo 235
Capítulo 29 Regras e práticas diárias 244
Capítulo 30 Simbolismo 253
Capítulo 31 Ligação com a ciência e a filosofia 261
Capítulo 32 Zoroastrianos famosos 270
Epílogo 277

Prólogo

Nas areias da antiga Pérsia, onde os céus abraçam a terra e o calor do fogo sagrado dança com os ventos do deserto, jaz um segredo à espera de ser redescoberto. Tu, que agora seguras estas páginas, és convidado a atravessar o limiar de um tempo em que o visível e o invisível se entrelaçam numa dança eterna. Aqui, as vozes do passado murmuram histórias de um profeta, Zaratustra, cujo olhar penetrou para além das ilusões do mundo, alcançando o coração de uma verdade que transcende o tempo.

É um mundo onde Ahura Mazda, a Sabedoria Suprema, luta contra as sombras de Angra Mainyu, o espírito da destruição e da mentira. Mas essa batalha não se dá apenas entre as estrelas ou nas profundezas dos mitos; ela se desdobra em cada pensamento, palavra e gesto. O universo que Zaratustra revelou não é distante. Ele pulsa em cada escolha que se faz, em cada caminho que se decide seguir.

Aqui, o fogo sagrado não é apenas uma chama, mas a própria essência da luz que guia os passos da humanidade em meio às trevas. E a escuridão, nascida das profundezas de Angra Mainyu, sussurra dúvidas, tentações e desejos que podem desviar até a alma mais pura. A sua luta é silenciosa mas implacável, ecoando nas incertezas que habitam no coração da humanidade.

Ao entrares neste universo, compreenderás que o destino do cosmos depende da vontade daqueles que habitam a terra. Cada gesto, cada palavra pronunciada, contribui para um equilíbrio delicado, sustentando a eterna luta entre Asha, a ordem divina, e Druj, a desordem que procura subverter a criação. É através das vossas acções que a luz de Ahura Mazda pode triunfar, tal como cada desvio contribui para as trevas que tentam engolir o mundo.

Mas não vos enganeis: esta não é uma narrativa de certezas ou de finais fáceis. É uma viagem que questiona, desafia e transforma. A passagem pelos mistérios do Zoroastrismo é um convite a olhar para além do visível, a confrontar o que há de mais profundo na alma humana e no tecido do universo. Está preparado para abrir os olhos e enfrentar as forças que moldam o seu destino e o destino de tudo à sua volta? Então siga em frente, sabendo que cada linha aqui escrita fala diretamente ao seu ser, como um eco da antiga voz que sussurrou ao profeta nas suas visões.

Capítulo 1
Zoroastrismo

Num passado distante, por entre as areias movediças e os vales férteis da antiga Pérsia - o atual Irão - começou a desenrolar-se um profundo despertar espiritual. Era uma época em que o mundo era tecido por contos de deuses e espíritos, cada um personificando as forças brutas da natureza. Esta era uma terra onde o fogo, a água e a terra tinham um significado profundo, onde os templos dedicados a várias divindades pontilhavam a paisagem e os rituais sagrados uniam as comunidades. No seio desta vibrante tapeçaria de crenças, surgiu o zoroastrismo, que trazia consigo uma visão do universo que viria a moldar o curso da história.

No centro desta transformação esteve Zaratustra, uma figura cuja vida se situou entre o mito e a realidade. Conhecido no Ocidente como Zoroastro, a sua presença paira sobre o nascimento de uma nova tradição espiritual. Nascido numa sociedade que reverenciava um panteão de deuses - cada um com o seu próprio domínio e poder -, Zaratustra viu-se em desacordo com as normas religiosas vigentes. Os antigos persas adoravam divindades como Mitra, o protetor da verdade, e Anahita, a deusa da água e da fertilidade. Estas crenças tinham sido transmitidas através de gerações, fornecendo estrutura e significado ao seu mundo. No entanto, o coração de Zaratustra ansiava por uma compreensão mais profunda, uma verdade singular que pudesse transcender a multiplicidade de deuses.

A viagem de Zaratustra começou neste mundo de crenças antigas. Cresceu entre as tribos pastoris da região, onde o pastoreio do gado e as migrações sazonais definiam os ritmos da vida. Desde muito jovem, demonstrou uma curiosidade insaciável sobre a natureza da existência. Mas foi por volta do seu trigésimo ano que a sua vida deu uma reviravolta decisiva. De acordo com a tradição zoroastriana, retirou-se para a solidão, procurando clareza longe das distracções da vida quotidiana. Foi durante este período de isolamento que teve uma série de visões divinas, a mais significativa das quais foi um encontro direto com Ahura Mazda, o Senhor Sábio.

Neste encontro, Ahura Mazda revelou uma verdade cósmica que destruiu as velhas formas de pensar. Ele não era uma entre muitas divindades, mas o criador supremo e omnisciente, personificando a luz, a sabedoria e a bondade. Zaratustra ficou a saber da luta cósmica entre Ahura Mazda e Angra Mainyu, o espírito das trevas e do caos. Não se tratava de uma rivalidade vulgar entre deuses; era uma batalha universal entre Asha - a verdade e a ordem - e Druj - a falsidade e o caos. O mundo, Zaratustra percebeu, era um campo de batalha onde cada ser humano tinha um papel na luta eterna, suas escolhas contribuindo para a vitória da luz ou das trevas.

Os ensinamentos de Zaratustra enfatizavam uma mudança radical de perspetiva: o foco deixou de ser o apaziguamento de múltiplas divindades para abraçar um caminho singular de retidão. Falou de uma ordem divina que governava toda a criação, exortando os seus seguidores a viverem segundo os princípios de Asha - bons pensamentos, boas palavras e boas acções. Esta tríade moral tornar-se-ia a pedra angular da prática zoroastriana, orientando os crentes para uma vida em harmonia com o divino. Era um apelo a uma vida ética, em que cada ação tinha consequências que ecoavam tanto no reino material como no espiritual.

Os primeiros anos de pregação do profeta foram, no entanto, marcados por lutas e rejeição. Os sacerdotes e chefes da época viram na sua mensagem uma ameaça às suas tradições e autoridade. Zaratustra enfrentou o ridículo e a perseguição, mas manteve-se firme, movido pela convicção de que as suas revelações continham a chave para uma verdade superior. Viajou de aldeia em aldeia, partilhando a sua visão de um universo onde as forças da luz e das trevas lutavam pela supremacia e onde cada alma desempenhava um papel no grande desígnio.

Apesar destas dificuldades, um pequeno grupo de seguidores começou a reunir-se à sua volta - pessoas que foram atraídas pela clareza da sua mensagem e pela promessa de um mundo governado pela justiça e pela sabedoria divina. Entre esses primeiros convertidos estavam aqueles que se tinham cansado da violência e das incertezas que caracterizavam a sua época. Encontraram esperança nas palavras de Zaratustra, que falava de um objetivo cósmico que transcendia as lutas transitórias da vida terrena.

A mensagem de Zaratustra também trazia uma promessa de renovação - não apenas para os indivíduos, mas para a sociedade como um todo. Ele imaginou um mundo onde os seres humanos, através das suas escolhas, poderiam alinhar-se com o plano divino de Ahura Mazda, contribuindo para o eventual triunfo da luz sobre as trevas. Esta visão oferecia aos fiéis um sentido de agência, sublinhando que as suas acções diárias podiam alterar o equilíbrio das forças cósmicas.

Com o passar do tempo, os seus seguidores tornaram-se o núcleo do que viria a tornar-se uma tradição religiosa de grande alcance. As suas reuniões e discussões sobre os ensinamentos de Ahura Mazda lançaram as bases de uma fé que influenciaria a paisagem espiritual da Pérsia durante séculos. As palavras do profeta, inicialmente sussurradas nos vales isolados e entre humildes pastores, começaram a espalhar-se, levadas por aqueles que acreditavam na promessa de uma nova ordem.

No entanto, a viagem estava apenas a começar. As lutas de Zaratustra para encontrar aceitação num mundo resistente à mudança evidenciaram os desafios inerentes ao nascimento de qualquer nova fé. Os velhos deuses não cediam facilmente, e o sacerdócio, ligado às tradições de sacrifício e ritual, via no monoteísmo de Zaratustra um desafio à sua autoridade. Mas, através da persistência, a voz do profeta acabaria por encontrar um ouvido mais receptivo, preparando o terreno para a transformação das antigas crenças persas e para o estabelecimento do zoroastrismo como uma importante força espiritual.

Quando a aurora do Zoroastrismo despontou no horizonte da antiga Pérsia, os seus ensinamentos continham uma promessa de unidade e objetivo - uma promessa que inspiraria as gerações vindouras e deixaria uma marca duradoura na história espiritual da região. A história deste despertar, enraizado nas questões intemporais da existência e da natureza do bem e do mal, estava apenas a começar a desenrolar-se.

A vida de Zaratustra, desde o momento de sua visão mística, tornou-se uma busca para iluminar o caminho traçado por Ahura Mazda. As suas revelações não eram meras reflexões filosóficas - eram percepções diretas sobre a natureza da existência, o funcionamento do cosmos e as responsabilidades morais da humanidade. Esta nova visão oferecia um afastamento radical das normas religiosas do seu tempo. Propunha uma ordem singular e universal governada por uma divindade suprema, Ahura Mazda, e desafiava as tradições politeístas que há muito moldavam a sociedade persa.

A jornada de Zaratustra como profeta não foi fácil. Após o seu encontro inicial com Ahura Mazda, regressou ao seu povo com um fervor que foi perturbador para muitos. Ele começou a pregar sobre a existência de dois espíritos primordiais: Spenta Mainyu, o espírito do bem, da criação e da verdade, e Angra Mainyu, o espírito destrutivo da falsidade e do caos. Esse dualismo não era uma luta igualitária entre forças opostas, mas sim uma ordem cósmica em que o bem tinha a promessa de um triunfo final por meio da ação humana. A voz de Zaratustra transmitia a convicção de que cada indivíduo tinha um papel nesta grande batalha cósmica, em que as escolhas entre Asha (verdade) e Druj (engano) determinavam não só o seu destino pessoal, mas também o destino do próprio mundo.

Apesar da clareza e profundidade da sua mensagem, Zaratustra enfrentou uma imensa resistência. Os sacerdotes da antiga ordem, aqueles que presidiam aos sacrifícios aos deuses antigos, viam nele uma ameaça ao seu poder e influência. Para eles, o seu apelo à rejeição de rituais que não se alinhavam com o culto de Ahura Mazda era um sacrilégio. Zombaram dele como um herege e os chefes tribais, que confiavam nas bênçãos dos seus deuses para manter o controlo sobre as suas terras e o seu povo, rejeitaram-no. A luta para converter uma sociedade tão profundamente enraizada nos seus costumes antigos testou a determinação de Zaratustra. Os seus ensinamentos, que enfatizavam a pureza interior do pensamento, da palavra e da ação, contrastavam fortemente com o foco externo e material dos sacrifícios tradicionais.

No meio desta luta, houve um ponto de viragem quando Zaratustra encontrou um patrono no rei Vishtaspa, um governante regional que viu o potencial transformador da sua mensagem. As histórias do seu encontro estão entrelaçadas com mitos e reverências. Diz-se que Zaratustra, através dos seus ensinamentos e talvez através de actos milagrosos, convenceu Vishtaspa da verdade da mensagem de Ahura Mazda. Este apoio real deu a Zaratustra o apoio de que necessitava para difundir a sua doutrina mais amplamente e a sua fé começou a enraizar-se para além dos humildes começos de uns poucos seguidores fiéis.

Com a conversão de Vishtaspa, o zoroastrismo começou a espalhar-se pela corte e pelas terras sob a influência do rei. Os ensinamentos do profeta ofereciam uma nova visão de governação, em que os governantes tinham o dever divino de defender a justiça e Asha, promovendo uma sociedade alinhada com os princípios da verdade. Esta aliança entre o profeta e o rei foi fundamental para mudar a perceção do zoroastrismo de uma doutrina subversiva para uma filosofia orientadora da liderança e da governação. Transformou a forma como a justiça era administrada e abriu um precedente para um código moral que colocava o bem-estar da comunidade acima dos caprichos do poder individual.

As ideias de justiça social de Zaratustra estenderam-se para além do tribunal. Os seus ensinamentos apelavam à proteção dos mais fracos e ao respeito por todos os seres vivos como parte da criação divina. Numa sociedade que muitas vezes dava prioridade à força e à conquista, esta ênfase na compaixão e na integridade moral era revolucionária. Dirigiu-se àqueles que tinham sido marginalizados pela ordem social existente, oferecendo-lhes um sentido de dignidade e objetivo dentro da estrutura cósmica. A sua mensagem chegou aos agricultores, artesãos e pastores - pessoas cujo trabalho era subvalorizado, mas que encontraram, na visão de Zaratustra, um lugar de honra na luta por Asha.

No centro dos ensinamentos de Zaratustra estava a ideia de que os seres humanos, através dos seus pensamentos, palavras e acções, podiam influenciar a luta cósmica entre o bem e o mal. Esse princípio do livre-arbítrio estava no cerne da ética zoroastriana. Zaratustra pregava que cada indivíduo tinha o poder de escolher seu caminho e que suas escolhas repercutiriam em todo o cosmos, ajudando a criação de Ahura Mazda ou sucumbindo às forças destrutivas de Angra Mainyu. Esta crença impregnava a vida com um profundo sentido de responsabilidade, em que cada decisão podia manter ou perturbar a ordem divina.

A corte de Vishtaspa tornou-se um centro de estudo e divulgação das ideias zoroastrianas. Foi aqui que os ensinamentos de Zaratustra foram formalizados, assumindo uma estrutura que acabaria por se tornar a base do Avesta, as escrituras sagradas do Zoroastrismo. Embora estes ensinamentos tenham sido inicialmente transmitidos oralmente, o apoio real ajudou a garantir a sua preservação, dando-lhes uma base que resistiria ao fluxo e refluxo da história. Estudiosos, sacerdotes e seguidores reuniram-se para aprender as novas doutrinas, memorizando os hinos e as orações que exaltavam a criação de Ahura Mazda e os caminhos morais que os humanos deviam seguir.

No entanto, a viagem do profeta não terminou com a conversão de Vishtaspa. Ele continuou a viajar e a ensinar, com os seus seguidores a crescerem em número e influência. A sua mensagem espalhou-se pelas terras, encontrando ressonância entre tribos e comunidades que se sentiram atraídas pela promessa de um mundo justo governado pelos princípios de Asha. Através do diálogo, do debate e da fé inabalável, Zaratustra abriu um novo caminho na antiga paisagem cultural da Pérsia.

A morte de Zaratustra, tal como a sua vida, está envolta em mistério. Alguns relatos sugerem que ele foi assassinado enquanto rezava, um mártir de sua fé inabalável. Outros sugerem uma morte pacífica, rodeado por aqueles que levariam os seus ensinamentos para o futuro. Independentemente da forma como terminou a sua vida, o seu legado perdurou. As sementes que plantou criaram raízes nos corações dos seus seguidores, crescendo numa fé que perduraria durante milénios, sobrevivendo a invasões, conquistas e mudanças culturais.

O zoroastrismo, nascido das visões solitárias de Zaratustra e difundido através do apoio de um rei convertido, tornou-se uma religião que falava às profundezas da condição humana. Abordava as questões eternas do bem e do mal, a natureza da justiça divina e o papel da humanidade num mundo repleto de desafios morais. E começou com a revelação de um homem - uma visão de um mundo onde a verdade podia brilhar através da escuridão, guiando a humanidade para uma existência melhor e mais harmoniosa. A história dos primeiros tempos do Zoroastrismo é, portanto, uma história de luta e triunfo, de um profeta que, contra todas as probabilidades, iluminou um caminho para o esclarecimento espiritual que iria ressoar através dos tempos.

Capítulo 2
Os Textos Sagrados - O Avesta

No coração da tradição zoroastriana encontra-se o Avesta, a coleção sagrada de hinos, orações e rituais que incorpora os principais ensinamentos de Zaratustra. Esta antiga escritura serve de guia espiritual para os seguidores de Ahura Mazda, um repositório da sabedoria divina, das verdades cósmicas e dos princípios morais que moldam a vida zoroastriana. O Avesta é mais do que um texto; é um recipiente através do qual as palavras de Zaratustra foram preservadas e transmitidas ao longo de séculos de mudanças, tumultos e resistência. É no Avesta que os mistérios da criação, a natureza do bem e do mal e o caminho para a justiça são escritos em versos que ecoam com a voz de um passado distante.

O Avesta está dividido em várias secções, cada uma servindo um propósito distinto dentro do quadro religioso. Entre as suas partes mais importantes encontra-se o Yasna, um texto litúrgico utilizado em cerimónias religiosas, que inclui os Gathas - os hinos que se crê terem sido compostos pelo próprio Zaratustra. Os Gathas são a parte mais antiga do Avesta, e os seus versos estão impregnados da linguagem poética da antiga Pérsia. Através destes hinos, Zaratustra comunica as suas experiências diretas com o divino, as suas visões de Ahura Mazda e as suas reflexões sobre a luta entre Asha e Druj. Os Gathas não são meras orações; são diálogos com o divino, em que o profeta se debate com os mistérios da existência e a natureza do universo.

Outra componente fundamental do Avesta são os Yashts, uma coleção de hinos dedicados a vários seres divinos e aspectos do mundo natural. Estes textos são ricos em pormenores mitológicos, invocando os espíritos e divindades que habitam a cosmologia zoroastriana. Através dos Yashts, os seguidores procuram as bênçãos de entidades poderosas como Mitra, o deus da aliança e da verdade, e Anahita, a deusa das águas e da fertilidade. Os Yashts celebram a interconexão entre a natureza e o divino, enfatizando a reverência zoroastriana pela criação. Estes hinos, repletos de imagens vívidas de rios, montanhas e corpos celestes, reflectem uma visão do mundo em que cada elemento da natureza está imbuído de um significado sagrado.

A Vendidad, outra parte importante do Avesta, tem um objetivo diferente. Ao contrário do tom poético e devocional dos Gathas e Yashts, a Vendidad é um texto legal e ritualístico, que descreve as regras para manter a pureza e afastar as más influências. Fornece instruções pormenorizadas sobre os ritos de purificação, o tratamento de elementos sagrados como o fogo e a água, e a conduta correta para lidar com a morte e a vida após a morte. A Vendidad é um guia prático para os fiéis zoroastrianos, oferecendo um caminho para manter a limpeza espiritual e física num mundo onde as forças de Angra Mainyu estão sempre presentes. Destaca a importância do ritual na vida quotidiana, em que as acções devem estar alinhadas com a ordem divina para garantir a prosperidade da comunidade.

A estrutura do Avesta reflecte a natureza complexa do culto zoroastriano, equilibrando o místico e o prático, o poético e o prescritivo. Os seus versos são recitados durante cerimónias conduzidas por sacerdotes, conhecidos como Mobeds, que são treinados na arte de entoar estas palavras antigas. A recitação do Avesta não é apenas uma leitura, mas um ato ritual que faz a ponte entre o terreno e o divino, criando um espaço onde os fiéis podem ligar-se a Ahura Mazda e aos reinos espirituais. O ritmo e a entoação dos cânticos são considerados poderosos, um meio de invocar a presença divina e reforçar a ordem cósmica de Asha.

Ao longo da história, a preservação do Avesta tem sido uma história de sobrevivência contra as forças do tempo e da conquista. Grande parte do Avesta original perdeu-se durante os períodos de invasão e destruição, especialmente após a queda do Império Sassânida e a subsequente conquista islâmica da Pérsia. O que resta do Avesta hoje é uma fração do seu outrora vasto corpus, mas carrega o peso de milénios. Os textos que sobreviveram foram cuidadosamente preservados por sacerdotes zoroastrianos que salvaguardaram estas escrituras através da tradição oral e posterior transcrição. A resistência desses textos demonstra a dedicação da comunidade zoroastriana, que via a preservação do Avesta como essencial para manter sua conexão com as verdades antigas reveladas por Zaratustra.

A importância do Avesta vai para além do seu papel nos rituais; é também uma bússola espiritual para o indivíduo. Ele oferece orientação sobre como viver uma vida alinhada com os princípios da verdade, pureza e reverência pela criação. Os seus versos encorajam os fiéis a contemplar a natureza da alma, as responsabilidades do livre arbítrio e as consequências eternas das suas acções. Através dos ensinamentos do Avesta, os zoroastrianos são lembrados de que as suas escolhas contribuem para a luta cósmica entre o bem e o mal, e que a busca de Asha é um esforço diário que molda tanto o seu destino como o destino do mundo.

Na sua totalidade, o Avesta é mais do que um livro; é um testemunho vivo do espírito duradouro do Zoroastrismo. As suas palavras são recitadas em templos de fogo onde a chama sagrada arde como símbolo da luz e da sabedoria de Ahura Mazda. O Avesta continua a ser uma fonte de força para uma comunidade que sofreu deslocações e diáspora, uma recordação de uma herança que remonta aos primórdios da civilização. Para os fiéis zoroastrianos, é uma ligação aos seus antepassados, à visão de Zaratustra e à eterna luta por um mundo governado pela justiça e pela verdade. Através do Avesta, as vozes antigas da Pérsia continuam a falar, guiando aqueles que procuram compreender os mistérios da existência e o caminho para a iluminação espiritual.

Nos versos do Avesta, a história da criação, a natureza do divino e as responsabilidades da vida humana juntam-se numa sinfonia harmoniosa, uma narrativa que moldou a viagem espiritual de inúmeras almas. Este texto sagrado, com a sua mistura de visão cósmica e orientação prática, continua a ser uma pedra angular da identidade zoroastriana - um farol de luz que continua a brilhar através das brumas do tempo, oferecendo sabedoria a quem o ouve.

O Avesta, como uma coleção de textos sagrados, não é apenas um registo de orações e hinos; é um repositório da filosofia zoroastriana e uma exploração profunda das verdades cósmicas reveladas por Zaratustra. Os ensinamentos contidos nestes versos antigos aprofundam a natureza fundamental da existência, a eterna luta entre o bem e o mal e as responsabilidades da humanidade na manutenção da ordem divina. À medida que se explora o Avesta em profundidade, os textos revelam um mundo onde cada ação, palavra e pensamento tem peso no equilíbrio cósmico entre Asha e Druj - verdade e engano.

Os Gathas, atribuídos diretamente a Zaratustra, são fundamentais para esta base filosófica. Escritos numa língua avestana arcaica, os hinos dos Gathas transmitem a essência das revelações espirituais de Zaratustra. Aqui, ele fala de Ahura Mazda como a personificação da sabedoria e da luz, guiando os fiéis para uma vida alinhada com Asha. As palavras de Zaratustra apelam aos indivíduos para que usem o seu livre arbítrio para escolher o caminho da retidão, desempenhando assim um papel na batalha cósmica contra Angra Mainyu, o espírito da destruição. Estes hinos exploram temas como a criação do mundo, a natureza da justiça divina e o destino da alma, constituindo o cerne da teologia zoroastriana.

Nos versos dos Gathas, Zaratustra faz perguntas profundas sobre a natureza do universo e o lugar da humanidade dentro dele. Contempla a natureza da alma, a origem da criação e as forças duais que moldam a realidade. Por exemplo, descreve o momento em que os dois espíritos primordiais - Spenta Mainyu, o espírito generoso de Ahura Mazda, e Angra Mainyu, o espírito do caos - escolhem os seus respectivos caminhos, pondo em marcha a luta cósmica que define a existência. Através destes ensinamentos, os fiéis são recordados de que as suas próprias escolhas reflectem esta decisão antiga, uma vez que decidem continuamente entre os caminhos da luz e das trevas.

Para além dos Gathas, os Yashts fornecem uma compreensão mais profunda dos seres divinos que ajudam Ahura Mazda a manter a ordem do cosmos. Cada hino é dedicado a um determinado Yazata, ou entidade divina, celebrando o seu papel na manutenção de Asha. Entre estes, Mithra destaca-se como o protetor da verdade e dos contratos, personificando a luz que atravessa as trevas. Anahita, a deusa das águas, representa a pureza e o poder nutritivo dos rios e das chuvas. Estas figuras não são divindades distantes, mas estão intimamente ligadas aos elementos do mundo natural, reflectindo o profundo respeito do Zoroastrismo pela natureza e a interligação de toda a vida.

As narrativas dos Yashts são ricas em batalhas alegóricas e acontecimentos cósmicos. Por exemplo, o Yasht de Tishtrya conta a história de Tishtrya, a estrela que traz a chuva, lutando contra o espírito demoníaco da seca, Apaosha. Esta luta mitológica simboliza a eterna batalha entre as forças que dão vida e aquelas que procuram trazer a esterilidade e a morte. Estas histórias não são meros contos míticos, mas servem como lições espirituais, ilustrando a crença zoroastriana de que cada ato de bondade contribui para a manutenção do equilíbrio cósmico.

A Vendidad, com o seu foco mais prático, fornece um guia para a pureza moral e ritual essencial para resistir à influência de Angra Mainyu. Descreve os ritos para manter a limpeza do corpo e para purificar espaços contaminados pela morte ou por forças demoníacas. Esta ênfase na pureza reflecte uma compreensão zoroastriana mais profunda do mundo físico como uma criação sagrada que deve ser protegida. As leis da Vendidad tocam todos os aspectos da vida quotidiana - como cuidar da terra, como tratar os animais e como assegurar que o fogo, o símbolo da presença de Ahura Mazda, permanece puro e não poluído. Desta forma, a Vendidad serve como um guia espiritual e ecológico, enfatizando a importância de respeitar o meio ambiente como parte do dever religioso de cada um.

Entre os aspectos mais intrigantes do Avesta estão as passagens que abordam a criação do mundo e o papel da humanidade dentro dele. No mito da criação, Ahura Mazda cria o universo como uma estrutura ordenada, introduzindo os elementos um a um: céu, água, terra, plantas, animais e, finalmente, a humanidade. Cada parte da criação está imbuída do princípio de Asha, reflectindo a ordem divina que sustenta a vida. No entanto, com a criação veio o desafio de Angra Mainyu, que procura corromper e destruir esta ordem. O Avesta ensina que os seres humanos, como última criação, têm um papel único: são os administradores deste mundo, encarregados de o defender do caos através das suas acções.

Esse senso de responsabilidade cósmica é reforçado nas descrições do Avesta sobre a vida após a morte, particularmente a jornada da alma após a morte. Ao morrer, cada alma enfrenta um julgamento na Ponte de Chinvat, onde os seus actos são avaliados para determinar se vai passar para a Casa da Canção - um reino de luz e alegria - ou cair na escuridão da Casa da Mentira. Esta visão da vida após a morte serve como um poderoso incentivo para os zoroastrianos viverem uma vida de virtude, sabendo que as suas acções afectam diretamente o seu destino espiritual. Os ensinamentos do Avesta sobre a viagem da alma sublinham a importância de viver de acordo com os princípios da verdade, da justiça e da reverência pelo divino.

O rico simbolismo e os ensinamentos do Avesta não se dirigem apenas à comunidade, mas também à viagem interior do indivíduo. O texto encoraja a reflexão sobre a natureza dos nossos próprios pensamentos e intenções, recordando aos fiéis que a batalha entre Asha e Druj tem lugar no interior de cada coração e mente. É nas escolhas individuais que o grande drama cósmico encontra a sua expressão mais íntima, onde cada momento contém o potencial para o crescimento ou declínio espiritual.

O Avesta, na sua totalidade, representa assim uma ponte entre o divino e o terreno, o antigo e o eterno. Os seus versos continuam a ressoar junto daqueles que procuram a sabedoria dos ensinamentos de Zaratustra, oferecendo orientação através das complexidades da vida e dos mistérios da existência. Para a comunidade zoroastriana, estes textos sagrados não são relíquias de um passado distante, mas palavras vivas que inspiram um modo de vida. Através do Avesta, a luz de Ahura Mazda continua a brilhar, iluminando um caminho de retidão que se estende para além do tempo, ligando o presente a uma linhagem de antigos buscadores da verdade.

Capítulo 3
Cosmologia

Na vasta tapeçaria do Zoroastrismo, o cosmos surge como uma arena dinâmica onde se desenrola a eterna luta entre o bem e o mal. Esta visão do mundo, moldada pelos ensinamentos de Zaratustra e preservada nos versos do Avesta, apresenta o universo como um campo de batalha definido pelo dualismo cósmico. No seu centro está Ahura Mazda, a divindade suprema que personifica a sabedoria, a luz e a ordem. Em oposição a ele está Angra Mainyu, o espírito destrutivo que procura espalhar o caos e a escuridão. Essa dualidade não é meramente simbólica - ela permeia todos os aspectos da criação, desde os reinos celestiais até as lutas internas das almas humanas.

Ahura Mazda, o Senhor Sábio, é o criador de tudo o que é bom. Ele não está limitado pelo tempo ou espaço, existindo para além do mundo material, mas profundamente ligado a ele. A sua luz divina, conhecida como Hvar ou o Sol, é vista como uma manifestação da sua presença eterna, iluminando o universo e guiando a humanidade para a verdade. Na cosmologia zoroastriana, Ahura Mazda está rodeado pelos Amesha Spentas, ou "Santos Imortais", cada um representando um aspecto da ordem divina que ele estabeleceu. Essas sete entidades divinas incluem Vohu Manah (Boa Mente), Asha Vahishta (Melhor Verdade) e Spenta Armaiti (Santa Devoção), entre outras, e servem como guardiãs de vários elementos da criação, incorporando os princípios que sustentam o equilíbrio cósmico.

Oposto a esta ordem celestial está Angra Mainyu, também conhecido como Ahriman, o espírito da destruição e do engano. Ao contrário de Ahura Mazda, Angra Mainyu não é um criador, mas um corruptor. A sua própria essência encarna Druj, a força da mentira e da desordem que procura minar a harmonia do universo. O Zoroastrismo retrata Angra Mainyu como uma força malévola que se esforça por introduzir o sofrimento e o caos no mundo, atacando tanto a criação física como a pureza espiritual dos seres. Esta luta não é retratada como uma batalha entre iguais; pelo contrário, é um conflito em que a vitória final de Ahura Mazda está assegurada, mas a cronologia desta vitória depende das escolhas feitas pelos humanos.

A visão zoroastriana do universo é profundamente estruturada, com cada elemento da criação a desempenhar um papel específico nesta luta cósmica. A criação de Ahura Mazda desenrola-se numa série de etapas, começando pelo mundo espiritual e seguindo-se o material. O reino espiritual, conhecido como Mēnōg, representa o estado ideal da criação, não corrompido pelas influências de Angra Mainyu. É o reino onde residem os Amesha Spentas, mantendo o projeto da ordem divina. O mundo material, ou Getig, é onde as manifestações físicas desta ordem tomam forma - onde o céu, a terra, a água e todas as criaturas vivas foram criadas por Ahura Mazda.

No entanto, com a criação do mundo material, começa a corrupção de Angra Mainyu. Ele infiltra-se no reino físico, trazendo a doença, a decadência e a morte - forças que estavam ausentes no puro domínio espiritual. Esta invasão marca o início da luta que define a existência humana: um mundo apanhado entre a pureza da visão original de Ahura Mazda e a contaminação causada por Angra Mainyu. A dualidade entre Mēnōg e Getig ilustra a crença zoroastriana de que o mundo material, embora corrompido, não está além da redenção. Através de acções justas e da adesão a Asha, os humanos podem trabalhar para restaurar o equilíbrio e a pureza da criação.

Dentro desta estrutura cósmica, os conceitos de Asha e Druj têm uma importância central. Asha, muitas vezes traduzido como "verdade" ou "ordem", é o princípio que governa o universo, representando a lei divina e a forma correta de viver. É o caminho traçado por Ahura Mazda, que orienta tudo, desde o movimento das estrelas até às escolhas morais dos seres humanos. Asha não é simplesmente um ideal filosófico; é a força que sustenta a vida, a saúde e a prosperidade. Governa os ciclos da natureza e a harmonia das estações, assegurando que a ordem cósmica permanece intacta. Em cada ato de honestidade, caridade ou justiça, os Zoroastrianos acreditam que estão a reforçar o poder de Asha.

Por outro lado, Druj representa a falsidade, o caos e a decadência. É a força que se opõe a Asha a cada momento, manifestando-se tanto em doenças físicas como em corrupção moral. As doenças, a fome e os conflitos são vistos como manifestações da influência de Druj sobre o mundo material. O desafio para a humanidade, de acordo com os ensinamentos zoroastrianos, reside em reconhecer a presença de Druj e escolher combatê-lo através dos seus pensamentos, palavras e acções. Ao fazê-lo, alinham-se com a luta cósmica e desempenham um papel na garantia de que o equilíbrio do universo se inclina para o lado da luz e da ordem.

Esta cosmologia dualista estende-se à estrutura do próprio tempo. O Zoroastrismo vê o tempo dividido em três grandes épocas: a criação, o atual período de conflito e a renovação final do mundo. O tempo presente é caracterizado pela luta entre Asha e Druj, em que cada ação humana tem o potencial de fazer pender a balança para a luz ou para as trevas. É um período de provações, onde os fiéis devem permanecer vigilantes contra os enganos de Angra Mainyu. No entanto, o resultado final desta batalha cósmica não está em dúvida. A sabedoria divina de Ahura Mazda assegura que as forças do bem acabarão por triunfar, conduzindo ao Frashokereti, ou seja, à renovação do mundo.

Nesta era futura, de acordo com a crença zoroastriana, o mundo será purificado de toda a corrupção. Angra Mainyu e as suas forças demoníacas serão derrotados e Asha será totalmente restaurada. Todas as almas serão reunidas às suas formas perfeitas e os reinos material e espiritual tornar-se-ão um só. O universo voltará ao seu estado original de pureza, livre da influência do caos e do mal. Esta visão do futuro dá aos zoroastrianos um sentido de esperança e propósito, uma vez que as suas acções diárias contribuem para o cumprimento deste destino cósmico.

A cosmologia zoroastriana é, assim, uma narrativa profunda de luz e escuridão, de sabedoria divina que guia o cosmos e de seres humanos que têm o poder de escolher o seu papel neste grande drama. É uma visão do mundo que enfatiza a interconexão de toda a vida e a importância de manter a ordem natural. Através do seu respeito pelos elementos - fogo, água, terra - e do seu empenhamento na verdade e na justiça, os zoroastrianos vêem-se a si próprios como participantes numa missão cósmica para preservar o equilíbrio da criação. Esta compreensão do universo molda todos os aspectos da sua prática religiosa, desde as orações recitadas perante uma chama sagrada até às decisões éticas tomadas na vida quotidiana.

Nesta visão grandiosa do cosmos, a luz de Ahura Mazda continua a brilhar como um farol de esperança, guiando as almas através da escuridão e recordando-lhes a promessa de um mundo redimido. Através dos princípios de Asha, cada ato de bondade e integridade contribui para a lenta mas certa vitória sobre o caos, ecoando através da luta intemporal entre a ordem e a entropia. É dentro desta narrativa cósmica que os fiéis encontram o seu objetivo - um objetivo que transcende o tempo e os liga à luta eterna por um mundo onde a luz prevalece sobre a sombra e a verdade dissipa a falsidade que a procura consumir.

A cosmologia do zoroastrismo não existe apenas numa escala grande e universal, mas estende-se profundamente à vida quotidiana e às práticas dos seus seguidores. É uma visão do mundo que molda a forma como os zoroastrianos percepcionam o que os rodeia, as suas relações e o seu papel na intrincada tapeçaria da criação. Cada elemento da sua fé está ligado à batalha cósmica entre Asha (ordem) e Druj (caos), influenciando a forma como os zoroastrianos se comportam perante os desafios morais e existenciais. Esta visão cósmica não está confinada aos templos ou às escrituras, mas ressoa em todos os aspectos da vida zoroastriana, oferecendo um enquadramento através do qual os fiéis navegam na sua existência.

Um dos aspectos mais significativos da cosmologia zoroastriana é o conceito de Asha, um princípio que incorpora a verdade, a ordem e a lei divina estabelecida por Ahura Mazda. Asha não é apenas uma ideia abstrata; é uma força orientadora que molda a estrutura do universo e a conduta ética esperada de cada zoroastrista. Os fiéis são chamados a alinhar-se com Asha em todas as suas acções, esforçando-se por viver em harmonia com o mundo natural e a sua ordem divina. Isto estende-se às práticas quotidianas, tais como manter a limpeza, oferecer orações perante a chama sagrada e tratar toda a vida com respeito. Viver de acordo com Asha é contribuir para a luta cósmica a favor da luz e da retidão, fazendo frente às forças invasoras do Druj.

O conceito de Druj, por outro lado, representa a desordem, a falsidade e o caos destrutivo introduzido por Angra Mainyu. Druj manifesta-se não só no reino metafísico como uma influência corruptora, mas também no mundo material, através de actos de engano, violência e desrespeito pela ordem natural. Para os zoroastrianos, resistir a Druj é uma batalha diária que tem lugar na mente, no discurso e na ação. Requer atenção e uma consciência constante das implicações morais das nossas escolhas. Os actos que prejudicam os outros, enganam ou desrespeitam a santidade da vida são considerados como alinhamentos com Druj, enfraquecendo a presença de Asha no mundo.

Os rituais e práticas religiosas zoroastrianos são concebidos para reforçar os princípios cósmicos de Asha, criando um espaço sagrado que reflecte a ordem divina do universo. Um dos elementos mais centrais do culto zoroastriano é o fogo, que simboliza a luz de Ahura Mazda e serve como uma lembrança constante da presença divina no mundo material. Nos templos do fogo, os zoroastrianos reúnem-se para rezar perante uma chama sagrada, mantendo a sua pureza num gesto de devoção a Asha. O fogo é mantido continuamente aceso, reflectindo a natureza eterna da luz de Ahura Mazda, e é tratado com a maior reverência, nunca podendo ser poluído por substâncias impuras.

Na vida quotidiana, os zoroastrianos praticam rituais simples que reforçam a sua ligação à ordem cósmica. As orações são recitadas várias vezes por dia, muitas vezes viradas para uma fonte de luz, quer seja o sol nascente ou uma vela acesa, simbolizando uma viragem para a verdade e para longe da escuridão de Druj. Estas orações são consideradas actos de alinhamento com o divino, momentos em que os fiéis reafirmam o seu compromisso de viver de acordo com Asha. Mesmo em actividades mundanas como comer ou trabalhar, os zoroastrianos são ensinados a manter uma mentalidade de gratidão e respeito pelas bênçãos de Ahura Mazda, assegurando que as suas acções permanecem em harmonia com a ordem cósmica.

A importância do livre arbítrio na cosmologia zoroastriana é um tema recorrente, uma vez que cada indivíduo é visto como um participante ativo na batalha cósmica em curso. Esta crença no arbítrio humano é fundamental para a compreensão zoroastriana do bem e do mal. Ao contrário de muitos sistemas de crenças antigos, em que o destino é predeterminado pelos deuses, o zoroastrismo coloca o poder de escolha diretamente nas mãos de cada pessoa. Os seguidores são encorajados a refletir profundamente sobre as suas acções e as suas consequências, sabendo que cada escolha fortalece Asha ou permite que Druj ganhe terreno. Esta ênfase no livre-arbítrio fornece um enquadramento moral que é simultaneamente poderoso e exigente, uma vez que coloca a responsabilidade pelo destino do mundo nas mãos dos seus habitantes.

Esta filosofia estende-se à forma como os zoroastrianos encaram a natureza e o ambiente. A terra, a água, as plantas e os animais são todos considerados criações sagradas de Ahura Mazda, merecedoras de cuidado e respeito. Esta reverência pela natureza não é simplesmente ecológica, mas está ligada à batalha cósmica contra o caos. A poluição, o desperdício e o desrespeito pelos recursos naturais são vistos como formas de Druj, actos que perturbam a harmonia divina do mundo. Para os zoroastrianos, o ato de cuidar de um jardim, conservar a água ou tratar dos animais é mais do que uma boa administração - é um dever espiritual que os alinha com Asha e contribui para o restabelecimento do equilíbrio cósmico.

A influência da cosmologia zoroastriana também é evidente na abordagem da comunidade aos desafios e adversidades da vida. As lutas da vida quotidiana, quer sejam doenças, perdas ou dilemas morais, são entendidas como reflexos de uma luta cósmica mais vasta. Ao enfrentar tais desafios, os Zoroastrianos retiram força da sua crença na sabedoria suprema de Ahura Mazda e na promessa de que, apesar dos contratempos temporários, as forças do bem acabarão por prevalecer. Esta fé no triunfo da luz sobre as trevas oferece consolo e resistência, encorajando os crentes a perseverarem nos seus esforços para viverem corretamente, mesmo quando confrontados com circunstâncias difíceis.

Os ensinamentos do Avesta, incluindo as suas descrições vívidas da luta cósmica, desempenham um papel central na formação desta perspetiva. Por exemplo, passagens da Vendidad enfatizam a importância da pureza e da vigilância contra a corrupção espiritual e física, reforçando a ideia de que cada ato de cuidado consigo próprio e com os outros é uma contribuição para a força de Asha. Estes ensinamentos servem para relembrar que o sagrado está entrelaçado no tecido da vida quotidiana, que as escolhas feitas mesmo nos momentos mais pequenos têm um significado cósmico.

Em última análise, a visão zoroastriana do cosmos oferece uma visão de interligação - onde cada ser, cada elemento e cada momento desempenha um papel numa grande narrativa que se estende para além do tempo. Este sentido de dever cósmico dá um profundo sentido de propósito às vidas dos fiéis, lembrando-lhes que as suas acções ressoam muito para além do mundo imediato. Fomenta uma comunidade ligada não só por rituais e crenças partilhados, mas também por uma missão comum de preservar a ordem divina contra as sombras invasoras do caos.

Nesta intrincada dança entre a luz e as trevas, os zoroastrianos encontram um caminho que é simultaneamente exigente e profundamente significativo. O mundo, com toda a sua beleza e desafios, torna-se um palco onde se desenrola o drama de Asha e Druj, e onde cada indivíduo, através dos seus pensamentos, palavras e acções, contribui para o desenrolar da história do universo. É uma visão do mundo que convida à reflexão, à reverência e ao compromisso com uma vida de integridade, oferecendo uma bússola espiritual que guia os fiéis através das complexidades da existência, sempre com um olho na luta cósmica maior que molda o destino de toda a criação.

Capítulo 4
Ahura Mazda - A Divindade Suprema

Ahura Mazda, a divindade suprema do Zoroastrismo, é a personificação da sabedoria, da luz e da verdade. Ele é o criador de tudo o que é bom no universo, um ser cuja essência está entrelaçada com o conceito de Asha, a ordem divina que sustenta a vida e mantém o equilíbrio no cosmos. Ao contrário das divindades caprichosas de outros panteões antigos, a natureza de Ahura Mazda está singularmente focada na promoção da harmonia, da justiça e da clareza moral. Ele não é apenas uma força cósmica distante, mas um guia pessoal para aqueles que procuram compreender os mistérios da existência e alinhar-se com os princípios que governam o universo.

O próprio nome Ahura Mazda é rico em significado. Derivado do Avestan, "Ahura" significa "Senhor" ou "Espírito", e "Mazda" traduz-se por "Sabedoria" ou "Conhecimento". Juntos, o nome transmite a sensação de uma inteligência divina que governa o universo com propósito e previsão. Nos ensinamentos de Zaratustra, Ahura Mazda não é apenas um criador, mas a própria fonte de toda a sabedoria, o arquiteto das estrelas e a ordem do mundo natural. É retratado como uma divindade que possui Haurvatat (Totalidade) e Ameretat (Imortalidade), qualidades que significam a sua natureza eterna e imutável. Isto torna-o diferente das divindades da Pérsia pré-zoroastriana, cujo poder estava frequentemente ligado a domínios específicos da natureza ou a papéis sociais.

A cosmologia zoroastriana coloca Ahura Mazda no centro da criação, descrevendo-o como o criador dos mundos espiritual e material. Antes de o universo material tomar forma, Ahura Mazda criou o reino espiritual, um domínio perfeito e eterno onde os princípios de Asha reinavam supremos. Este ato de criação não foi um acontecimento distante, mas um processo contínuo, em que a sabedoria de Ahura Mazda continua a guiar o desenrolar do cosmos. No pensamento zoroastriano, cada estrela que brilha no céu noturno e cada lei natural que governa a vida é uma manifestação da sua ordem divina. A beleza do mundo, desde os rios caudalosos até aos ciclos das estações, é vista como um reflexo da vontade criativa de Ahura Mazda.

Um dos aspectos mais profundos da natureza de Ahura Mazda é a sua relação com a humanidade. Zaratustra ensinou que Ahura Mazda dotou os humanos de Vohu Manah, ou Boa Mente, que lhes permite distinguir entre o certo e o errado. Esta dádiva é o que permite aos humanos participar na luta cósmica entre Asha e Druj, usando o seu livre arbítrio para escolher o caminho da retidão. Ao contrário de outros deuses antigos que exigiam uma obediência cega, Ahura Mazda procura uma relação consciente com os seus seguidores, incitando-os a compreender as dimensões morais das suas escolhas e a sua responsabilidade na preservação do mundo. Através desta relação, os Zoroastrianos são convidados a tornarem-se colaboradores de Ahura Mazda na luta contra o caos, contribuindo para a vitória final da luz sobre as trevas.

O papel de Ahura Mazda como guia moral reflecte-se ainda nas suas interações com os Amesha Spentas, os "Imortais Benéficos" que servem como aspectos da sua vontade divina. Estes seres não são deuses separados, mas sim facetas do poder criativo de Ahura Mazda, cada um personificando uma virtude ou um elemento particular do mundo. Por exemplo, Asha Vahishta representa a verdade mais elevada e a ordem cósmica, enquanto Spenta Armaiti encarna a devoção e a reverência. Estas entidades servem de intermediárias entre Ahura Mazda e o mundo material, guiando os humanos para uma vida que se alinha com os princípios de Asha. Juntos, formam um conselho divino que defende a integridade da criação, assegurando que a visão de Ahura Mazda de um universo justo e harmonioso seja realizada.

Esta hierarquia divina, com Ahura Mazda à cabeça, reflecte a natureza estruturada da visão do mundo zoroastriana. A presença dos Amesha Spentas enfatiza que a influência de Ahura Mazda se estende a todos os aspectos da existência, desde os ciclos naturais da vida até as estruturas éticas que guiam o comportamento humano. Quando os zoroastrianos oferecem orações a Ahura Mazda, estão também a invocar estas qualidades divinas, procurando harmonizar as suas próprias vidas com as virtudes cósmicas que os Amesha Spentas representam. As orações e os rituais dirigidos a Ahura Mazda funcionam, assim, como actos de alinhamento, em que os fiéis procuram refletir a ordem divina nos seus próprios pensamentos, palavras e acções.

O papel central de Ahura Mazda no Zoroastrismo não é apenas como divindade de culto, mas como símbolo da eterna luta pela verdade e pela retidão. A sua existência como fonte suprema de luz e sabedoria fornece uma base para a compreensão do universo moral em que os zoroastrianos vivem. Através da sua devoção a Ahura Mazda, os crentes são recordados do seu dever de defender Asha face à invasão de Druj, de estarem vigilantes contra a falsidade e de se esforçarem por uma vida que incorpore a integridade e a compaixão. Esta relação com o divino é profundamente pessoal, oferecendo a cada indivíduo a oportunidade de participar na ordem cósmica através das suas próprias acções.

O conceito de Ahura Mazda também traz uma perspetiva única à natureza da própria divindade. Ao contrário de muitas outras tradições que retratam os deuses como falíveis ou movidos por desejos semelhantes aos humanos, Ahura Mazda representa um ideal de perfeição. Ele não tem falhas nem fraquezas, personificando os mais elevados ideais de sabedoria e justiça. Esta visão de uma divindade pura em pensamento, palavra e ação estabelece um padrão para os fiéis, encorajando-os a aspirar a virtudes semelhantes nas suas próprias vidas. Através desta aspiração, os zoroastrianos vêem-se como capazes de contribuir para a ordem cósmica, incorporando as qualidades divinas que Ahura Mazda representa.

Nos templos zoroastrianos, Ahura Mazda não é representado em forma humana, mas sim simbolizado pelo fogo sagrado, uma lembrança da sua presença eterna e da luz da sabedoria que ele concede. O fogo, que arde continuamente nos altares, serve como uma ligação tangível ao divino, um símbolo da luz orientadora de Ahura Mazda que dissipa a escuridão da ignorância. Este simbolismo reforça a ideia de que o divino não está distante, mas sempre presente, uma fonte de inspiração que ilumina o caminho de Asha para aqueles que o procuram.

A essência de Ahura Mazda como criador e sustentador da vida, como árbitro supremo da verdade e como a força que faz avançar o cosmos, é o núcleo da espiritualidade zoroastriana. Os seus ensinamentos através de Zaratustra oferecem uma visão de um mundo onde reina a ordem, a justiça e a compaixão, um mundo onde cada indivíduo tem o poder de contribuir para um bem maior. Através desta relação com Ahura Mazda, os Zoroastrianos encontram um sentido de propósito, uma bússola moral que os guia através das complexidades da existência, apontando sempre para a promessa de um universo onde a luz prevalece sobre a sombra e a sabedoria triunfa sobre a ignorância.

O culto de Ahura Mazda no Zoroastrismo não é apenas uma prática de reverência, mas uma expressão profunda de devoção que entrelaça a vida quotidiana com a ordem cósmica. Os zoroastrianos vêem a sua relação com Ahura Mazda como uma parceria na luta contínua pela preservação de Asha, a verdade e a ordem divinas. Esta ligação é alimentada através de rituais, orações e conduta ética, dando forma a um caminho espiritual em que a presença de Ahura Mazda guia a vida comunitária e individual.

No centro do culto zoroastriano está a prática de orações diárias, conhecidas como Gāhs, que são recitadas cinco vezes por dia, cada uma alinhada com fases específicas do dia. Estas orações servem para manter os fiéis em constante comunhão com Ahura Mazda, recordando-lhes o seu papel na defesa de Asha em cada pensamento, palavra e ação. Recitar estas orações é mais do que um ritual formal - é um ato de alinhamento com a luz divina, reforçando os ideais de sabedoria e retidão que Ahura Mazda personifica. Os Gāhs são tipicamente direcionados para elementos naturais como o fogo, a água e a terra, reconhecendo-os como criações de Ahura Mazda e reafirmando a importância de viver em harmonia com o mundo natural.

Os rituais que envolvem o fogo desempenham um papel particularmente significativo neste culto. O fogo é considerado o símbolo mais puro da essência de Ahura Mazda, representando a chama eterna da sabedoria e da luz que ele traz ao mundo. Nos templos de fogo zoroastrianos, ou Atash Behrams, a chama sagrada é cuidada por Mobeds (sacerdotes), que se certificam de que se mantém continuamente acesa. O próprio fogo torna-se um meio através do qual os adoradores se ligam a Ahura Mazda, oferecendo orações perante a chama e reflectindo sobre o seu simbolismo como um farol da verdade. O ato de cuidar do fogo - quer nos grandes templos, quer nos pequenos santuários domésticos - incorpora o esforço para manter vivo o espírito de Asha, uma lembrança de que a presença divina deve ser cultivada com cuidado e devoção.

As práticas de devoção a Ahura Mazda ultrapassam os limites dos espaços rituais e permeiam a vida quotidiana dos fiéis. Uma das expressões centrais desta devoção é a adesão à tríade de Humata, Hukhta e Hvarshta - Bons Pensamentos, Boas Palavras e Boas Acções. Esta tríade constitui a base ética da vida zoroastriana, orientando a forma como os crentes interagem uns com os outros e com o mundo. Estes princípios não são ideais abstractos, mas compromissos práticos que moldam as acções quotidianas, desde a honestidade nos negócios até à bondade nas relações familiares. Ao encarnarem estas virtudes, os zoroastrianos vêem-se a si próprios como participantes na missão cósmica de espalhar a luz de Ahura Mazda e manter o tecido moral do mundo.

O Yasna, uma parte central do Avesta e a chave do culto zoroastriano, é um ritual que envolve diretamente a presença de Ahura Mazda. Realizado por sacerdotes, inclui oferendas de haoma, uma planta sagrada, e recitações de hinos que louvam Ahura Mazda e a sua criação. A cerimónia Yasna é vista como uma reencenação da ordem divina, uma forma de alinhar a comunidade com os ritmos do cosmos. Durante a cerimónia, a recitação dos Gathas - hinos atribuídos ao próprio Zaratustra - invoca a sabedoria de Ahura Mazda e reitera os princípios eternos que devem guiar a vida humana. Este ritual funciona como uma afirmação colectiva de fé, reforçando a unidade entre o divino, a natureza e a comunidade.

A relação com Ahura Mazda também molda os festivais zoroastrianos, que marcam momentos importantes nos ciclos naturais e espirituais da vida. Celebrações como o Nowruz (o Ano Novo persa) e o Mehragan não são apenas eventos culturais, mas ocasiões espirituais para expressar gratidão pela criação de Ahura Mazda. Durante estes períodos, as comunidades reúnem-se para realizar orações, partilhar banquetes e refletir sobre os valores da generosidade, da renovação e do equilíbrio. Estes festivais são momentos em que o calendário zoroastriano e os ritmos do mundo natural se unem, enfatizando a unidade dos reinos material e espiritual como parte do projeto de Ahura Mazda.

Para além dos rituais e das orações, a influência de Ahura Mazda faz-se sentir nos sistemas éticos e legais que regem as comunidades zoroastrianas. Os ensinamentos de Zaratustra, que realçam os atributos divinos da verdade e da justiça, fornecem uma estrutura para resolver disputas e orientar a conduta da comunidade. A lei zoroastriana, tal como descrita em textos como a Vendidad, reflecte a crença de que as questões legais devem ser abordadas com equidade e respeito pela dignidade de cada indivíduo. Os princípios da justiça são vistos como uma extensão de Asha, personificando a visão de Ahura Mazda de um mundo onde a harmonia prevalece sobre a discórdia. Através disto, os fiéis são recordados de que a defesa da lei é uma forma de devoção, um meio de cumprir a vontade de Ahura Mazda nas suas interações diárias.

Este respeito profundo pela orientação de Ahura Mazda é também evidente na abordagem zoroastriana às transições da vida, como o nascimento, o casamento e a morte. Durante estes acontecimentos da vida, são realizadas orações e cerimónias especiais para procurar a bênção de Ahura Mazda e garantir que cada fase da vida está alinhada com Asha. A cerimónia Naujote, um rito de iniciação para as crianças, simboliza a aceitação do caminho de Ahura Mazda, uma vez que o iniciado veste o sudreh (camisa sagrada) e o kusti (cordão sagrado), que servem para lembrar o seu compromisso com os princípios da fé. Desta forma, a ligação a Ahura Mazda é tecida no próprio tecido da vida de um zoroastriano, desde os primeiros passos da infância até aos momentos finais da viagem terrena.

A relação devocional com Ahura Mazda também molda a compreensão zoroastriana da comunidade e da caridade. Os actos de caridade são vistos como expressões diretas da vontade divina, reforçando a crença de que ajudar os outros contribui para a manutenção de Asha. Os projectos de bem-estar comunitário, o apoio aos menos afortunados e o cuidado dos templos de fogo comunitários são considerados deveres sagrados, realizados com a intenção de honrar os ensinamentos de Ahura Mazda. Desta forma, o culto a Ahura Mazda transcende a piedade individual e torna-se um esforço partilhado para criar uma sociedade que reflicta a ordem e a compaixão divinas.

Mesmo quando os zoroastrianos enfrentaram desafios ao longo da história, incluindo a perseguição e a diáspora, o culto a Ahura Mazda manteve-se um pilar central da sua identidade. As práticas e os valores que giram em torno deste culto foram adaptados a novos contextos, permitindo aos fiéis manter a sua ligação ao divino mesmo quando as circunstâncias mudam. Hoje, seja num pequeno templo de fogo no Irão rural ou num centro comunitário numa cidade movimentada da diáspora, os zoroastrianos continuam a encontrar em Ahura Mazda uma fonte de força, sabedoria e esperança.

Esta relação duradoura com Ahura Mazda reflecte uma visão do divino que não está confinada aos céus, mas que está intimamente presente na vida daqueles que procuram compreender e viver de acordo com os princípios de Asha. Através da oração, do ritual e da busca ética de uma vida justa, os zoroastrianos permanecem ligados à luz orientadora de Ahura Mazda, encontrando nele a sabedoria para navegar pelas complexidades do mundo e a inspiração para contribuir para a luta cósmica por uma realidade governada pela verdade e pela retidão. Enquanto esta chama de devoção arder, a presença de Ahura Mazda continua a iluminar o caminho daqueles que se esforçam por defender os valores antigos de uma tradição que perdura há milénios.

Capítulo 5
Angra Mainyu e as Forças do Mal

Na estrutura dualista do zoroastrismo, Angra Mainyu - muitas vezes conhecido como Ahriman - é a contraparte sombria de Ahura Mazda, representando a personificação do caos, da falsidade e da destruição. Enquanto Ahura Mazda simboliza a sabedoria, a ordem e a luz que guia a criação, Angra Mainyu é a força que procura minar e corromper esta visão divina. A sua própria natureza opõe-se a Asha, a ordem cósmica, e ele personifica Druj, o engano que ameaça a harmonia do universo. Esta oposição entre Ahura Mazda e Angra Mainyu constitui a base da visão do mundo zoroastriana, apresentando o cosmos como um campo de batalha onde as forças do bem e do mal lutam pela supremacia.

A história da origem de Angra Mainyu não é uma história de criação, mas de rebelião contra a ordem natural estabelecida por Ahura Mazda. Ele não é uma divindade com um domínio sobre um aspecto particular da vida; pelo contrário, ele representa a negação da própria vida. A sua existência é definida por um impulso eterno para espalhar o caos, a decadência e o sofrimento, trabalhando incansavelmente para se opor a todos os actos de criação e harmonia trazidos por Ahura Mazda. Esta oposição não é meramente filosófica, mas é entendida como uma luta literal e contínua que se manifesta tanto no mundo espiritual como no material.

A natureza do Angra Mainyu está enraizada no conceito de Druj, que se traduz em falsidade, desordem e corrupção. Druj é a antítese de Asha, e o poder de Angra Mainyu reside na sua capacidade de semear a confusão e o desvio moral. Enquanto Asha traz a clareza e a verdade, Druj traz o engano, desviando os humanos do caminho da retidão. Este conflito espiritual não se limita a domínios abstractos; influencia as experiências quotidianas dos indivíduos, fazendo de cada decisão um potencial local de conflito cósmico. Na crença zoroastriana, a presença de doença, morte e desastres naturais são vistos como sinais das tentativas de Angra Mainyu de deformar e perturbar a criação perfeita de Ahura Mazda.

O simbolismo das trevas é fundamental para compreender o papel de Angra Mainyu no pensamento zoroastriano. As trevas representam a ignorância, o desespero e a ausência de orientação divina. É o estado de existência em que a luz da sabedoria de Ahura Mazda é bloqueada, permitindo que Druj se espalhe sem controlo. No imaginário zoroastriano antigo, Angra Mainyu é frequentemente associado a sombras, perigos ocultos e ameaças que se escondem para além dos limites da compreensão humana. Ele é a personificação do medo e do caos, explorando as incertezas da vida para afastar as almas da verdade.

A influência de Angra Mainyu não se limita aos perigos externos, mas estende-se profundamente ao domínio moral e espiritual dos indivíduos. Acredita-se que ele ataca a mente e o espírito, usando a tentação, a ganância e o ódio para obscurecer o julgamento e desviar as pessoas. Esta luta interior é vista como um reflexo de uma batalha cósmica mais vasta, em que as escolhas de cada pessoa contribuem para a força de Asha ou para a propagação de Druj. Na tradição zoroastriana, sucumbir à raiva, à inveja ou à desonestidade é visto como ceder à influência de Angra Mainyu, permitindo que as sementes da corrupção se enraízem na alma. Por isso, resistir a estes impulsos é visto como um ato de guerra espiritual, alinhando-nos com a vontade de Ahura Mazda.

Apesar de sua natureza destrutiva, Angra Mainyu não é considerado igual a Ahura Mazda em poder ou sabedoria. Os ensinamentos zoroastrianos enfatizam que, embora Angra Mainyu possa causar imenso sofrimento e perturbação, seu poder é fundamentalmente falho porque está enraizado na negatividade e na destruição, e não na criação. Ao contrário de Ahura Mazda, que tem uma visão clara e positiva para o universo, Angra

Mainyu só pode reagir ao que já foi criado, procurando estragar e distorcer. Este desequilíbrio é uma fonte de esperança para os zoroastrianos, pois sugere que o eventual triunfo do bem sobre o mal não só é possível como está assegurado. A crença de que a sabedoria de Ahura Mazda acabará por prevalecer é fundamental para a escatologia zoroastriana, oferecendo uma visão de um futuro em que a escuridão de Angra Mainyu é completamente dissipada.

O papel de Angra Mainyu na luta cósmica também se reflecte na compreensão zoroastriana da vida após a morte e do destino das almas. Após a morte, todas as almas são julgadas na Ponte de Chinvat, onde os seus actos são pesados para determinar o seu alinhamento com Asha ou Druj. Aqueles que viveram uma vida de virtude e verdade são recebidos na Casa da Canção, um reino de luz e paz sob o domínio de Ahura Mazda. Por outro lado, aqueles que sucumbiram às influências de Angra Mainyu encontram-se na Casa das Mentiras, um reino de sofrimento onde Druj domina. Este conceito de um ajuste de contas espiritual enfatiza o impacto duradouro do engano de Angra Mainyu, mostrando que as escolhas feitas na vida têm consequências eternas.

Os ensinamentos de Zaratustra oferecem orientações sobre como enfrentar e resistir à influência de Angra Mainyu. A recitação de orações, a realização de rituais e a adesão aos princípios de Humata, Hukhta, Hvarshta - Bons Pensamentos, Boas Palavras e Boas Acções - são vistos como actos protectores que protegem a alma da corrupção. Ao concentrarem-se nos aspectos positivos da vida e ao esforçarem-se por viver de acordo com Asha, os zoroastrianos acreditam que podem enfraquecer o domínio de Angra Mainyu e contribuir para a eventual restauração da pureza do mundo. A pureza ritual, portanto, não é apenas uma prática pessoal ou comunitária, mas um método direto de contrariar a influência negra de Angra Mainyu, mantendo uma ligação com o divino.

Embora a presença de Angra Mainyu seja uma fonte de sofrimento, os ensinamentos zoroastrianos enfatizam a importância de enfrentar essa adversidade com coragem e resiliência. A luta contra o Angra Mainyu não é vista como um fardo, mas como uma oportunidade divina de crescimento espiritual. É resistindo às tentações de Druj e escolhendo agir com integridade que os humanos cumprem o seu papel no drama cósmico. Cada ato de bondade, cada escolha de dizer a verdade, é uma vitória para Asha e um desafio à influência de Angra Mainyu. Esta crença dá aos zoroastrianos um sentido de objetivo, transformando mesmo as mais pequenas decisões em contribuições significativas para a luta mais vasta pela alma do universo.

Na narrativa da cosmologia zoroastriana, Angra Mainyu serve como um lembrete dos desafios inerentes à busca de uma vida justa. Ele é a sombra que contrasta com a luz de Ahura Mazda, a oposição que define os desafios da existência humana. O seu papel no equilíbrio cósmico ilustra a natureza dinâmica da visão do universo do Zoroastrismo, onde a luta e a escolha moldam o destino dos indivíduos e do próprio mundo. A figura de Angra Mainyu, embora temível, acaba por reforçar a mensagem zoroastriana de que, através da vigilância, da sabedoria e da devoção, as forças da verdade e da luz prevalecerão.

O papel de Angra Mainyu no Zoroastrismo não é apenas o de encarnar o mal cósmico, mas também o de um estratega cujo principal objetivo é corromper e desestabilizar a criação de Ahura Mazda. Os seus métodos são insidiosos, visando tanto o reino físico como o espiritual para trazer sofrimento, decadência e confusão moral. Compreender estas estratégias é crucial para os zoroastrianos, pois permite-lhes reconhecer as formas subtis através das quais Angra Mainyu tenta minar Asha e fortalecer as suas próprias defesas espirituais contra a sua influência.

Uma das estratégias centrais empregues por Angra Mainyu é a sementeira da dúvida e do desespero na mente humana. Ao contrário de Ahura Mazda, cuja sabedoria guia com clareza e verdade, Angra Mainyu prospera na ambiguidade e na incerteza. Ele explora momentos de fraqueza, com o objetivo de fazer com que os indivíduos questionem o seu próprio valor, a sua ligação a Ahura Mazda e o caminho da retidão. Esta guerra psicológica é vista nas tentações que levam as pessoas a abraçar a ganância, o ódio ou a inveja - emoções que toldam o julgamento e enfraquecem a vontade de perseguir Asha. No pensamento zoroastriano, manter uma mente clara através da oração, meditação e reflexão ética é considerado essencial para resistir a estas influências negativas.

A influência de Angra Mainyu também é visível no mundo físico através da introdução de doenças, desastres naturais e outras formas de sofrimento. Estas perturbações não são vistas como ocorrências aleatórias, mas como manifestações de Druj, a força que se opõe à ordem natural. A doença e a decadência são vistas como ataques à harmonia que Ahura Mazda pretendia para o mundo material. Para combater estas ameaças, os rituais zoroastrianos incluem frequentemente práticas de purificação destinadas a restaurar o equilíbrio e a repelir o toque corruptor de Angra Mainyu. Estes rituais funcionam como escudos espirituais e físicos, reforçando a ligação da comunidade a Asha e a sua resistência contra as forças da desordem.

A luta contra Angra Mainyu estende-se ao nível social e comunitário, onde a sua influência se pode manifestar através da discórdia e da injustiça. Os ensinamentos zoroastrianos advertem que os conflitos sociais - como a liderança injusta, a corrupção e a quebra dos valores comunitários - são sinais da presença de Angra Mainyu. Numa comunidade dilacerada pelo engano e pela desigualdade, Druj encontra terreno fértil para crescer. Assim, os líderes e seguidores zoroastrianos têm a tarefa de promover a justiça e a honestidade, assegurando que as suas sociedades reflectem os princípios de Asha. Este foco na governação ética e na justiça serve de contrapeso ao caos que o Angra Mainyu procura espalhar, reforçando a ideia de que a harmonia social é parte integrante da luta cósmica.

As estratégias de Angra Mainyu também envolvem ataques diretos às práticas sagradas que sustentam a vida zoroastriana. Ele procura profanar os elementos que têm significado espiritual, como o fogo, a água e a terra, encorajando actos que poluem ou desrespeitam estas criações sagradas. No Zoroastrismo, estes elementos são considerados manifestações puras da vontade de Ahura Mazda, e qualquer dano que lhes seja feito é visto como um ato de alinhamento com Druj. É por isso que os zoroastrianos dão tanta importância à pureza do ambiente e que os rituais são concebidos para proteger a santidade destes elementos naturais. Ao preservar a pureza do fogo, manter a água limpa e respeitar a terra, os zoroastrianos resistem ativamente às tentativas de Angra Mainyu de distorcer o mundo.

Para além destas estratégias físicas e sociais, a tática mais perigosa de Angra Mainyu pode ser a sua tentativa de distorcer a perceção moral. Ele trabalha para esbater as linhas entre o certo e o errado, tentando os indivíduos a racionalizarem as suas acções prejudiciais e, assim, a desviarem-se do caminho de Asha. Esta confusão moral é uma marca da influência de Druj, levando as pessoas a atuar de forma a prejudicarem-se a si próprias e aos outros, acreditando que estão justificadas. Os ensinamentos zoroastrianos enfatizam a importância de manter uma mente disciplinada e uma firme compreensão dos princípios éticos para combater esta ameaça. Através da orientação do Avesta e da sabedoria dos Amesha Spentas, os fiéis aprendem a discernir a verdadeira natureza das suas acções e a rejeitar os enganos subtis de Angra Mainyu.

O Zoroastrismo oferece métodos específicos para ultrapassar estas influências, centrando-se no cultivo da força espiritual. Uma das práticas mais significativas é o ritual Kusti, em que os crentes recitam orações enquanto desatam e voltam a atar um cordão sagrado à volta da cintura. Este ritual é uma reafirmação diária do compromisso do indivíduo com Asha, um gesto físico que simboliza a ligação de si próprio aos princípios da verdade e da ordem. A recitação repetida de Ashem Vohu, uma oração que enaltece o valor da verdade, serve como um mantra para manter a mente focada no caminho da retidão, afastando as tentações que Angra Mainyu possa introduzir.

Para além disso, a comunidade desempenha um papel crucial no apoio aos indivíduos na sua batalha contra os enganos do Angra Mainyu. Através do culto comunitário, da recitação dos Gathas e dos rituais partilhados nos templos do fogo, os zoroastrianos encontram força colectiva. O próprio templo de fogo, com a sua chama sempre acesa, torna-se um local onde a luz de Ahura Mazda se manifesta, proporcionando um refúgio contra as trevas que Angra Mainyu representa. Estas práticas comunitárias recordam aos zoroastrianos que não estão sozinhos nas suas lutas, que cada ato de culto é um contributo para a batalha cósmica pela alma do mundo.

O zoroastrismo também ensina que a luta contra Angra Mainyu requer uma perspetiva de longo prazo, uma compreensão de que o triunfo final do bem não será imediato. O conceito de Frashokereti, a eventual renovação e purificação do mundo, proporciona uma visão de esperança e garantia de que, apesar do sofrimento e dos desafios colocados pelo Angra Mainyu, a ordem de Ahura Mazda acabará por prevalecer. Esta crença escatológica molda a resposta zoroastriana às dificuldades, encorajando a perseverança perante a adversidade. Serve para recordar que todos os esforços para manter Asha, por mais pequenos que sejam, contribuem para o plano divino mais alargado e para a eventual derrota das trevas.

Na grande narrativa cósmica do Zoroastrismo, Angra Mainyu é um adversário formidável, mas cujo poder é inerentemente defeituoso, porque está enraizado na destruição e não na criação. As suas estratégias podem perturbar a harmonia do mundo, mas não podem extinguir a luz de Ahura Mazda. O foco zoroastriano na vida ética, na pureza e na devoção à verdade serve como uma resistência constante à influência de Angra Mainyu, incorporando a crença de que, mesmo no meio da luta, a luz da sabedoria e da bondade perdurará.

A presença de Angra Mainyu, embora seja uma fonte de provações, acaba por realçar a importância da escolha humana no pensamento zoroastriano. Sublinha a crença de que o destino do mundo está entrelaçado com as acções dos seus habitantes. Cada vez que um zoroastriano resiste à tentação, defende a justiça ou faz uma oração diante do fogo sagrado, está a empurrar para trás as sombras que Angra Mainyu lança. Esta luta diária é um testemunho da resiliência do espírito humano e da sua capacidade de escolher a luz em vez da escuridão, reflectindo a verdade mais profunda de que, mesmo perante as maiores adversidades, a busca de Asha continua a ser um caminho que não pode ser obscurecido.

Capítulo 6
A Criação do Mundo

A visão da criação do Zoroastrismo é uma história tecida com intenção divina, luta cósmica e a emergência de um mundo que contém tanto beleza como desafio. Esta narrativa da criação é uma pedra angular da teologia zoroastriana, revelando como a sabedoria de Ahura Mazda moldou o universo e pôs em marcha o grande conflito entre Asha, a ordem cósmica, e Druj, as forças do caos. De acordo com o Avesta, os textos sagrados do Zoroastrismo, o ato da criação não foi apenas um momento de dar vida, mas uma estratégia deliberada para contrariar a ameaça representada por Angra Mainyu, o espírito da destruição e da falsidade.

O processo de criação, tal como detalhado nos ensinamentos zoroastrianos, desenrola-se em sete fases, cada uma representando um aspeto vital do mundo material e espiritual. Essas etapas estão intimamente ligadas aos Amesha Spentas, as sete emanações divinas de Ahura Mazda, que servem como guardiões de diferentes aspectos da criação. O primeiro estágio começa com a criação do céu, que forma a cúpula protetora sobre o mundo. Este céu é imaginado como um cristal sólido e puro, um símbolo da luz divina que protege a terra da influência do caos. Sob esse dossel celestial, Ahura Mazda fez surgir as águas, enchendo o mundo de rios, lagos e mares, que deveriam nutrir a vida e sustentar o equilíbrio da Terra.

A terceira fase da criação foi a formação da própria Terra - uma terra vasta e imóvel, representando estabilidade e ordem. Esta terra ainda não estava povoada de vida, mas constituía a base sobre a qual o resto da criação iria florescer. Ahura Mazda criou então o reino vegetal, que encheu a terra de vegetação, fornecendo alimento e oxigénio vital. As plantas, no pensamento zoroastriano, são vistas como sagradas, incorporando uma conexão com a ordem divina de Asha. Simbolizam a pureza inerente à natureza e o seu papel na manutenção do bem-estar físico e espiritual do mundo.

Depois das plantas, Ahura Mazda introduziu o reino animal, criando o primeiro touro - Gavaevodata, um ser mitológico que representa a essência de todas as criaturas vivas. Este touro primordial simboliza a fertilidade, a força e o potencial para a vida prosperar em toda a terra. A sua criação marcou o início de um mundo onde os seres vivos podiam existir em harmonia com o plano divino. No entanto, esta harmonia não iria passar incólume, pois Angra Mainyu procurou corromper e prejudicar o touro, levando à propagação de doenças e sofrimento entre os animais. Apesar destas tentativas, a essência divina do touro contribuiu para a continuação da vida, mostrando que, mesmo perante a destruição, o espírito criativo de Ahura Mazda não podia ser totalmente desfeito.

A quinta fase da criação trouxe a humanidade, com Ahura Mazda a moldar Gayomart, o primeiro humano, que personificava a pureza e o potencial da humanidade. Gayomart foi criado para ser o guardião de Asha na Terra, um ser cujo objetivo era manter o equilíbrio do mundo através de acções e pensamentos corretos. No Zoroastrismo, os seres humanos são vistos como parte integrante da ordem cósmica, possuindo a capacidade única de escolher entre o bem e o mal, Asha e Druj. Esta capacidade de livre arbítrio faz da humanidade um aliado crucial na luta de Ahura Mazda contra Angra Mainyu. O destino do mundo, e a eventual vitória da luz sobre as trevas, está assim entrelaçado com as escolhas feitas pelos humanos, que são chamados a proteger a criação e a viver de acordo com a verdade divina.

A sexta etapa envolveu a criação do fogo, um elemento sagrado que simboliza a luz e a sabedoria divinas de Ahura Mazda. O fogo, no Zoroastrismo, não é apenas um fenómeno físico, mas uma presença espiritual, que personifica a pureza e a energia criativa do divino. Serve de ponte entre o mundo material e os reinos espirituais, uma manifestação tangível da presença orientadora de Ahura Mazda. O fogo é fundamental nos rituais zoroastrianos, onde é tratado com grande reverência, mantido puro e utilizado como meio de ligar os fiéis à chama eterna da sabedoria divina. Na história da criação, o fogo desempenha um papel protector, oferecendo calor e luz que contrariam o frio e a escuridão associados a Angra Mainyu.

A etapa final da criação foi a introdução dos Amesha Spentas no mundo material. Cada um destes seres divinos assumiu a tutela de um aspeto da criação, assegurando que Asha permanecesse forte mesmo quando Angra Mainyu procurava espalhar a sua influência. Haurvatat (Integridade) e Ameretat (Imortalidade) cuidavam da água e das plantas, preservando a sua pureza. Vohu Manah (Boa Mente) guiava a humanidade, ajudando-a a fazer escolhas que se alinhavam com a sabedoria divina. Este conselho divino assegurava que as forças da luz não seriam subjugadas, fornecendo apoio espiritual a todas as partes da criação de Ahura Mazda.

No entanto, com a conclusão do mundo material, Angra Mainyu acordou das suas trevas e lançou o seu ataque a esta nova realidade. Trouxe as suas próprias forças demoníacas para atacar cada fase da criação, introduzindo doenças nas águas, corrupção na terra e medo nos corações dos humanos. Isto marcou o início do Gumezishn, a mistura cósmica do bem e do mal. É uma época de conflito, em que a criação pura de Ahura Mazda é continuamente testada pelas perturbações de Angra Mainyu. A luta entre estas forças opostas define a experiência humana, uma vez que todos os aspectos da vida se tornam num local de disputa entre Asha e Druj.

Apesar do tumulto causado pelo ataque de Angra Mainyu, a narrativa da criação oferece uma visão de esperança e resiliência. As plantas, os animais e os seres humanos - embora vulneráveis à corrupção - são também capazes de se curar e regenerar através do seu alinhamento com Asha. Os zoroastrianos acreditam que, através de rituais, orações e uma vida ética, podem restaurar a pureza que Angra Mainyu tenta manchar. Os Amesha Spentas, agindo como protectores divinos, continuam a guiar a humanidade, reforçando a ideia de que as acções de cada pessoa têm um significado cósmico.

A história da criação serve assim como um poderoso lembrete da interconexão de toda a vida e da importância de manter o equilíbrio do mundo natural. Ensina que o mundo material não é um lugar a que se deve fugir ou dispensar, mas um reino onde o divino pode ser encontrado e servido. Ao compreenderem o seu papel nesta criação, os zoroastrianos vêem-se a si próprios como administradores de uma herança divina, com a tarefa de proteger a terra, fomentar o crescimento e preservar a luz espiritual que Ahura Mazda lhes concedeu.

Esta narrativa, com as suas camadas de mitos e simbolismo, é mais do que uma história de inícios - é um apelo à ação. Desafia cada crente a reconhecer a sacralidade do mundo que o rodeia e a participar no esforço contínuo de o proteger das forças que procuram desfazer a sua harmonia. Nos rituais realizados diante do fogo sagrado, no cuidado com a preservação da água e da terra e no compromisso com a honestidade e a integridade, os zoroastrianos continuam a honrar a criação que Ahura Mazda trouxe à existência, afirmando o seu lugar na antiga luta entre a luz e a sombra.

A história zoroastriana da criação vai para além da mera formação do universo; aprofunda as responsabilidades que surgem para a humanidade e as profundas implicações de sermos os guardiões da ordem divina de Ahura Mazda. Nesta visão intrincada, a criação é um processo dinâmico em que os seres humanos não são observadores passivos, mas sim participantes activos, encarregados de manter o equilíbrio de Asha, a ordem cósmica. Este dever não é apenas uma obrigação espiritual, mas uma resposta direta às constantes tentativas de Angra Mainyu para minar o mundo através do caos e da corrupção.

No centro desta missão cósmica está o papel de Gayomart, o primeiro humano, cuja essência encarna o potencial da humanidade. A existência de Gayomart representa a pureza e a inocência da criação de Ahura Mazda, um estado intocado pelo engano de Druj. Quando Angra Mainyu lançou o seu ataque à criação, teve como alvo Gayomart, procurando extinguir este ser puro. Embora Gayomart tenha sucumbido à influência de Angra Mainyu e morrido, a morte desse humano primordial não foi uma derrota, mas uma transformação. Dos restos de Gayomart, a vida floresceu - a sua semente tornou-se a fonte da vida humana, e a sua pureza continuou a moldar o potencial moral e espiritual da humanidade.

Este conceito de vida que emerge da luta é fundamental para o Zoroastrismo. Sugere que, mesmo em momentos de escuridão e perda, a centelha divina dentro da humanidade permanece resistente. Os descendentes de Gayomart herdam o duplo legado da pureza e da luta, carregando dentro de si o potencial para o bem e para o mal. Os ensinamentos zoroastrianos enfatizam que a vida é o resultado da luta. Os ensinamentos zoroastrianos enfatizam que essa herança não é uma caraterística passiva, mas uma responsabilidade - cada indivíduo é encarregado da tarefa de escolher Asha em vez de Druj, garantindo que o mundo se aproxime da visão divina que Ahura Mazda pretendia.

A relação entre os reinos físico e espiritual é ainda mais realçada na forma como os zoroastrianos percepcionam o mundo natural. A terra, as plantas, os animais e os seres humanos estão interligados, formando uma teia de vida que deve ser protegida da poluição e da decadência espalhadas por Angra Mainyu. Esta reverência pela natureza é visível no cuidado que os zoroastrianos têm nas suas interações diárias com o ambiente, onde os actos de conservação e respeito são vistos como extensões do seu dever espiritual. Por exemplo, os rituais que envolvem a preservação de fogos sagrados ou a utilização cuidadosa das fontes de água não são meras práticas culturais, mas afirmações da essência divina no mundo natural.

A responsabilidade humana como guardiães da terra está também ligada ao entendimento zoroastriano de Frashokereti, a eventual renovação do mundo. Este conceito escatológico prevê um tempo em que Asha triunfará completamente sobre Druj, restaurando a criação à sua pureza original. No entanto, essa restauração não é vista como um evento inevitável que se desenrola sem o envolvimento humano. Pelo contrário, requer o esforço contínuo dos fiéis, cujas acções ajudam a limpar o mundo das impurezas introduzidas por Angra Mainyu. Cada boa ação, cada ato de compaixão ou de gestão ambiental, é considerado uma contribuição para esta renovação cósmica, reforçando a crença de que o papel da humanidade é essencial no grande desígnio.

As escrituras zoroastrianas também enfatizam o conceito de Amesha Spentas, as emanações divinas de Ahura Mazda, e sua relação com os elementos da criação. Esses seres, como Spenta Armaiti, que encarna o espírito da terra, e Haurvatat e Ameretat, que presidem a água e as plantas, trabalham ao lado da humanidade na manutenção de Asha. Ao respeitar e honrar estes aspectos da criação, os zoroastrianos acreditam que podem fortalecer a presença de Asha no mundo, tornando-o mais resistente às forças corruptoras de Angra Mainyu. Esta compreensão dos Amesha Spentas como guias espirituais e protectores da natureza ilustra a profundidade do compromisso zoroastriano com uma existência harmoniosa.

Os rituais zoroastrianos reflectem este dever cósmico através de actos de purificação e reverência. Uma dessas práticas é o ritual zoroastriano de consagração do fogo, que envolve o cuidado e a honra das chamas sagradas. Nesses rituais, o fogo é tratado como uma encarnação viva da presença de Ahura Mazda na terra, sua pureza simbolizando a essência imaculada da criação. O ritual envolve a recitação de hinos específicos, que se acredita limparem o espaço de qualquer influência de Druj, reafirmando o domínio de Asha dentro do reino físico. Ao manter a pureza do fogo, os zoroastrianos criam um espaço onde a ordem divina é preservada, oferecendo um lugar de refúgio contra a ameaça sempre presente do caos.

O significado destes rituais estende-se ao tratamento dos defuntos, onde os conceitos de pureza e responsabilidade cósmica assumem um tom sombrio. Os zoroastrianos praticam o enterro no céu, onde os corpos dos mortos são expostos aos elementos em estruturas conhecidas como Dakhmas ou "Torres do Silêncio". Esta prática surge da crença de que a morte, como manifestação da influência de Angra Mainyu, poderia contaminar a terra se não fosse gerida corretamente. Ao permitirem que os elementos naturais e as aves necrófagas purifiquem os restos mortais, os zoroastrianos asseguram que a terra permanece imaculada, alinhando as suas práticas com a sua reverência pela natureza e pela ordem cósmica. Esta abordagem demonstra uma profunda consciência da interligação de toda a vida e da necessidade de respeitar a santidade da criação de Ahura Mazda, mesmo na morte.

As dimensões morais desta história da criação não se limitam ao ritual, mas estendem-se às acções quotidianas dos crentes. Os ensinamentos zoroastrianos defendem que viver de acordo com Asha é contribuir ativamente para a prosperidade da terra e para o bem-estar dos outros. Actos como cultivar a terra, cuidar dos animais e fazer um trabalho honesto são vistos como reflexos da intenção divina. Esta perspetiva dá um significado espiritual às tarefas mundanas, transformando o comum num meio de participar na missão cósmica. É através destas acções que os fiéis zoroastrianos mantêm o seu papel de administradores da criação, assegurando que a luz de Ahura Mazda continua a brilhar no mundo material.

A luta entre Asha e Druj é assim encarnada nas escolhas que cada pessoa faz, alargando a narrativa da criação à realidade vivida das comunidades zoroastrianas. Cada decisão ética é uma pequena batalha na guerra mais vasta entre a ordem e o caos, e cada ação individual tem o potencial de afirmar ou perturbar o equilíbrio divino. Esta crença no significado da escolha humana oferece tanto um desafio como uma promessa: um desafio para permanecer vigilante face às tentações colocadas por Angra Mainyu, e uma promessa de que, através dos seus esforços, a humanidade pode ajudar a guiar o mundo para um futuro onde a pureza de Asha prevaleça.

Nesta grande visão da criação, o Zoroastrismo oferece uma visão do mundo que vê os reinos material e espiritual como interligados, onde o mundo físico é um espaço sagrado que reflecte a ordem divina. A história da criação do mundo, com a sua ênfase na responsabilidade humana e na luta cósmica, chama os crentes a serem participantes activos no desenrolar do plano divino. Convida-os a ver as suas vidas não como acontecimentos isolados, mas como partes integrantes de uma história que começou com a visão de Ahura Mazda e continua através dos esforços de cada indivíduo que escolhe defender os princípios da verdade, da ordem e da reverência pela vida.

A narrativa da criação, com a sua ênfase na mordomia e no dever cósmico, serve de guia para os fiéis na navegação pelas complexidades da existência. Lembra-lhes que, mesmo num mundo marcado pela sombra de Angra Mainyu, a presença de Asha permanece ao alcance, à espera de ser fortalecida por aqueles que ousam agir com integridade e compaixão. Através desta compreensão, os fiéis zoroastrianos encontram um propósito, sabendo que as suas acções contribuem não só para o seu próprio crescimento espiritual, mas também para o esforço contínuo de restaurar o mundo ao seu estado pretendido de harmonia e luz.

Capítulo 7
Asha e Druj - Ordem e Caos

No Zoroastrismo, os conceitos de Asha e Druj representam as dualidades fundamentais que moldam o cosmos e a paisagem moral da existência humana. Asha personifica a verdade, a ordem e a lei divina, guiando o universo para a harmonia e a retidão. Druj, a sua antítese, simboliza a falsidade, o caos e a corrupção, esforçando-se por distorcer a pureza da criação. Estas forças não são ideias abstractas, mas princípios activos que se manifestam em todos os aspectos da vida, desde o mundo natural até aos pensamentos mais íntimos dos indivíduos. Compreender Asha e Druj é essencial para compreender a visão zoroastriana de um mundo onde cada ação, palavra e pensamento contribui para o equilíbrio entre a luz e as trevas.

Asha, muitas vezes traduzido como "verdade" ou "retidão", é o princípio que governa o funcionamento ordenado do universo. É a força que guia os ciclos da natureza, a estrutura do cosmos e a lei moral que Ahura Mazda estabeleceu através da criação. Asha é mais do que um conjunto de regras; representa a harmonia inerente que existe quando o mundo funciona como foi planeado. Este princípio reflecte-se na beleza do mundo natural - o movimento previsível das estrelas, o ritmo das estações e o florescimento da vida. Também está presente no comportamento ético dos seres humanos, que são chamados a alinhar-se com esta ordem cósmica através das suas escolhas.

A ideia de Asha é fundamental para a ética e a espiritualidade zoroastrianas. Fornece uma estrutura para compreender a forma correta de viver, enfatizando valores como a honestidade, a justiça e a reverência por todas as formas de vida. Quando os zoroastrianos falam de viver de acordo com Asha, referem-se a viver de uma forma que respeita o mundo natural, apoia a comunidade e honra a presença divina em cada ser. Asha é o caminho do virtuoso, a base sobre a qual se constrói uma vida de integridade e clareza espiritual. É através da busca de Asha que os indivíduos encontram um objetivo, tornando-se co-criadores com Ahura Mazda na manutenção do equilíbrio do mundo.

Em contraste, Druj representa a força da desordem e da falsidade. É a fonte de todas as mentiras, enganos e corrupção moral que minam o tecido da criação. Enquanto Asha procura construir e sustentar, Druj tem como objetivo destruir e distorcer. Angra Mainyu, o espírito do mal, encarna Druj e trabalha para espalhar a sua influência pelos reinos material e espiritual. Druj está presente onde quer que reine o caos, a violência ou a injustiça - onde a verdade é obscurecida e onde a ordem natural é perturbada. Os ensinamentos zoroastrianos avisam que Druj pode penetrar no coração dos indivíduos através do egoísmo, da raiva e do engano, afastando-os da luz de Asha.

A luta entre Asha e Druj não se limita ao nível cósmico; desenrola-se na mente e na alma de cada pessoa. O Zoroastrismo ensina que os seres humanos, dotados de livre arbítrio por Ahura Mazda, têm o poder de escolher entre estes dois caminhos. Esta escolha está no centro do seu percurso espiritual, determinando o seu papel na grande luta cósmica. Asha chama-os a agir com integridade e compaixão, a serem administradores da Terra e a defenderem a justiça. Druj tenta-os com atalhos, falsas promessas e acções que prejudicam os outros. Cada decisão torna-se numa batalha, em que o destino da alma do indivíduo e o equilíbrio do mundo estão em jogo.

Em termos práticos, a influência de Asha e Druj estende-se à forma como os zoroastrianos interagem com o seu ambiente e comunidade. Os actos de bondade, como alimentar os famintos, proteger os animais e oferecer hospitalidade, são vistos como afirmações de Asha. Estas acções reflectem um compromisso para com o bem-estar dos outros e a manutenção da ordem divina. Por outro lado, os actos que causam danos, seja através de mentiras, roubo ou negligência do mundo natural, são considerados manifestações de Druj. Tais comportamentos perturbam a harmonia que Asha procura manter, criando desordem tanto no reino físico como no espiritual.

Esta visão dualista do mundo está intimamente ligada aos rituais zoroastrianos e às práticas quotidianas. As orações, como a recitação do Ashem Vohu, invocam diretamente o poder de Asha, sublinhando a importância da verdade e a dedicação do crente a viver de acordo com ela. Estas orações servem para recordar a batalha contínua entre a ordem e o caos, encorajando os indivíduos a manterem os seus pensamentos alinhados com os princípios de Asha. Os rituais de purificação, incluindo a utilização de água e fogo consagrados, são formas de nos limparmos física e espiritualmente da influência de Druj, reforçando a pureza que Asha exige.

As escrituras zoroastrianas, particularmente os Gathas de Zaratustra, exploram a tensão entre Asha e Druj em termos poéticos e filosóficos. Os hinos de Zaratustra abordam frequentemente os dilemas morais enfrentados pelos seus seguidores, exortando-os a escolher Asha nas suas acções e a reconhecer os perigos de cair sob o domínio de Druj. Ele fala de um mundo onde os seres humanos são chamados a ser ashavans - aqueles que percorrem o caminho de Asha - contra os dregvants, aqueles que encarnam as mentiras de Druj. Esta distinção não tem apenas a ver com moralidade, mas com o alinhamento de cada um com o objetivo cósmico, contribuindo para o sustento ou para o enfraquecimento da criação.

Os conceitos de Asha e Druj também moldam a compreensão zoroastriana da vida após a morte. A ponte de Chinvat, a ponte do julgamento que as almas têm de atravessar após a morte, reflecte esta dualidade. Aqueles que viveram de acordo com Asha encontram a ponte larga e fácil de atravessar, conduzindo-os à Casa da Canção, um reino de luz e alegria sob os cuidados de Ahura Mazda. Aqueles que sucumbiram a Druj enfrentam uma travessia estreita e traiçoeira, caindo na Casa das Mentiras, onde as suas almas experimentam o sofrimento causado pelas suas próprias acções. Esta visão do julgamento reforça a importância de viver uma vida que se alinhe com Asha, uma vez que as consequências se estendem muito para além desta existência terrena.

A interação entre Asha e Druj também oferece um enquadramento para a compreensão dos desafios do mundo. O sofrimento, as catástrofes naturais e os conflitos sociais são vistos como manifestações da influência de Druj, lembrando a batalha contínua que molda o cosmos. Os Zoroastrianos são ensinados a responder a estes desafios não com desespero, mas com resiliência e um compromisso renovado com os princípios de Asha. Ao permanecerem firmes perante as dificuldades, acreditam que podem ajudar a virar a maré contra Druj, contribuindo para o eventual triunfo do bem sobre o mal.

Neste equilíbrio intrincado entre Asha e Druj, o zoroastrismo apresenta uma visão da vida em que cada momento tem significado, em que as acções mais simples podem fazer pender a balança para a luz ou para as trevas. É uma visão do mundo que enfatiza a responsabilidade pessoal, a comunidade e a sacralidade da criação. Para os fiéis, o caminho de Asha não é fácil - requer disciplina, clareza e uma vigilância constante contra as tentações de Druj. No entanto, é também um caminho cheio de objectivos, oferecendo a promessa de que, ao viverem em harmonia com a ordem divina, não estão apenas a moldar o seu próprio destino, mas a participar na grande história cósmica, que conduz à restauração final do mundo.

Os princípios de Asha e Druj não são meros conceitos abstractos no Zoroastrismo; estão profundamente integrados na vida quotidiana e nas práticas dos seus seguidores. Os zoroastrianos vêem as suas acções, pensamentos e escolhas como contributos diretos para a luta cósmica entre estas forças. Viver em consonância com Asha envolve mais do que compreender o seu significado; requer a aplicação ativa dos seus valores em todos os aspectos da vida, desde o comportamento pessoal às responsabilidades comunitárias. Este compromisso molda a forma como os zoroastrianos se comportam, fomentando uma cultura em que cada decisão é um ato deliberado de apoio a Asha e de resistência à influência generalizada de Druj.

Asha orienta os zoroastrianos a agirem com integridade, a falarem com sinceridade e a manterem um sentido de dever para com os outros e o ambiente. A tríade Humata, Hukhta, Hvarshta - Bons Pensamentos, Boas Palavras e Boas Acções - é fundamental para esta prática. Esta tríade serve como uma estrutura ética simples mas profunda que molda a forma como os indivíduos se envolvem com o mundo. Os bons pensamentos são vistos como a semente de todas as acções virtuosas, promovendo uma mente que permanece livre de inveja, ódio e engano. As boas palavras reflectem o compromisso com a honestidade e a bondade no discurso, assegurando que a comunicação serve como um meio de construir confiança e compreensão. As boas acções englobam acções que são benéficas para os outros e que contribuem para a manutenção da ordem no mundo, desde a ajuda aos necessitados até à proteção da natureza.

Estes princípios são reforçados através de rituais e orações diárias que enfatizam a consciência da presença de Asha. A recitação da oração Ashem Vohu, que exalta o valor da verdade e da retidão, serve como um lembrete para nos alinharmos com o caminho de Asha. Ao participarem regularmente nestas orações, os zoroastrianos mantêm-se concentrados nos ideais da verdade e da ordem, esforçando-se por manifestar estas qualidades nas suas interações com os outros. A pureza ritual é vista como uma extensão deste alinhamento, em que práticas como a lavagem antes da oração ou a manutenção da limpeza da casa são consideradas actos que honram o desejo de Asha de um mundo harmonioso.

Em contraste, a influência de Druj é contrariada através da vigilância contra os pensamentos e comportamentos que podem levar à corrupção e ao caos. Os zoroastrianos reconhecem que Druj se manifesta frequentemente de forma subtil, através da tentação de mentir, agir de forma egoísta ou prejudicar os outros. A batalha contra o Druj é travada a nível pessoal, onde os indivíduos se esforçam por manter o controlo sobre os seus impulsos e resistir à tentação de atalhos ou acções que comprometam a sua integridade. Os ensinamentos zoroastrianos sublinham que cada ato de desonestidade ou crueldade reforça a presença de Druj no mundo, tornando a luta contra estes impulsos um esforço profundamente espiritual.

Esta luta pessoal estende-se à esfera social, onde Asha serve de base à justiça e à harmonia comunitária. As comunidades zoroastrianas são guiadas por princípios de justiça, hospitalidade e apoio aos necessitados. As reuniões sociais, incluindo as realizadas nos templos de fogo, não são apenas oportunidades de culto, mas também de reforço dos laços comunitários através de valores partilhados. Nestes espaços, os princípios de Asha orientam as interações, promovendo uma cultura em que o respeito mútuo e a responsabilidade colectiva são fundamentais. Ao manterem a justiça no seio das suas comunidades, os zoroastrianos acreditam que criam um microcosmo da ordem ideal que Asha representa, contrariando a desordem que o Druj procura introduzir.

Os rituais, como a cerimónia Yasna, desempenham um papel crucial no reforço do equilíbrio cósmico entre Asha e Druj. O Yasna, um rito central que envolve a recitação de textos sagrados e oferendas, é realizado para invocar a presença de Ahura Mazda e dos Amesha Spentas. Durante o ritual, os participantes procuram purificar-se a si próprios e ao que os rodeia, criando um espaço onde a influência de Asha se possa manifestar. Esta purificação não é apenas um ato físico, mas também espiritual, com o objetivo de dissipar as sombras de Druj que possam permanecer nas mentes e nos corações dos presentes. A estrutura do ritual simboliza o restabelecimento da ordem divina, recordando aos participantes o seu papel na luta contínua por um mundo governado pela verdade e pela luz.

Para além dos rituais formais, a aplicação de Asha na vida quotidiana é vista em práticas como dizer a verdade e resolver conflitos. Os ensinamentos zoroastrianos enfatizam que a mentira, mesmo em pequenas questões, introduz uma medida de Druj no mundo, perturbando a harmonia que Asha procura manter. Este compromisso com a verdade fomenta uma cultura em que a transparência e a honestidade são profundamente valorizadas. Na resolução de conflitos, os zoroastrianos são encorajados a procurar soluções pacíficas que defendam a justiça, reflectindo a crença de que manter a harmonia entre as pessoas é tão vital como manter a harmonia na natureza.

A gestão ambiental é outra expressão importante de Asha, sendo o cuidado com o mundo natural visto como um dever espiritual. Os Zoroastrianos acreditam que a terra, a água, o fogo e o ar são criações sagradas de Ahura Mazda, merecendo respeito e proteção. Esta reverência estende-se a todos os seres vivos, pelo que a compaixão para com os animais e a preservação dos recursos naturais são vistas como formas de defender os princípios de Asha. Actos como plantar árvores, conservar a água e minimizar os resíduos são vistos como contributos diretos para a luta contra Druj, reflectindo a crença de que manter a pureza da natureza faz parte da manutenção da pureza da alma.

O calendário zoroastriano, marcado por festivais como o Nowruz e o Mehregan, integra ainda mais os princípios de Asha no ritmo de vida. Estes festivais celebram os ciclos da natureza e as vitórias da luz sobre as trevas, servindo como momentos de renovação e reflexão. Durante estas celebrações, a comunidade reúne-se para agradecer as bênçãos da criação e para renovar o seu compromisso de viver de acordo com Asha. Estes momentos reforçam os laços entre os indivíduos e o seu ambiente, recordando-lhes a história cósmica mais alargada na qual desempenham um papel.

A ênfase em Asha como modo de vida também molda as atitudes zoroastrianas em relação à morte e à vida após a morte. A morte é vista como uma transição em que as escolhas feitas durante a vida determinam a experiência da alma nos reinos espirituais. Acredita-se que aqueles que viveram de acordo com Asha atravessam a ponte Chinvat com facilidade, entrando num reino de luz onde se juntam à presença de Ahura Mazda. Esta crença reforça a importância de manter uma vida alinhada com Asha, uma vez que as consequências das acções de cada um se estendem para além da vida terrena, para o destino espiritual da alma.

A abordagem do Zoroastrismo à disciplina moral não é uma abordagem de medo, mas de esperança e objetivo. Os ensinamentos de Zaratustra inspiram os seguidores a verem as suas escolhas quotidianas como oportunidades para afirmarem o seu lugar na luta cósmica. Seja através de pequenos actos de bondade, da busca da justiça ou da dedicação à pureza de pensamento e ação, cada momento é uma oportunidade de contribuir para o triunfo de Asha. Esta perspetiva encoraja um sentido de agência, em que os fiéis compreendem que os seus esforços, por mais humildes que sejam, fazem parte de uma missão divina mais vasta.

Desta forma, a vida zoroastriana torna-se um diálogo contínuo com as forças da ordem e do caos, onde Asha é uma luz orientadora que oferece clareza no meio das complexidades da existência. A comunidade zoroastriana, unida por rituais partilhados e compromissos éticos, encontra força no conhecimento de que as suas acções colectivas podem moldar o equilíbrio do mundo. É através desta unidade, alicerçada na busca de Asha, que enfrentam os desafios colocados por Druj, transformando até os momentos mais comuns em expressões de uma visão cósmica que vai para além do tempo e do espaço, em direção a um futuro onde a luz e a verdade prevalecem.

Capítulo 8
O fogo

No coração do Zoroastrismo, o fogo arde como símbolo da presença divina, personificando a luz, o calor e a pureza que Ahura Mazda concede ao mundo. O fogo não é meramente um elemento físico; é uma força espiritual que representa a chama eterna da verdade e a essência de Asha, a ordem cósmica. Reverenciado como uma manifestação direta de Ahura Mazda, o fogo ocupa um lugar central nos rituais zoroastrianos, servindo de ponte entre os reinos material e espiritual. O seu papel estende-se para além dos espaços sagrados dos templos, entrando na vida quotidiana dos crentes como uma fonte de inspiração e um símbolo da ligação divina que sustenta o universo.

O conceito de fogo no Zoroastrismo está profundamente interligado com o princípio de Asha. Tal como Asha representa a verdade e a ordem do cosmos, o fogo simboliza a luz pura do conhecimento que dissipa as sombras da ignorância e da falsidade. Desta forma, o fogo serve como um lembrete constante da verdade divina que guia o universo. Acredita-se que, através das chamas sagradas, a presença de Ahura Mazda pode ser percebida na Terra, fornecendo uma âncora espiritual para aqueles que buscam sabedoria e iluminação. Isto faz com que o fogo não seja apenas um ponto focal para a adoração, mas um símbolo da luz interior que cada indivíduo deve cultivar para viver em harmonia com Asha.

Os fogos mais venerados encontram-se nos Atash Behrams, ou templos do fogo, que servem como centros espirituais das comunidades zoroastrianas. Estes templos albergam o fogo sagrado que é meticulosamente cuidado por sacerdotes, conhecidos como Mobeds. O fogo dentro de um Atash Behram é considerado o grau mais elevado de chama sagrada, conhecido como Atash Adaran, e o seu cuidado envolve rituais rigorosos para manter a sua pureza. Os sacerdotes asseguram que o fogo nunca se extingue, alimentando-o com sândalo e incenso para manter o seu brilho. A continuidade ininterrupta da chama simboliza a natureza eterna da sabedoria de Ahura Mazda, que se mantém como um farol da presença divina no meio dos desafios do mundo material.

O fogo em si é tratado com o maior respeito, pois é considerado um símbolo vivo do divino. São realizados rituais para garantir que a chama não é poluída, com diretrizes rigorosas sobre quem pode aproximar-se dela e como são feitas as oferendas. O Yasna, um ritual zoroastriano fundamental que inclui a recitação de hinos e a preparação de haoma, uma bebida sagrada à base de plantas, é frequentemente realizado em frente à chama sagrada. Esta cerimónia procura honrar Ahura Mazda e os Amesha Spentas, invocando a sua presença e reforçando a ligação entre os reinos terreno e espiritual. A recitação do Avesta perante o fogo serve como um ato de alinhamento, em que as palavras dos textos sagrados ressoam com a pureza da chama, reforçando os princípios de Asha.

O papel do fogo estende-se para além dos templos, na vida quotidiana dos zoroastrianos, onde os fogos domésticos são tratados com uma reverência semelhante. As famílias mantêm frequentemente uma pequena chama ou lâmpada acesa nas suas casas, utilizando-a como ponto focal para as suas orações diárias. Esta prática reflecte a crença de que até a mais pequena chama contém uma centelha do divino e, ao honrá-la, os fiéis podem manter uma ligação com a sabedoria de Ahura Mazda. Em casa, o fogo torna-se um símbolo de continuidade, representando a passagem da tradição de uma geração para a seguinte e servindo para recordar a luz sempre presente que guia o percurso espiritual e moral da família.

A ênfase do Zoroastrismo na pureza do fogo está intimamente ligada aos seus ensinamentos sobre a manutenção da limpeza física e espiritual. O fogo é considerado inerentemente puro e o seu papel de purificador é fundamental em muitos rituais zoroastrianos. Acredita-se que o fogo pode limpar tanto os espaços físicos como as impurezas espirituais, tornando-o uma parte vital de rituais como os de nascimento, casamento e morte. Quando uma nova criança é recebida na comunidade ou um casal se casa, o fogo é invocado como testemunha, a sua pureza simbolizando a esperança de uma vida cheia de Asha. Do mesmo modo, no fim da vida, o fogo desempenha um papel importante nas cerimónias que honram o falecido, assegurando que a transição do mundo material respeita o carácter sagrado da criação.

O simbolismo do fogo como purificador também se estende ao mundo natural. Nas práticas ambientais zoroastrianas, o papel do fogo como purificador reflecte a crença mais ampla na santidade dos elementos. Os zoroastrianos são ensinados a evitar acções que possam poluir o fogo, como atirar para ele resíduos ou substâncias impuras. Em vez disso, as oferendas feitas à chama sagrada devem ser puras e dignas, reflectindo o respeito pelo elemento divino. Esta prática incorpora a ideia de que respeitar o fogo é uma forma de respeitar a criação de Ahura Mazda, reforçando a ligação entre os reinos material e espiritual.

Para além do seu papel ritualístico, o fogo serve de metáfora para o percurso espiritual de cada indivíduo. Tal como as chamas sagradas são tratadas com cuidado para manterem o seu brilho, os zoroastrianos são encorajados a cultivar a sua chama interior, a luz da sabedoria e da verdade dentro de si. Os ensinamentos de Zaratustra enfatizam que a alma humana é como uma chama, capaz de arder brilhantemente se for alimentada por bons pensamentos, boas palavras e boas acções. Esta luz interior é o que permite a cada pessoa resistir às influências de Druj e percorrer o caminho de Asha, transformando a sua vida num testemunho da ordem divina.

A presença do fogo como símbolo de vida e energia estende-se aos festivais zoroastrianos, como o Sadeh e o Nowruz, onde o fogo desempenha um papel central nas celebrações. Durante o Sadeh, que assinala a descoberta do fogo e o triunfo do calor sobre o frio do inverno, são acesas grandes fogueiras para simbolizar a luz do conhecimento que vence a escuridão. Este festival é uma expressão comunitária da crença de que o calor e a luz do fogo são dádivas de Ahura Mazda, capazes de sustentar a vida através das dificuldades do mundo. Do mesmo modo, durante o Nowruz, o Ano Novo persa, o acender das fogueiras simboliza a renovação da vida e a limpeza do passado, preparando a comunidade para um novo ciclo de crescimento e esperança.

O papel do fogo no Zoroastrismo é, portanto, multifacetado - simultaneamente um elemento físico, um símbolo da verdade divina e um guia espiritual. A sua importância está presente nos actos diários de culto, nos grandes rituais dos templos e nos momentos íntimos da vida familiar. Para os Zoroastrianos, a visão de uma chama é uma lembrança de que a sabedoria de Ahura Mazda está sempre presente, guiando-os através da escuridão da incerteza e dos desafios colocados por Angra Mainyu. Ela incorpora a crença duradoura de que, enquanto a chama da verdade arder, resta a esperança de um mundo onde Asha prevalece sobre Druj, onde a ordem, a compaixão e a luz são preservadas no meio das complexidades da existência.

Ao venerar o fogo, os zoroastrianos mantêm uma ligação à sua antiga herança, uma tradição que sobreviveu à passagem dos milénios. A chama sagrada, quer arda num grande templo ou cintile numa casa modesta, é um símbolo de resiliência, personificando o espírito duradouro de uma fé que encontra o divino nas forças mais elementares da natureza. Através da sua devoção ao fogo, os seguidores de Zaratustra honram não só o deus que criou o mundo, mas a própria essência da vida que anima o universo, uma chama que continua a iluminar o caminho para a compreensão, a sabedoria e um mundo guiado pelos princípios de Asha.

A veneração do fogo no Zoroastrismo não se prende apenas com o seu simbolismo, mas também com os rituais práticos e sagrados que se centram em torno deste elemento. Estes rituais estão profundamente entranhados no tecido da vida zoroastriana, reflectindo uma profunda compreensão do fogo como elo de ligação entre os reinos material e espiritual. Para além de ser um símbolo da presença de Ahura Mazda, o fogo está ativamente envolvido nas orações diárias, nas práticas cerimoniais e nos eventos do ciclo de vida, reforçando o seu papel de condutor da energia divina e de guardião da pureza espiritual.

No culto zoroastriano, os diferentes tipos de fogos sagrados são categorizados de acordo com o seu significado espiritual, cada um servindo um papel único na prática religiosa. O grau mais elevado é o Atash Behram, conhecido como o "Fogo Vitorioso". Este fogo encontra-se nos templos de fogo mais venerados e é considerado como o pináculo da santidade zoroastriana. O processo de consagração de um Atash Behram é complexo e demorado, envolvendo a purificação do fogo retirado de dezasseis fontes diferentes, incluindo a forja de um artesão, uma pira funerária e a lareira doméstica. Este processo simboliza a reunião de diversos elementos do mundo e a sua união sob a força purificadora da chama divina, representando um microcosmo da ordem que Asha traz ao universo.

O cuidado ritual de um Atash Behram é efectuado por sacerdotes especialmente treinados que são responsáveis pela manutenção da pureza do fogo. Estes sacerdotes, conhecidos como Mobeds, realizam cerimónias diárias que incluem a recitação do Avesta e a oferta de sândalo e incenso, que servem para alimentar a chama. O ardor contínuo do fogo é um símbolo poderoso da natureza eterna da luz de Ahura Mazda, uma lembrança de que, mesmo num mundo ensombrado pela influência de Angra Mainyu, a presença divina perdura. O papel dos Mobeds neste contexto não é apenas prático, mas profundamente espiritual - eles servem como intermediários que asseguram que a ligação entre os reinos divino e terreno permanece forte e ininterrupta.

Para além do Atash Behram, outros graus de fogo sagrado, como o Atash Adaran e o Atash Dadgah, encontram-se em templos mais pequenos e em santuários domésticos. Embora sejam menos complexos na sua consagração, estes fogos são tratados com a mesma reverência. O Atash Adaran, muitas vezes referido como o "Fogo dos Fogos", serve comunidades que podem não ter acesso a um Atash Behram. O Atash Dadgah, ou "Fogo Instalado", pode ser mantido em casas de família, oferecendo um espaço mais íntimo para a devoção diária. Nestes locais, o fogo serve como ponto focal para as orações pessoais e como símbolo do compromisso da família para com Asha. Estes fogos caseiros são tratados com cuidado e as famílias realizam frequentemente um ritual simples de adição de lenha ou incenso enquanto recitam bênçãos, mantendo viva a ligação ao sagrado na vida quotidiana.

  A importância do fogo nos rituais zoroastrianos estende-se aos eventos do ciclo de vida, onde desempenha um papel central na marcação de transições e na invocação de bênçãos divinas. Nas cerimónias de casamento, o casal coloca-se perante uma chama sagrada enquanto trocam votos, simbolizando a pureza da sua união e a luz que trazem para a vida um do outro. O fogo actua como testemunha, sendo a sua presença um lembrete de que o seu compromisso não é apenas um para com o outro, mas também para com os princípios da verdade e da ordem que o fogo representa. Do mesmo modo, durante a cerimónia Navjote - um rito de iniciação em que as crianças são formalmente acolhidas na fé zoroastriana - o fogo sagrado é um elemento central, simbolizando a entrada da criança numa vida guiada pela luz de Asha.

  No final da vida, o fogo também desempenha um papel nas práticas funerárias dos zoroastrianos, embora com um foco diferente. Devido à crença na pureza do fogo, este não deve ser poluído pelos mortos, que são vistos como estando sob a influência temporária de Angra Mainyu. Assim, em vez da cremação, os zoroastrianos praticam tradicionalmente enterros no céu em Dakhmas, ou "Torres do Silêncio". No entanto, o fogo continua a fazer parte dos rituais de morte através de orações efectuadas junto a uma chama consagrada, que se destinam a ajudar a alma a atravessar a ponte Chinvat e a entrar na vida após a morte. O papel do fogo nestas orações reforça a sua função de guia e protetor, ajudando a purificar o caminho que a alma deve percorrer.

Durante os encontros comunitários e as festas, o acender das fogueiras serve de reafirmação colectiva da fé e da unidade. Um dos festivais mais significativos, o Sadeh, celebra a descoberta do fogo, com grandes fogueiras que simbolizam o triunfo da humanidade sobre a escuridão e o frio. O festival reúne as comunidades, onde os participantes se juntam à volta das chamas, recitando orações, cantando hinos e partilhando comida. O fogo é um ponto focal de alegria e reverência, uma oferenda comunitária a Ahura Mazda que fortalece os laços entre os participantes. Este ato de reunião à volta da fogueira simboliza um compromisso partilhado de defender Asha face aos desafios trazidos pelo Druj, transformando o simples ato de acender uma chama numa poderosa declaração de esperança e resistência.

Outra celebração importante, Nowruz, o Ano Novo Zoroastriano, envolve rituais que limpam a casa e a mente em preparação para a renovação. O acender de fogueiras Chaharshanbe Suri - pequenas fogueiras sobre as quais as pessoas saltam - é uma prática comum durante esta época, simbolizando a queima de infortúnios e impurezas do passado, abrindo caminho para as bênçãos de um novo ano. O ritual, embora alegre e festivo, está enraizado na antiga crença de que o fogo pode purificar e transformar, transformando o que é velho e desgastado num terreno fértil para novos começos. Esta ênfase na renovação através do fogo reflecte a visão zoroastriana mais ampla de que a luz de Asha pode transformar o mundo, uma ação de cada vez.

O significado do fogo no Zoroastrismo é também expresso através da sua relação com outros elementos, como a água e a terra, em rituais que enfatizam o equilíbrio da natureza. A utilização conjunta do fogo e da água em cerimónias como a do Abyan reflecte a crença de que estes elementos, quando mantidos puros, mantêm o equilíbrio cósmico estabelecido por Ahura Mazda. A água, tal como o fogo, é considerada portadora de bênçãos divinas e os rituais envolvem frequentemente a aspersão de água consagrada à volta de uma chama sagrada, simbolizando a interação da luz e da vida. Esta ligação entre o fogo e a água realça o compromisso zoroastriano com a gestão ambiental, onde a preservação da pureza da natureza é vista como essencial para manter a harmonia espiritual.

Através destes rituais, o fogo torna-se mais do que um mero símbolo - é um participante dinâmico na vida espiritual da comunidade. A sua presença no coração dos rituais e nos espaços quotidianos da vida serve como um lembrete constante da luz divina que guia os fiéis. Reforça a ideia de que a manutenção de Asha é um processo contínuo, que requer tanto a devoção individual como o esforço coletivo. Cada vez que uma chama é acesa, representa uma renovação do compromisso com os princípios da verdade, da ordem e da compaixão que o Zoroastrismo tanto preza.

A reverência pelo fogo e o seu papel nos rituais encapsula o núcleo da crença zoroastriana: que o mundo, embora desafiado pelas forças das trevas, é sustentado pela luz da sabedoria e pelas acções daqueles que escolhem viver em alinhamento com Asha. Ao cuidar das chamas sagradas, os zoroastrianos não só honram as suas tradições antigas, como também afirmam o seu papel de guardiões da luz. Desta forma, os rituais que envolvem o fogo servem como testemunho da força duradoura de uma fé que encontra o divino nos elementos e nos actos quotidianos de devoção que mantêm a chama da esperança acesa, mesmo no meio das provações da existência.

Capítulo 9
Ética

O Zoroastrismo coloca uma ênfase profunda na ética, posicionando a conduta moral no centro da sua prática espiritual. Ao contrário das religiões que se concentram fortemente em rituais ou dogmas, o Zoroastrismo ensina que a essência da fé reside na forma como se vive - através de pensamentos, palavras e acções que se alinham com a ordem divina de Asha. A busca de uma vida virtuosa não é meramente uma busca pessoal pela retidão, mas uma responsabilidade cósmica, uma vez que as escolhas de cada indivíduo contribuem para o equilíbrio entre o bem e o mal, entre Asha e Druj. No centro deste enquadramento ético está a tríade conhecida como Humata, Hukhta, Hvarshta - Bons Pensamentos, Boas Palavras e Boas Acções - que guia os Zoroastrianos em todos os aspectos das suas vidas.

Os bons pensamentos, ou Humata, formam a base do código ético zoroastriano. Os Zoroastrianos acreditam que a mente é o ponto de partida de todas as acções, e cultivar pensamentos puros é essencial para viver de acordo com Asha. Este princípio enfatiza a importância da disciplina mental, encorajando os indivíduos a protegerem-se contra pensamentos de ódio, inveja e engano. É ensinado que uma mente alinhada com a verdade conduz naturalmente a um discurso e comportamento positivos, moldando uma vida que contribui para o bem-estar dos outros. Ao promoverem a clareza e a integridade dos seus pensamentos, os zoroastrianos vêem-se a si próprios como participantes diretos na luta cósmica contra Druj, mantendo a pureza interior necessária para a expressão exterior da virtude.

O segundo elemento, Hukhta, ou Boas Palavras, estende o princípio de Asha ao domínio da fala. O Zoroastrismo dá grande importância ao poder das palavras, reconhecendo-as como ferramentas que podem elevar ou prejudicar. Falar com sinceridade é visto como um reflexo da luz divina interior, uma afirmação do compromisso de cada um com Asha. Os Zoroastrianos são encorajados a usar as suas palavras para construir harmonia, oferecer encorajamento e resolver conflitos pacificamente. A calúnia, as falsas acusações e o discurso enganador são considerados actos que fortalecem o Druj, introduzindo o caos nas relações humanas e na comunidade em geral. Assim, manter a honestidade e a bondade no discurso não é apenas uma questão de integridade pessoal, mas uma forma de contribuir para a ordem que Ahura Mazda imaginou para o mundo.

Hvarshta, ou Boas Acções, completa a tríade, enfatizando que os pensamentos e as palavras devem ser acompanhados por acções que reflictam valores éticos. Nos ensinamentos zoroastrianos, as acções são as expressões tangíveis das crenças interiores de cada um, transformando princípios abstractos em realidades concretas. As boas acções abrangem um vasto leque de acções, desde cuidar dos necessitados até à proteção do ambiente e ao envolvimento num trabalho honesto. Os actos de caridade, conhecidos como Dastur, são particularmente encorajados, reflectindo a crença de que ajudar os outros reforça a ordem divina de Asha. Os zoroastrianos vêem os seus esforços para aliviar o sofrimento como contribuições diretas para a luta cósmica contra as forças do mal, criando ondas de positividade que se estendem para além das vidas individuais.

Esta tríade serve de guia prático para os zoroastrianos, oferecendo uma estrutura simples mas profunda para a tomada de decisões diárias. Ao alinharem constantemente os seus pensamentos, palavras e acções com estes ideais, procuram incorporar os valores que Zaratustra pregou e viver em harmonia com a visão de Ahura Mazda. A vida ética é assim vista como um processo contínuo, que requer vigilância e autorreflexão. Os ensinamentos zoroastrianos enfatizam a importância de Fravashi, ou o espírito guardião interior, que guia o indivíduo no discernimento entre o certo e o errado. Esta voz interior é considerada uma dádiva de Ahura Mazda, uma centelha de sabedoria divina que ajuda os crentes a navegar nas complexidades da vida e a fazer escolhas que defendam Asha.

Para além da conduta pessoal, a ética zoroastriana estende-se às relações e responsabilidades sociais. A unidade familiar é considerada um espaço sagrado onde os princípios de Humata, Hukhta e Hvarshta são aprendidos e praticados pela primeira vez. O respeito pelos mais velhos, o cuidado com as crianças e o apoio mútuo entre os cônjuges são vistos como fundamentais para uma vida de integridade. As famílias são encorajadas a criar ambientes onde a verdade e a bondade são as normas, dando um exemplo que se estende à comunidade em geral. A comunidade zoroastriana, ou Anjuman, torna-se uma família maior, unida por valores partilhados, onde o bem-estar de um é visto como estando interligado com o bem-estar de todos.

A justiça é outra pedra angular da ética zoroastriana, intimamente ligada ao princípio de Asha. O Zoroastrismo ensina que defender a justiça é um dever sagrado, que reflecte a justiça divina de Ahura Mazda. Isto implica não só a procura da equidade nos seus próprios negócios, mas também a luta contra a opressão e a injustiça onde quer que se encontrem. A lei zoroastriana, tal como descrita em textos antigos como a Vendidad, fornece orientações sobre o comportamento ético em áreas como o comércio, o casamento e as disputas comunitárias. Embora estas leis tenham evoluído ao longo do tempo, o princípio subjacente continua a ser o de que a justiça deve servir o objetivo de restaurar a harmonia e o equilíbrio, em vez de se limitar a punir as infracções. Este foco na justiça restaurativa alinha-se com a crença de que mesmo aqueles que se desviaram podem ser guiados de volta ao caminho de Asha através da sabedoria e da compaixão.

A ética zoroastriana também enfatiza a importância do trabalho e a dignidade do trabalho. Os ensinamentos de Zaratustra promovem a ideia de que o trabalho honesto é uma forma de adoração, uma maneira de contribuir para o bem-estar do mundo. Seja através da agricultura, do artesanato ou da prestação de serviços, os zoroastrianos são ensinados a ver o seu trabalho como um meio de sustentar a ordem divina. Esta perspetiva transforma o trabalho diário numa prática espiritual, em que o esforço para dar o melhor de si é visto como uma oferenda a Ahura Mazda. Em contraste, a preguiça e a desonestidade no trabalho são vistas como expressões de Druj, minando a harmonia que o trabalho honesto traz à sociedade.

 A ética ambiental é também parte integrante do modo de vida zoroastriano. O mundo natural, como parte da criação de Ahura Mazda, deve ser tratado com respeito e cuidado. Os zoroastrianos acreditam que poluir a terra, a água ou o ar não é apenas uma ofensa ao ambiente, mas uma perturbação do próprio Asha. Práticas como a conservação da água, a proteção dos animais e a manutenção da limpeza nos espaços habitacionais são vistas como reflexos da pureza espiritual. Estas acções não são apenas ecológicas mas profundamente religiosas, reafirmando o compromisso zoroastriano de preservar o equilíbrio da criação. A reverência pela natureza recorda que o papel da humanidade não é dominar a terra, mas atuar como seus administradores, mantendo a ordem sagrada estabelecida por Ahura Mazda.

 Os ensinamentos éticos zoroastrianos estendem-se ao tratamento dos outros, enfatizando o valor da compaixão e a responsabilidade de cuidar daqueles que são menos afortunados. Os actos de caridade, tais como a assistência aos pobres ou o apoio a projectos comunitários, são considerados formas de manifestar a luz de Asha no mundo. Este enfoque na responsabilidade social cria um sentido de solidariedade nas comunidades zoroastrianas, onde o bem-estar de cada pessoa é visto como estando interligado com o coletivo. Através destes actos de bondade, os zoroastrianos acreditam que estão não só a cumprir o seu dever moral, mas também a reforçar a presença do bem no mundo, contribuindo para a luta cósmica mais vasta entre Asha e Druj.

 A ênfase do Zoroastrismo na ética e na conduta moral proporciona uma visão da vida em que cada ação, por mais pequena que seja, tem um significado cósmico. Os princípios de

Humata, Hukhta e Hvarshta oferecem um caminho que é simultaneamente simples e profundo, guiando os crentes a viver de uma forma que honra a ordem divina e contribui para um bem maior. Este foco em viver uma vida de integridade transforma a fé de um conjunto de crenças numa realidade vivida, onde cada pensamento, palavra e ação é um testemunho do compromisso de cada um com Ahura Mazda e da luta duradoura por um mundo onde a verdade e a luz prevaleçam sobre a falsidade e a escuridão.

A ética zoroastriana, baseada nos princípios de Humata, Hukhta, Hvarshta - Bons Pensamentos, Boas Palavras e Boas Acções - estende-se para além dos preceitos antigos para se adaptar aos desafios da vida moderna. À medida que o mundo evolui, os zoroastrianos continuam a recorrer aos seus valores profundamente enraizados para navegar nas questões contemporâneas, assegurando que as suas acções se alinham com Asha, a ordem cósmica. Esta adaptabilidade permite que as comunidades zoroastrianas mantenham os seus antigos fundamentos éticos enquanto respondem a novos dilemas sociais, ambientais e morais num mundo dinâmico.

Uma das principais formas em que a ética zoroastriana se manifesta na era moderna é através da responsabilidade social e da adaptação dos valores comunitários às circunstâncias em mudança. Na sociedade globalizada de hoje, onde os zoroastrianos vivem frequentemente como minorias, os princípios de apoio mútuo e caridade assumem um novo significado. A tradição do Dastur - actos de bondade e caridade - continua a ser uma prática vital, mas agora também inclui esforços como o apoio a iniciativas educativas zoroastrianas, a ajuda aos idosos e a contribuição para esforços humanitários para além da sua comunidade imediata. Esta extensão da compaixão reflecte a ideia de que a luz de Asha deve chegar a todos os cantos da sociedade, oferecendo ajuda aos necessitados, independentemente da sua origem.

As comunidades zoroastrianas adaptaram os seus esforços caritativos para enfrentar desafios modernos como a desigualdade económica, o acesso à educação e aos cuidados de saúde. Muitas organizações zoroastrianas criaram programas de bolsas de estudo, instalações de cuidados de saúde e serviços sociais que beneficiam tanto os zoroastrianos como as comunidades mais alargadas em que vivem. Estes esforços são vistos como expressões modernas de ensinamentos antigos, em que a prática da generosidade e a elevação dos outros se alinham com o compromisso intemporal da retidão. Desta forma, os Zoroastrianos vêem as suas contribuições sociais não apenas como actos de boa vontade, mas como elementos cruciais na luta mais ampla para manter Asha num mundo que frequentemente se inclina para o caos e a divisão.

Os princípios de veracidade e integridade, tal como incorporados em Hukhta, também desempenham um papel significativo na abordagem zoroastriana à vida profissional moderna. Numa época em que os desafios éticos nos negócios e na governação são comuns, os zoroastrianos esforçam-se por manter elevados padrões de honestidade e transparência no seu trabalho. Este compromisso com a conduta ética estende-se a práticas comerciais justas, investimento ético e uma ênfase na integridade das relações profissionais. Os Zoroastrianos são ensinados a ver as suas profissões como extensões do seu caminho espiritual, onde cada decisão reflecte o seu compromisso com Asha. Ao darem prioridade à equidade e ao comportamento ético, procuram criar locais de trabalho e ambientes empresariais que se alinhem com os valores da ordem e da justiça, opondo-se aos enganos que, de outra forma, poderiam comprometer a sua integridade.

Perante o rápido avanço tecnológico, os ensinamentos éticos zoroastrianos oferecem orientação sobre questões como a comunicação digital e a utilização responsável da tecnologia. O princípio de Hukhta - boas palavras - estende-se ao domínio das interações em linha, encorajando os zoroastrianos a envolverem-se numa comunicação respeitosa e verdadeira, mesmo em espaços digitais. Isto reflecte um compromisso mais amplo de manter Asha em todos os aspectos da vida, incluindo aqueles que surgiram com a modernidade. Ao sublinhar a importância da verdade e do respeito nos diálogos digitais, os Zoroastrianos procuram criar uma influência positiva num espaço onde a desinformação e a negatividade podem facilmente espalhar-se, utilizando os seus princípios para orientar o seu envolvimento com o mundo virtual.

A gestão ambiental, enraizada na reverência zoroastriana pelo mundo natural, tornou-se cada vez mais relevante à medida que os desafios ecológicos se tornam mais urgentes. Os ensinamentos zoroastrianos há muito que enfatizam o carácter sagrado da água, da terra e do fogo, considerando a poluição destes elementos uma violação da ordem divina. No contexto moderno, este respeito traduz-se num envolvimento ativo na conservação do ambiente e nos esforços de sustentabilidade. Muitos zoroastrianos participam em iniciativas destinadas a reduzir a poluição, a conservar a água e a promover as energias renováveis. Encaram estas acções como extensões do seu dever de proteger a criação de Ahura Mazda, reforçando a antiga crença de que os humanos são administradores da terra, responsáveis por manter o equilíbrio que Asha exige.

As comunidades zoroastrianas também adaptaram as suas práticas para abordar questões globais como as alterações climáticas, reconhecendo que a preservação do ambiente é uma forma de defender os seus princípios espirituais. Por exemplo, as iniciativas para reduzir os resíduos e promover uma vida sustentável estão cada vez mais integradas na vida comunitária zoroastriana, incluindo eventos e celebrações em que são feitos esforços para minimizar o impacto ambiental. Ao concentrarem-se na sustentabilidade, os zoroastrianos vêem-se a si próprios como parte de um movimento mais vasto para restaurar a harmonia do mundo natural, alinhando os seus valores antigos com as necessidades ecológicas do presente.

Os ensinamentos de Humata - Bons Pensamentos - também influenciam a forma como os Zoroastrianos abordam o bem-estar mental e emocional na era moderna. À medida que a consciência da saúde mental cresce, os zoroastrianos enfatizam a importância de manter uma mente clara e pacífica, em consonância com a tradição de cultivar pensamentos positivos. Esta abordagem encoraja a atenção plena, a meditação e a recitação de orações como formas de cultivar a clareza mental e a resiliência. As práticas espirituais zoroastrianas, como a recitação diária do Ashem Vohu e a reflexão perante o fogo sagrado, são vistas como métodos para centrar a mente e fortalecer o espírito, oferecendo ferramentas para lidar com o stress da vida contemporânea.

Para além disso, a ética zoroastriana fornece um enquadramento para navegar nas complexidades da diversidade social e do multiculturalismo. Vivendo em comunidades da diáspora, os zoroastrianos relacionam-se frequentemente com pessoas de várias crenças e origens culturais. Os seus ensinamentos encorajam o respeito pelas crenças dos outros e uma abertura ao diálogo, reflectindo a ênfase de Zaratustra no valor da sabedoria e da compreensão. Os zoroastrianos são orientados para manter a sua identidade enquanto constroem pontes com os outros, encarando estas interações como oportunidades para encarnar os princípios de Asha em diversos contextos. Este equilíbrio entre tradição e abertura permite aos zoroastrianos preservar o seu património e, ao mesmo tempo, contribuir positivamente para as sociedades em que vivem.

À medida que o Zoroastrismo enfrenta os desafios da preservação da sua identidade num mundo em rápida mudança, os princípios de Humata, Hukhta, Hvarshta continuam a ser tão relevantes como sempre. Os esforços para transmitir estes valores às gerações mais jovens são fundamentais para a sobrevivência da comunidade. A educação sobre a história, teologia e ética zoroastriana é frequentemente enfatizada nos programas para jovens, assegurando que as novas gerações compreendem a importância de alinharem as suas vidas com Asha. Estes esforços educativos incluem frequentemente discussões sobre a forma como os princípios antigos se aplicam aos dilemas modernos, dando aos jovens zoroastrianos um sentido de continuidade e objetivo. Ao envolverem-se com as suas tradições de uma forma significativa, os jovens zoroastrianos aprendem a ver a sua herança não como uma relíquia do passado, mas como um guia vivo para uma vida correta.

O enfoque da comunidade no diálogo intergeracional assegura que os ensinamentos éticos são adaptados às realidades contemporâneas, mantendo-se fiéis às suas raízes espirituais. Os mais velhos partilham a sua sabedoria e experiência, enquanto os membros mais novos trazem novas perspectivas, criando um processo dinâmico de aprendizagem e adaptação. Este diálogo reforça a crença de que a essência da ética zoroastriana - compaixão, veracidade, respeito pela natureza e dedicação ao bem-estar dos outros - transcende o tempo, oferecendo um modelo intemporal para uma vida boa, independentemente da época ou do local.

Através deste envolvimento contínuo com os seus ensinamentos éticos, os Zoroastrianos continuam a afirmar o seu papel de protectores de Asha num mundo onde Druj, a força do caos e da falsidade, ainda coloca desafios. Os princípios de Humata, Hukhta, Hvarshta oferecem uma forma de navegar na modernidade, mantendo-se ao mesmo tempo ancorados na sabedoria antiga, guiando cada pensamento, palavra e ação. Esta continuidade permite aos Zoroastrianos permanecerem firmes no seu compromisso com uma vida que honra a ordem divina, contribuindo para um mundo onde a luz prevalece sobre as trevas e onde os valores da verdade, integridade e compaixão perduram no meio das complexidades dos dias de hoje.

Capítulo 10
As mulheres

O papel das mulheres no Zoroastrismo é simultaneamente complexo e significativo, moldado por ensinamentos antigos que evoluíram ao longo de séculos de mudanças culturais e sociais. A posição das mulheres na tradição zoroastriana tem raízes nos ensinamentos de Zaratustra, que, de acordo com os Gathas, enfatizava a igualdade espiritual entre homens e mulheres. A visão de Zaratustra oferecia uma perspetiva em que as mulheres, tal como os homens, eram vistas como agentes morais capazes de escolher entre Asha (verdade e ordem) e Druj (falsidade e caos). Esta crença fundamental preparou o terreno para uma tradição em que as contribuições das mulheres para a vida religiosa, a família e a sociedade eram reconhecidas e valorizadas.

Na Pérsia pré-islâmica, o zoroastrismo desempenhou um papel significativo na formação das normas e leis sociais, incluindo as que definiam o estatuto e os direitos das mulheres. Os registos históricos da antiga Pérsia, como as eras Aqueménida e Sassânida, indicam que as mulheres zoroastrianas ocupavam posições de influência nas suas famílias e comunidades. Tinham direitos de propriedade e podiam dedicar-se a negócios, um estatuto pouco comum em comparação com outras sociedades antigas. As mulheres estavam frequentemente envolvidas na vida económica da família, gerindo propriedades e participando no comércio. Esta autonomia económica reflecte-se na ênfase zoroastriana na unidade familiar como base da sociedade, onde tanto os homens como as mulheres contribuíam para a sua prosperidade e tecido moral.

Os ensinamentos de Zaratustra também colocavam uma ênfase significativa no casamento como uma instituição sagrada, onde os papéis de ambos os parceiros eram vistos como essenciais para manter Asha dentro do lar. O casamento era visto não só como um contrato social, mas também como uma parceria espiritual destinada a promover a harmonia e a manter a ordem divina. Neste contexto, as mulheres desempenhavam um papel vital na educação religiosa das crianças e na manutenção dos rituais e práticas de pureza que ligavam a família à fé zoroastriana. O próprio lar era considerado um espaço onde a chama sagrada de Ahura Mazda podia ser honrada através de orações e rituais diários, e as mulheres serviam frequentemente como guardiãs destas práticas, assegurando que a luz de Asha era preservada na sua esfera doméstica.

Apesar desta ênfase na igualdade espiritual, as realidades dos papéis das mulheres na sociedade zoroastriana eram moldadas pelas estruturas sociais mais amplas da época. Os códigos legais sassânidas, que foram fortemente influenciados pela doutrina zoroastriana, incluíam disposições que reflectiam uma estrutura patriarcal, como as leis relacionadas com a herança e a hierarquia familiar. Por exemplo, embora as mulheres pudessem herdar bens, a distribuição favorecia frequentemente os herdeiros masculinos. Estes quadros legais, ao mesmo tempo que ofereciam certos direitos às mulheres, também delineavam os seus papéis de forma a reforçar a liderança masculina, tanto no seio da família como da comunidade. No entanto, estas estruturas não anularam a ação espiritual das mulheres, que continuaram a ser vistas como participantes vitais na vida religiosa das suas famílias e comunidades.

O papel das mulheres na prática religiosa também se estendia à sua participação em rituais e festivais. Embora o sacerdócio continuasse a ser predominantemente masculino, as mulheres desempenhavam papéis importantes nos rituais familiares e nas celebrações comunitárias. Durante festivais como o Nowruz e o Mehregan, que celebram a renovação da vida e o triunfo da luz, as mulheres participavam ativamente na preparação de espaços sagrados, na criação de oferendas e na recitação de orações. Estas actividades sublinharam a crença de que os contributos espirituais das mulheres eram essenciais para a manutenção de Asha, não só no seio das suas famílias, mas também na comunidade zoroastriana em geral.

Para além do seu papel na manutenção das práticas religiosas, as mulheres zoroastrianas eram também reconhecidas pela sua sabedoria e orientação moral. Os textos históricos e as tradições orais preservam histórias de mulheres que aconselharam reis, lideraram lares com compaixão e serviram de exemplo de força moral. Estas narrativas celebram as virtudes da integridade, coragem e resiliência, sublinhando que a força espiritual das mulheres era tão crucial como o seu papel na vida familiar. Figuras como Pourandokht e Azarmidokht, rainhas sassânidas que governaram em tempos de turbulência política, são recordadas como líderes que encarnaram os princípios da justiça e da ordem, centrais nos ensinamentos zoroastrianos.

Os ensinamentos de Humata, Hukhta, Hvarshta - Bons Pensamentos, Boas Palavras e Boas Acções - proporcionaram um enquadramento moral que se aplicava igualmente a homens e mulheres, encorajando todos os seguidores a lutar por uma vida alinhada com Asha. Esta igualdade na responsabilidade espiritual reforçou a ideia de que as mulheres não eram secundárias aos olhos de Ahura Mazda, mas eram capazes de alcançar a grandeza espiritual. A ênfase de Zaratustra na escolha individual e na agência moral estendia-se a todos, sugerindo que cada pessoa, independentemente do género, tinha um papel na batalha cósmica entre a luz e as trevas.

Na mitologia zoroastriana, as mulheres também desempenham papéis simbólicos significativos, representando tanto os aspectos nutritivos da natureza como a resiliência do espírito humano. A Amesha Spenta Spenta Armaiti, frequentemente associada à terra e à devoção, é vista como uma força divina feminina, incorporando as qualidades de amor, paciência e lealdade à criação de Ahura Mazda. Este aspeto divino enfatiza a ideia de que as virtudes associadas às mulheres são parte integrante da visão zoroastriana de um universo equilibrado e harmonioso. O papel de Spenta Armaiti na ordem divina serve como um lembrete da importância de nutrir e sustentar o mundo, qualidades que as mulheres zoroastrianas são encorajadas a imitar no seu cuidado com a família, a comunidade e a natureza.

Além disso, a ênfase zoroastriana na pureza do pensamento e da ação encontrava expressão em práticas que orientavam o papel das mulheres na manutenção da limpeza física e espiritual. Rituais como a purificação após o parto e a adesão a práticas específicas durante a menstruação eram vistos como formas de se alinharem com os princípios de pureza centrais ao pensamento zoroastriano. Embora estas práticas reforçassem um sentido de separação ritual, também realçavam as responsabilidades únicas das mulheres na preservação da santidade da vida e do lar. Estes rituais, embora por vezes vistos como restritivos, eram frequentemente interpretados no seio da comunidade como oportunidades de reflexão e renovação espiritual, ligando as práticas individuais a uma ordem cósmica mais vasta.

Ao longo da história, as mulheres zoroastrianas têm desempenhado os seus papéis no quadro da tradição, ao mesmo tempo que se adaptam a novos contextos sociais e culturais. Quando o zoroastrismo enfrentou os desafios das influências externas, incluindo a chegada do Islão à Pérsia, as mulheres desempenharam um papel crucial na preservação das práticas culturais e religiosas da sua comunidade. Em tempos de adversidade, tornaram-se guardiãs das tradições orais, contadoras de histórias que transmitiam os Gathas e as histórias de Zaratustra aos seus filhos, assegurando que a essência da fé permanecia viva, mesmo quando a prática pública se tornava difícil. Este papel de guardiãs da memória e da tradição sublinha a resistência duradoura das mulheres zoroastrianas, que adaptaram continuamente os seus papéis para apoiar a sobrevivência da sua fé.

A abordagem do Zoroastrismo às mulheres, com a sua mistura de igualdade espiritual e tradição social, oferece uma perspetiva matizada que permitiu que a fé perdurasse ao longo de muitos séculos. Os ensinamentos de Zaratustra forneceram uma base que reconhecia o potencial espiritual das mulheres, mesmo quando as estruturas sociais moldavam os seus papéis de formas específicas. Este equilíbrio entre os ensinamentos antigos e as realidades sociais em evolução definiu o percurso das mulheres zoroastrianas, que permaneceram participantes activas nas suas comunidades, contribuindo para a preservação de Asha e dos valores que a sua fé preza.

Ao compreender o papel das mulheres no Zoroastrismo, torna-se claro que os seus contributos estão entrelaçados no próprio tecido da tradição. A sua presença, quer como guardiãs dos rituais domésticos, quer como símbolos das virtudes divinas, continua a moldar a vida espiritual da comunidade. À medida que o Zoroastrismo enfrenta os desafios de manter a sua identidade no mundo moderno, o legado da força espiritual e da resiliência das mulheres continua a ser uma luz orientadora, reflectindo a crença duradoura de que o caminho de Asha é um caminho que todos são chamados a percorrer, em unidade e com um compromisso partilhado com a verdade que une o cosmos.

As contribuições das mulheres zoroastrianas têm desempenhado um papel fundamental na formação da resistência e continuidade da fé ao longo da história, oferecendo força espiritual e cultural às suas comunidades. À medida que o zoroastrismo se espalhou para além das fronteiras da antiga Pérsia, particularmente durante os períodos de migração e diáspora, as mulheres encontraram-se frequentemente na linha da frente da preservação dos costumes e valores da religião. Os seus esforços asseguraram que os ensinamentos de Zaratustra permanecessem vivos, adaptando-se a novos desafios e mantendo intacta a essência da tradição. Este capítulo explora a evolução do papel das mulheres zoroastrianas, destacando a sua liderança, os desafios que enfrentaram e a sua luta contínua pelo reconhecimento e igualdade no quadro mais alargado da sua fé.

Nos séculos que se seguiram à conquista islâmica da Pérsia, as comunidades zoroastrianas sofreram perturbações significativas. Muitas foram deslocadas ou emigraram, tendo um grande número de pessoas se estabelecido na Índia, onde ficaram conhecidas como Parsis. Esta migração foi um ponto de viragem para as mulheres zoroastrianas, que tiveram de se adaptar a um novo ambiente cultural, mantendo a sua identidade religiosa. Nesta diáspora, as mulheres emergiram como figuras-chave em casa, assegurando que os rituais, as orações e as tradições orais dos seus antepassados eram transmitidos à geração seguinte. Tornaram-se contadoras de histórias, preservando os contos de Zaratustra e dos antigos reis persas, mantendo assim viva a memória cultural de uma comunidade no exílio.

Este papel de preservadores da tradição estendeu-se à transmissão do Avesta e à prática quotidiana de orações perante o fogo sagrado. Apesar de não fazerem parte do sacerdócio, as mulheres zoroastrianas da diáspora desempenhavam um papel fundamental no fomento da devoção religiosa das suas famílias. Ensinaram aos seus filhos os princípios fundamentais da fé, incluindo os princípios de Humata, Hukhta, Hvarshta - Bons Pensamentos, Boas Palavras e Boas Acções. Através do seu empenho nestes valores, as mulheres asseguraram que os ensinamentos éticos zoroastrianos continuassem a ser uma parte central da vida familiar, mesmo quando as suas comunidades se adaptaram aos desafios de viver num contexto cultural novo e muitas vezes desconhecido.

À medida que os Parsis se estabeleceram na Índia, os papéis das mulheres evoluíram em resposta à mudança da paisagem social. No período colonial, as mulheres Parsi começaram a ter acesso à educação e a oportunidades profissionais, contribuindo para as suas comunidades não só como guardiãs da tradição, mas também como líderes nas esferas social e económica. A educação deu poder a uma nova geração de mulheres zoroastrianas, que se tornaram activas em domínios como os cuidados de saúde, a educação e a reforma social. Os seus esforços na fundação de escolas, hospitais e organizações de caridade foram fundamentais para o reforço das suas próprias comunidades e da sociedade que as rodeava. Estas iniciativas reflectiam a ênfase zoroastriana na caridade e no serviço comunitário, valores profundamente enraizados nos seus ensinamentos religiosos.

Figuras proeminentes, como Bhikaiji Cama, que se tornou uma figura de proa no movimento de independência da Índia, exemplificam o espírito das mulheres zoroastrianas que combinavam o seu empenhamento na fé com uma visão mais alargada da justiça social e do progresso. O ativismo de Cama, juntamente com o de outras mulheres zoroastrianas, evidenciou uma tradição de envolvimento com o mundo em geral, em que os valores de Asha - verdade, ordem e justiça - eram aplicados a causas sociais e políticas. Esta combinação de devoção religiosa e ação social demonstrou que os princípios ensinados por Zaratustra não se limitavam ao ritual, mas podiam inspirar mudanças transformadoras na sociedade.

Para além dos seus papéis públicos, as mulheres zoroastrianas continuaram a navegar pelas expectativas das suas comunidades tradicionais, onde as normas culturais as colocavam frequentemente em papéis definidos no seio do agregado familiar. Estas expectativas criaram, por vezes, tensões, uma vez que as mulheres procuravam equilibrar o respeito pela tradição com o seu desejo de maior autonomia. Questões como o casamento no seio da religião, os direitos de herança e a participação na liderança da comunidade realçavam frequentemente os desafios de manter os valores tradicionais e, ao mesmo tempo, adaptar-se aos ideais modernos de igualdade de género. Por exemplo, nas comunidades tradicionais zoroastrianas, as regras relativas ao casamento com não zoroastrianos têm sido um ponto de discórdia, afectando tanto o estatuto das mulheres na comunidade como o reconhecimento dos seus filhos como zoroastrianos.

A luta pela igualdade de género na comunidade tem registado progressos ao longo dos anos, com os debates em torno destas questões a reflectirem mudanças sociais mais amplas. Muitas mulheres zoroastrianas têm defendido reformas que reconheçam o seu direito à plena participação na vida religiosa e comunitária. Estes esforços incluíram apelos a um maior envolvimento na gestão dos templos de fogo e à inclusão das mulheres em funções tradicionalmente reservadas aos homens, como a recitação de orações específicas ou o envolvimento em conselhos comunitários. Embora estas mudanças tenham tido diferentes graus de aceitação, reflectem um diálogo contínuo no seio da comunidade sobre a forma de honrar a tradição e, ao mesmo tempo, abraçar a evolução do papel das mulheres.

Nas últimas décadas, o papel das mulheres zoroastrianas continuou a expandir-se à medida que a globalização e a dispersão das comunidades por todo o mundo remodelaram a diáspora zoroastriana. Atualmente, as mulheres zoroastrianas encontram-se a liderar organizações comunitárias, a participar em conferências internacionais e a contribuir para a investigação académica que explora a história e a filosofia da sua fé. Elas trazem perspectivas que enfatizam a necessidade de inclusão e adaptação, enfrentando os desafios de manter uma população pequena e dispersa. Através de plataformas como a Organização Mundial Zoroastriana e associações regionais, as mulheres têm desempenhado um papel crucial na formação do discurso em torno do futuro da sua fé, assegurando que o Zoroastrismo continua a ser relevante para a próxima geração.

Este empenhamento é particularmente importante na medida em que a comunidade zoroastriana global enfrenta o desafio do declínio numérico. Muitas mulheres zoroastrianas estão na linha da frente dos esforços para atrair e educar os jovens sobre a sua herança, misturando ensinamentos tradicionais com contextos modernos. Isso envolve a criação de programas educacionais, a organização de eventos culturais e o uso de plataformas digitais para conectar os zoroastristas em todo o mundo. Ao tirar partido destas ferramentas, as mulheres zoroastrianas continuam a desempenhar o seu papel de educadoras e guardiãs da tradição, assegurando que as histórias, os valores e as práticas que sustentaram a sua comunidade estão acessíveis a quem procura aprender.

No entanto, o caminho não é isento de desafios. A questão da igualdade de género continua a suscitar discussão, especialmente no que diz respeito à interpretação de textos religiosos e ao papel das mulheres em rituais tradicionalmente conduzidos por sacerdotes do sexo masculino. Estes debates fazem parte de uma conversa mais ampla sobre a forma como o zoroastrismo pode permanecer fiel às suas raízes antigas, evoluindo ao mesmo tempo para refletir os valores contemporâneos. Para muitas mulheres zoroastrianas, esta viagem não tem a ver com o abandono da tradição, mas com a sua reimaginação de forma a permitir uma maior participação e reconhecimento dos seus contributos. Procuram um espaço onde as suas vozes sejam ouvidas como iguais, tanto nos aspectos sagrados como comunitários da sua fé.

O percurso das mulheres zoroastrianas, desde a antiga Pérsia até às modernas comunidades da diáspora, reflecte a força duradoura e a adaptabilidade do seu espírito. Ao longo de tempos de agitação e transformação, mantiveram-se firmes na sua dedicação à preservação da luz de Asha. A sua resiliência e liderança garantiram que os ensinamentos de Zaratustra continuassem a inspirar uma visão da vida em que a verdade, a justiça e a compaixão guiam todas as acções. À medida que as comunidades zoroastrianas olham para o futuro, o papel das mulheres continua a ser tão vital como sempre, lembrando que os princípios de igualdade e força moral que Zaratustra pregou são intemporais, capazes de guiar uma fé que é simultaneamente antiga e sempre renovada.

Ao abraçarem a sua herança e ao mesmo tempo defenderem a mudança, as mulheres zoroastrianas encarnam o espírito de Asha de uma forma que fala tanto do passado como do futuro. O seu percurso é um testemunho do poder da fé para se adaptar, sobreviver e prosperar, mesmo perante os desafios. Continuam a iluminar o caminho a seguir, mantendo viva a chama antiga que arde há milénios - uma chama que simboliza não só a presença divina de Ahura Mazda, mas também a luz duradoura da sabedoria, da força e da esperança que as mulheres zoroastrianas trazem às suas famílias, às suas comunidades e ao mundo.

Capítulo 11
Rituais de purificação

No Zoroastrismo, o conceito de pureza é fundamental para manter uma ligação com Ahura Mazda e com a ordem cósmica de Asha. Os rituais de purificação são vistos como essenciais para preservar a limpeza física e espiritual, protegendo os fiéis das influências corruptoras de Angra Mainyu, o espírito do caos e do mal. Estas práticas incorporam uma visão do mundo em que a manutenção da pureza não é apenas uma questão de higiene física, mas um dever espiritual que sustenta o equilíbrio divino do universo. Através destes rituais, os zoroastrianos reforçam o seu compromisso de viver em harmonia com Asha, assegurando que as suas acções, pensamentos e ambientes se mantêm alinhados com a ordem divina.

Uma das práticas fundamentais da purificação zoroastriana é o padyab, ou ablução, um ritual que envolve a lavagem das mãos e do rosto antes de orações ou actividades sagradas. O ato de realizar um padyab é um lembrete da importância de manter a limpeza externa e interna, simbolizando a remoção das impurezas antes de se aproximar do divino. Este ritual é frequentemente efectuado antes de recitar orações do Avesta, preparando o indivíduo para se envolver com os textos sagrados com uma mente e um corpo puros. Ao envolverem-se conscientemente neste simples ato de purificação, os zoroastrianos procuram limpar a sujidade física e as distracções da vida quotidiana, criando um espaço para a concentração e reflexão espirituais.

Para além da prática pessoal da ablução, o zoroastrismo inclui rituais de purificação mais elaborados que são realizados em ocasiões específicas ou em resposta a necessidades particulares. Um desses rituais é o Nahn, uma purificação mais abrangente que envolve a lavagem de todo o corpo com água consagrada. Os Nahns são frequentemente realizados durante acontecimentos importantes da vida, como antes das cerimónias de casamento ou durante períodos de doença, em que se procura uma renovação espiritual e física. A utilização de água consagrada, abençoada por um Mobed (sacerdote), reforça a crença de que a água é um elemento sagrado, um meio através do qual o divino pode limpar e restaurar o indivíduo. Ao mergulharem neste ritual, os zoroastrianos procuram realinhar os seus corpos e almas com a pureza da criação de Ahura Mazda.

O papel do fogo na purificação também tem um lugar de destaque nos ritos zoroastrianos. O fogo, como representante terreno da luz de Ahura Mazda, serve como purificador que pode limpar espaços, objectos e pessoas de impurezas espirituais. Acredita-se que o fogo sagrado presente nos templos emite uma energia espiritual que dissipa a influência do Druj (engano e maldade). Durante os rituais, os sacerdotes podem acenar com uma chama ou um incensório sobre objectos ou indivíduos para os purificar, uma prática que simboliza o poder da luz divina para restaurar o equilíbrio e a ordem. Esta utilização do fogo estende-se aos rituais diários em casa, onde pequenas lâmpadas ou velas são acesas durante as orações para convidar a presença protetora de Ahura Mazda para dentro de casa.

Outro importante ritual de purificação é a cerimónia do Barsom, em que feixes de ramos consagrados, normalmente da romã ou da tamargueira, são usados para abençoar os fiéis e os espaços sagrados. O Barsom representa a vida vegetal que faz parte da criação de Ahura Mazda e a sua utilização em rituais simboliza a interligação dos mundos natural e espiritual. Durante a cerimónia do Barsom, o Mobed segura o feixe enquanto recita orações, invocando bênçãos para os participantes e procurando afastar quaisquer impurezas espirituais. O ritual serve para recordar o respeito zoroastriano pela natureza, sublinhando que todos os elementos da criação desempenham um papel na manutenção do equilíbrio cósmico de Asha.

Os rituais de purificação no zoroastrismo também se estendem ao cuidado dos espaços sagrados, incluindo templos e locais onde se realizam rituais. Acredita-se que estes espaços devem ser mantidos livres de poluição, tanto física como espiritual, para garantir que a presença divina possa habitar neles. Os zoroastrianos têm o maior cuidado em assegurar que os templos de fogo são mantidos com uma limpeza rigorosa e que são efectuados ritos especiais para purificar o próprio fogo sagrado. A atenção dada à manutenção destes espaços reflecte a crença de que a pureza não é apenas uma responsabilidade individual, mas um esforço comunitário que apoia a saúde espiritual de toda a comunidade. Ao manterem os seus locais de culto puros, os zoroastrianos criam ambientes onde a luz divina de Ahura Mazda pode brilhar sem obstrução, proporcionando um refúgio do caos do mundo.

A purificação também é fundamental para os ritos zoroastrianos que envolvem a transição entre a vida e a morte. Quando uma pessoa morre, a tradição zoroastriana afirma que o seu corpo físico se torna impuro ao ser afetado pela decomposição, um processo associado a Angra Mainyu. Para evitar que esta impureza se propague, é efectuada uma série de rituais para purificar o ambiente e guiar a alma para o além. O corpo é lavado com urina de touro, conhecida como nirang, e depois repousa numa Dakhma (Torre do Silêncio), onde fica exposto ao sol e às aves de rapina. Este processo assegura que os elementos terra, água e fogo permanecem imaculados pela decomposição, reflectindo a crença de que a natureza deve permanecer pura, mesmo na morte.

A utilização da urina de touro na purificação, embora não seja familiar à sensibilidade moderna, está profundamente enraizada na cosmologia zoroastriana. É considerado um poderoso agente de purificação, representando os aspectos vivificantes e purificadores da natureza. É utilizado não só em rituais de morte, mas também na preparação de espaços e objectos para cerimónias religiosas. Através destas práticas, os zoroastrianos envolvem elementos da sua herança antiga, mantendo tradições que foram transmitidas durante milénios, ao mesmo tempo que as adaptam à vida contemporânea.

A pureza no zoroastrismo não se limita aos actos físicos de lavagem e rituais, mas estende-se aos pensamentos e intenções, reforçando a dimensão espiritual destas práticas. A ênfase na pureza da mente alinha-se com os princípios éticos de Humata (Bons Pensamentos), que ensina que a verdadeira pureza começa no interior. Os zoroastrianos acreditam que os pensamentos negativos, como a raiva ou o ciúme, podem perturbar a harmonia de Asha, tal como as impurezas físicas podem afetar o corpo. Por isso, a prática da atenção plena e o cultivo de pensamentos positivos são vistos como componentes essenciais para manter a pureza espiritual. Esta abordagem holística da pureza assegura que os rituais zoroastrianos não são meras práticas externas, mas expressões de um compromisso mais profundo com uma vida vivida de acordo com os princípios divinos.

O significado destes rituais de purificação reside na sua capacidade de ligar o crente ao sagrado, transformando as acções quotidianas em oportunidades de renovação espiritual. Quer seja através do simples ato de se lavarem antes da oração ou dos elaborados ritos de um Nahns, os zoroastrianos são constantemente recordados do seu papel na preservação da pureza do mundo. Esta prática de purificação contínua reflecte a natureza dinâmica de Asha, que deve ser ativamente mantida contra a influência invasora de Druj. É através destes rituais que os zoroastrianos reafirmam o seu compromisso para com a ordem cósmica, reconhecendo que as suas acções contribuem para a luta mais vasta entre a luz e as trevas.

Através da lente da purificação, o Zoroastrismo oferece uma visão de um mundo onde os reinos espiritual e material estão interligados, onde o ato físico de limpeza é um reflexo de uma aspiração espiritual mais profunda. Os rituais, embora antigos, têm uma relevância intemporal, recordando aos fiéis que a pureza é um caminho para a ligação divina. À medida que os zoroastrianos navegam pelas complexidades da vida moderna, estas práticas constituem uma pedra de toque, uma forma de manter a sua identidade e a sua ligação a Ahura Mazda num mundo em constante mudança.

A profundidade e a complexidade dos rituais de purificação zoroastrianos revelam uma compreensão profunda do significado espiritual por detrás de cada ação. Estas práticas, enraizadas na crença de que a manutenção da limpeza física e espiritual é essencial para manter Asha, servem de ponte entre o quotidiano e o divino. À medida que estes rituais evoluíram, foram adquirindo camadas de significado que ligam os fiéis zoroastrianos à sua herança antiga, ao mesmo tempo que proporcionam uma estrutura para enfrentar os desafios do mundo moderno. Neste capítulo, aprofundamos alguns dos ritos de purificação mais significativos, explorando os seus significados simbólicos e a forma como reforçam a integridade espiritual dos indivíduos e das comunidades.

Entre os ritos de purificação mais significativos do Zoroastrismo encontra-se o Bareshnum, um ritual elaborado que representa o auge da limpeza espiritual. O Bareshnum é reservado para situações graves, como quando uma pessoa entra em contacto com um cadáver ou outra fonte de impureza espiritual significativa. O ritual envolve um processo de nove dias em que o indivíduo se submete a abluções repetidas com água e areia consagradas, guiado por um Mobed (sacerdote) que assegura que cada passo é efectuado de acordo com os textos sagrados. O processo inclui também a recitação de orações do Avesta, invocando a ajuda de Ahura Mazda para restaurar a pureza. Durante o Bareshnum, a pessoa permanece em isolamento, reflectindo sobre o seu estado espiritual e procurando realinhar-se com a ordem cósmica. Este período de introspeção enfatiza que a purificação não se resume a actos físicos, mas sim a uma renovação espiritual mais profunda.

O ritual de Bareshnum é altamente simbólico, ilustrando a visão zoroastriana da purificação como um processo de restabelecimento do equilíbrio divino perturbado pela exposição à morte ou à decadência. A utilização de elementos consagrados como a água e a areia no ritual significa a ligação ininterrupta entre o mundo espiritual e o mundo natural. A água, considerada uma dádiva sagrada de Ahura Mazda, limpa o corpo ao mesmo tempo que simboliza a lavagem das impurezas espirituais. A utilização de areia representa a ligação à terra, recordando ao participante o seu papel de guardião da natureza, encarregado de manter a sua pureza. Através destes elementos, o ritual Bareshnum torna-se um microcosmo da luta cósmica entre Asha e Druj, em que cada ato de purificação contribui para o objetivo mais amplo de manter a ordem divina.

Uma prática relacionada é o ritual Kusti, que é efectuado diariamente por todos os zoroastrianos para recordar o seu compromisso com a pureza. O Kusti é um cordão sagrado feito de lã, usado à volta da cintura, que simboliza a divisão entre o bem e o mal, a luz e as trevas. É tradicionalmente usado por cima do Sudreh, uma camisola branca de algodão que representa a pureza da alma. O ritual consiste em desatar e voltar a atar o Kusti enquanto se recitam orações, geralmente efectuadas várias vezes por dia, incluindo ao amanhecer, ao meio-dia e ao pôr do sol. Durante o ritual, o indivíduo está virado para uma fonte de luz, como o sol ou uma lâmpada, simbolizando o seu alinhamento com a luz divina de Ahura Mazda.

O ato de desatar o Kusti é visto como uma libertação simbólica de pensamentos ou acções impuros, enquanto que o ato de voltar a atar representa um compromisso renovado com Asha. Esta prática diária serve como uma forma de manutenção espiritual contínua, assegurando que o indivíduo se mantém concentrado nas suas responsabilidades éticas. O ritual Kusti é uma forma acessível de os zoroastrianos integrarem os princípios da sua fé na vida quotidiana, sublinhando que a busca da pureza é um processo contínuo que requer vigilância e intenção. A simplicidade do ritual Kusti, aliada ao seu profundo significado espiritual, ilustra a crença zoroastriana de que mesmo as pequenas acções podem ter um impacto significativo na luta para manter a ordem e a verdade no mundo.

Para além das práticas de purificação pessoal, o zoroastrismo dá ênfase à purificação de objectos e espaços sagrados, assegurando que permanecem adequados à presença divina. Um dos principais rituais de purificação dos espaços é a cerimónia do Parahom, que é realizada nos templos ou durante as reuniões da comunidade. Esta cerimónia envolve a preparação de uma mistura sagrada de leite, folhas de romã e água consagrada, que é espalhada pelo espaço enquanto se recitam orações. O ritual Parahom é utilizado para limpar áreas que tenham sido expostas a impurezas ou para preparar um espaço para uma cerimónia especial. A utilização de folhas de romã é particularmente significativa, uma vez que a romã é um símbolo de vida e fertilidade na cultura zoroastriana, representando a renovação da pureza no espaço.

O ritual de Hamazor também desempenha um papel na purificação da comunidade, embora o seu foco seja mais a unidade e a força da própria comunidade. O Hamazor é um ritual de saudação realizado durante as reuniões, em que as pessoas se dão as mãos e trocam bênçãos para a saúde e a prosperidade. Este ato de ligação física simboliza a unidade espiritual da comunidade e o compromisso partilhado de manter Asha. Embora não seja um ritual de purificação no sentido físico, o Hamazor reflecte a crença zoroastriana de que a manutenção da harmonia entre os indivíduos é essencial para manter a pureza da comunidade. O ritual reforça a ideia de que a pureza espiritual se estende para além do indivíduo, abrangendo as relações e o bem-estar coletivo dos fiéis.

Outro aspeto essencial da purificação zoroastriana é a manutenção de Dakhmas, ou Torres do Silêncio, onde os corpos dos falecidos são colocados para serem enterrados no céu. Embora esta prática tenha diminuído em muitas regiões, continua a ser um símbolo da ênfase zoroastriana em manter os elementos - terra, água, fogo e ar - livres da poluição da morte. Os Dakhmas são construídos de forma a permitir que a luz solar e as aves necrófagas decomponham naturalmente o corpo, preservando assim a pureza da terra e evitando a contaminação. Esta prática reflecte a crença de que o mundo natural deve ser respeitado e que a morte, embora seja uma passagem para a alma, não deve perturbar a ordem divina da natureza. Nas comunidades que já não praticam os enterros no céu, são efectuados ritos modificados para garantir a manutenção do espírito desta antiga tradição.

Nos tempos actuais, os zoroastrianos adaptaram muitos destes rituais antigos a novos contextos, especialmente à medida que a comunidade se espalhou por diversas paisagens geográficas e culturais. Embora o ritual completo do Bareshnum raramente seja realizado hoje em dia devido à sua complexidade, os elementos da sua prática, como as orações específicas e os actos de ablução, foram integrados em formas mais simples que podem ser realizadas na vida quotidiana. Do mesmo modo, os princípios subjacentes à purificação dos espaços sagrados continuam a orientar a conceção e manutenção dos templos e centros comunitários zoroastrianos, onde rituais como o Parahom asseguram que estes locais permanecem santuários de luz divina.

A adaptação dos rituais de purificação reflecte a resiliência das tradições zoroastrianas, em que os valores espirituais fundamentais são preservados mesmo quando as próprias práticas evoluem. Os zoroastrianos que vivem em ambientes urbanos modernos, por exemplo, encontraram formas de manter as suas orações diárias de Kusti e as práticas de pureza, apesar dos constrangimentos da vida contemporânea. Para muitos, estes rituais adaptados servem para recordar a sua ligação a uma herança espiritual que se estende por milénios, proporcionando uma sensação de continuidade e de fundamentação no meio das rápidas mudanças do mundo moderno.

Através destes rituais de purificação, os zoroastrianos renovam continuamente a sua ligação a Ahura Mazda e reafirmam o seu papel de guardiães de Asha. As práticas, quer sejam simples abluções diárias ou cerimónias comunitárias complexas, servem de testemunho da crença duradoura de que a pureza é a base da força espiritual. Ao manterem esta pureza, os zoroastrianos contribuem para a luta cósmica contra Angra Mainyu, defendendo uma visão da vida em que a luz e a verdade são preservadas contra as forças das trevas e do engano.

A relevância duradoura destes rituais não reside apenas na sua forma, mas nos valores que incorporam. Ensinam que a pureza é tanto um estado de ser como um caminho de esforço contínuo, uma viagem que cada indivíduo e cada comunidade empreendem para manter a luz de Asha nas suas vidas. Através do ato de purificação, os zoroastrianos lembram-se que fazem parte de uma ordem cósmica maior, ligados a uma tradição que os convida a serem administradores conscientes do mundo, procurando sempre manter o equilíbrio entre o sagrado e o quotidiano.

Capítulo 12
Festivais e celebrações

Os festivais zoroastrianos representam uma mistura harmoniosa de espiritualidade, natureza e ciclos da vida, actuando como poderosos lembretes da ordem cósmica estabelecida por Ahura Mazda. Estas celebrações, profundamente enraizadas nos princípios de Asha, são concebidas para alinhar os fiéis com os ritmos do mundo natural, honrando o divino e reforçando a ligação da comunidade ao universo. Através destes festivais, os Zoroastrianos expressam gratidão, procuram renovação e celebram o triunfo da luz sobre as trevas. Cada festival ocupa um lugar único no calendário zoroastriano, oferecendo momentos de reflexão, alegria e adoração colectiva.

Entre os festivais zoroastrianos mais significativos encontra-se o Nowruz, o Ano Novo persa, que assinala a chegada da primavera e a renovação da vida. Celebrado no equinócio vernal, o Nowruz é uma altura em que o dia e a noite estão equilibrados, simbolizando o equilíbrio entre as forças do bem e do mal. As origens do festival são anteriores ao Zoroastrismo, mas foi adotado e enriquecido pela fé, que lhe imprimiu temas de renascimento e despertar espiritual. Durante o Nowruz, os zoroastrianos preparam as suas casas com um cuidado meticuloso, efectuando limpezas profundas conhecidas como khaneh takani, um ato simbólico de purificação tanto do espaço físico como da alma, em preparação para o novo ano. Esta prática reflecte a ênfase zoroastriana na pureza, fazendo do Nowruz não só uma celebração do renascimento da natureza, mas também uma renovação pessoal e espiritual para os fiéis.

No centro da celebração do Nowruz está a preparação do Haft-Seen, uma mesa adornada com sete itens simbólicos, cada um começando com a letra persa "S". Estes objectos, incluindo sabzeh (trigo germinado ou lentilhas), senjed (frutos secos de oleastro), seeb (maçã), seer (alho), somāq (sumagre), serkeh (vinagre) e samanu (pudim doce), representam diferentes aspectos da vida e as esperanças para o ano seguinte - crescimento, saúde, prosperidade e sabedoria. Nalgumas tradições, o Haft-Seen pode também incluir um livro sagrado, como o Avesta, para significar o aspeto espiritual da celebração. Acender velas à volta do Haft-Seen serve para recordar a luz sempre presente de Ahura Mazda, que guia os fiéis através dos desafios da vida e traz esperança para o futuro. Esta ênfase na luz e nos novos começos é um reflexo da cosmologia zoroastriana, em que cada ato que defende Asha contribui para a renovação da criação.

Outro elemento fundamental do Nowruz é o Chaharshanbe Suri, ou Festival do Fogo, que tem lugar na última quarta-feira antes do ano novo. Durante este festival, os zoroastrianos saltam sobre pequenas fogueiras, entoando frases que exprimem o desejo de que os seus males sejam levados pelo fogo, ao mesmo tempo que recebem o seu calor e vitalidade. O salto sobre a fogueira simboliza o poder transformador do fogo, que, na crença zoroastriana, representa a luz purificadora de Ahura Mazda. Este ritual serve como uma forma de deixar para trás os fardos do ano passado e entrar no novo ano com uma energia renovada. Também realça o respeito duradouro dos zoroastristas pelo fogo como símbolo de pureza espiritual, um tema que atravessa muitos aspectos da fé.

Mehregan é outro importante festival zoroastriano, celebrado em honra de Mithra, o ser divino associado aos pactos, à amizade e à luz do sol. No outono, Mehregan é uma altura para agradecer as colheitas e a abundância da terra. Reflecte a crença zoroastriana na interligação de toda a vida e na responsabilidade dos seres humanos de proteger e cuidar da natureza. Tradicionalmente, os zoroastrianos reúnem-se com as suas famílias e comunidades durante o Mehregan para oferecer orações, partilhar refeições e recitar passagens do Avesta que louvam Mithra e o mundo natural. A celebração é marcada pela partilha de frutos, flores e incenso, simbolizando as dádivas da natureza e a renovação dos laços espirituais no seio da comunidade.

Mehregan é também um momento para actos de caridade, reflectindo o valor zoroastriano da generosidade. Durante este festival, os zoroastrianos são encorajados a apoiar os necessitados, assegurando que as bênçãos da colheita são partilhadas por todos. Esta prática enfatiza a dimensão ética dos festivais zoroastrianos, em que a celebração está sempre entrelaçada com a responsabilidade de defender Asha na vida pessoal e social. Ao praticarem a generosidade e a bondade durante o Mehregan, os zoroastrianos reforçam os laços da comunidade e reafirmam o seu empenhamento nos valores que definem a sua fé.

Yalda, a noite mais longa do ano, é outra celebração que tem um profundo significado espiritual na tradição zoroastriana. Ocorrendo no solstício de inverno, Yalda representa a luta entre a luz e as trevas, um tema central na cosmologia zoroastriana. Nesta noite, os zoroastrianos reúnem-se com os seus entes queridos, permanecendo acordados durante as longas horas para testemunharem o triunfo do sol sobre a escuridão à medida que a aurora se aproxima. É um momento para contar histórias, recitar poesia e refletir sobre os ciclos da vida e da natureza. O simbolismo de Yalda como uma altura em que a luz começa o seu lento regresso reflecte a eterna crença zoroastriana no triunfo final do bem sobre o mal. Lembra aos fiéis que, mesmo no tempo em que o sol está a brilhar, a luz está a desaparecer. Recorda aos fiéis que, mesmo nos tempos mais sombrios, a promessa de luz permanece.

Durante o Yalda, são preparados alimentos especiais, como romãs, nozes e melancia, que se acredita trazerem calor e proteção contra a dureza do inverno. As sementes vermelhas da romã simbolizam o sangue que dá vida, enquanto as cores vivas do fruto recordam o regresso do sol. A natureza comunitária das reuniões de Yalda realça a importância da solidariedade e do apoio mútuo no seio da comunidade zoroastriana, reforçando a ideia de que enfrentar desafios em conjunto fortalece os laços que sustentam a resiliência espiritual.

Os festivais zoroastrianos também incluem os Gahambars, que são celebrações sazonais que honram as seis fases da criação descritas na cosmologia zoroastriana. Cada Gahambar está associado a um aspeto particular da criação, como o céu, a água, a terra, as plantas, os animais e os seres humanos. Estes festivais, que se estendem ao longo do ano, convidam os zoroastrianos a agradecer os elementos que sustentam a vida e a refletir sobre o seu papel de administradores do mundo natural. Durante os Gahambars, os Zoroastrianos reúnem-se para partilhar refeições comunitárias, oferecer orações e participar em actos de caridade, reforçando a ligação entre a prática espiritual e o bem-estar da comunidade. Os Gahambars são um lembrete de que o mundo material não está separado do espiritual, mas é uma parte integrante da criação de Ahura Mazda que deve ser respeitada e acarinhada.

Estes festivais sazonais sublinham a crença zoroastriana de viver em harmonia com a natureza e de reconhecer a presença divina em todos os aspectos do mundo. Ao celebrarem os ciclos da terra, os zoroastrianos afirmam o seu lugar num universo que está vivo com a presença do divino. Os festivais fornecem uma estrutura para o ano que está profundamente entrelaçada com os ritmos naturais da terra, assegurando que a prática espiritual é entrelaçada com a mudança das estações. Através destas observâncias, os zoroastrianos são recordados de que as suas acções - quer honrando as estações em mudança, quer partilhando as suas bênçãos - têm um impacto direto no equilíbrio entre Asha e Druj, contribuindo para a luta contínua para manter a ordem e a bondade no mundo.

As celebrações de Nowruz, Mehregan, Yalda e os Gahambars oferecem oportunidades únicas de renovação espiritual e reunião comunitária, reflectindo os valores duradouros do Zoroastrismo. Servem como recordações vivas de uma tradição que celebra o divino através da alegria dos ciclos da vida, encorajando os fiéis a cultivar a gratidão, a procurar a pureza e a praticar actos de bondade. À medida que o Zoroastrismo continua a adaptar-se à vida moderna, estes festivais continuam a ser uma pedra angular da sua prática, assegurando que a antiga ligação entre a natureza, a comunidade e o divino permanece vibrante e relevante num mundo em mudança. Através de cada celebração, os zoroastrianos reafirmam a sua dedicação aos princípios que os guiaram durante milénios, abraçando a luz que brilha nas noites mais escuras e a esperança que surge com cada novo amanhecer.

O vibrante ciclo de festivais zoroastrianos não é apenas uma forma de assinalar a passagem do tempo, mas uma prática profundamente espiritual que entrelaça comunidade, memória e alinhamento cósmico. Cada festival está imbuído de camadas de ritual e significado que reflectem os valores zoroastrianos fundamentais de Asha (verdade e ordem) e a eterna batalha contra Druj (falsidade e caos). Através destas celebrações, os zoroastrianos reúnem-se para se ligarem às suas tradições ancestrais, honrarem Ahura Mazda e reforçarem os laços que unem as suas comunidades. Este capítulo aprofunda-se nas práticas e rituais específicos destes festivais, explorando a forma como são realizados e o profundo sentido de continuidade que criam entre os zoroastrianos de todo o mundo.

Um dos principais rituais realizados durante o Nowruz é o Farvardigan, ou Muktad, um período de dez dias que antecede o Ano Novo dedicado a honrar os espíritos dos falecidos, conhecidos como Fravashis. Durante o Farvardigan, as famílias zoroastrianas preparam as suas casas e templos para receber estes espíritos ancestrais, acreditando que os Fravashis regressam para oferecer as suas bênçãos e receber gratidão. As famílias montam pequenos altares com flores frescas, frutos e fogo sagrado, recitando orações para invocar a proteção e a orientação dos espíritos. Este ato de recordação sublinha a crença zoroastriana na presença duradoura do mundo espiritual e a importância de respeitar a ligação entre o passado e o presente. O Farvardigan é um momento de reflexão, em que os vivos honram aqueles que os precederam, reconhecendo que a força da comunidade assenta no legado daqueles que defenderam Asha ao longo dos tempos.

Os rituais das cerimónias de Jashan, que ocorrem durante vários festivais, fornecem outra janela para os aspectos comunitários e devocionais das celebrações zoroastrianas. Um Jashan é uma cerimónia de oração conduzida por Mobeds (sacerdotes) para abençoar a comunidade, frequentemente realizada para comemorar ocasiões especiais ou para agradecer as bênçãos de Ahura Mazda. Durante estas cerimónias, os sacerdotes recitam versos do Avesta, oferecem myazda (oferendas rituais de frutos, leite e pão sagrado) e realizam o ritual de Atash Niyayesh, em que o fogo sagrado é venerado com oferendas e orações. A congregação reúne-se à sua volta, participando através da sua presença e da recitação silenciosa, reforçando um foco espiritual partilhado. O Jashan serve como um poderoso lembrete da unidade da comunidade zoroastriana, onde cada indivíduo desempenha um papel na manutenção da saúde espiritual do todo.

Um Jashan particularmente significativo é a celebração do Khordad Sal, o aniversário do profeta Zaratustra. Neste dia, os zoroastrianos reúnem-se em templos de fogo e salões comunitários para recordar a vida e os ensinamentos do seu profeta. A celebração inclui orações que contam as revelações de Zaratustra e a sua mensagem de bons pensamentos, boas palavras e boas acções. É um momento para renovar o compromisso de viver de acordo com os princípios de Asha, reflectindo sobre as formas como os ensinamentos de Zaratustra podem orientar a vida moderna. O Khordad Sal não é apenas uma celebração de uma figura histórica, mas também um momento de introspeção espiritual, em que os zoroastrianos são recordados do seu papel como seguidores de uma tradição que procura trazer luz ao mundo.

Durante o Mehregan, uma das práticas únicas envolve o Haft Mewa, ou o arranjo de sete frutos. Esta exibição simbólica destina-se a honrar a abundância proporcionada por Mithra, a divindade da luz, da lealdade e da amizade. Cada fruto representa uma bênção diferente, como a saúde, a prosperidade e a fertilidade. As famílias juntam-se para saborear os frutos, partilhando uma refeição que simboliza o alimento físico e espiritual. O ato de partilhar durante o Mehregan reflecte o compromisso zoroastriano com a caridade e a hospitalidade, sublinhando que a verdadeira celebração envolve dar aos outros e assegurar que as bênçãos da vida são partilhadas com todos. A natureza comunitária de Mehregan, tal como a de Nowruz, serve para reforçar os laços entre os zoroastrianos, recordando-lhes que a sua fé é tanto uma viagem pessoal como uma experiência colectiva.

As práticas rituais associadas a Tirgan, um festival de verão dedicado a Tishtrya, a estrela que traz a chuva, realçam ainda mais a ligação entre as celebrações zoroastrianas e o mundo natural. Tirgan é celebrado com rituais que envolvem salpicos de água, simbolizando as chuvas vivificantes que Tishtrya traz à terra. Este festival é um momento de alegria, especialmente para as crianças, que se envolvem em lutas de água e danças divertidas. Os zoroastrianos acreditam que as águas de Tishtrya trazem limpeza espiritual e renovação física, alinhando-se com a sua crença mais alargada na sacralidade dos elementos naturais. O espírito lúdico de Tirgan, combinado com a reverência pela água, ilustra o equilíbrio do zoroastrismo entre a devoção séria e a celebração das alegrias simples da vida. É um festival onde o riso e a gratidão se fundem, honrando os ciclos que sustentam a terra.

Zartosht No Diso, a comemoração da morte de Zaratustra, oferece um contraste mais sombrio e profundamente reflexivo com os feriados mais festivos. É um dia de oração, luto e contemplação dos ensinamentos que Zaratustra deixou. Durante o Zartosht No Diso, os zoroastrianos visitam os templos de fogo para oferecer orações pela alma do profeta e refletir sobre as lições morais e espirituais que ele transmitiu. É um momento para considerar os desafios de manter Asha num mundo que muitas vezes se inclina para o caos e para o engano, e para retirar força do exemplo do profeta. Este dia serve para recordar a continuidade da tradição zoroastriana, encorajando os fiéis a permanecerem firmes no seu compromisso com a retidão, mesmo perante a adversidade.

A celebração do Navjote, ou a cerimónia de iniciação dos jovens zoroastrianos, é outro ritual fundamental que tem frequentemente lugar em torno de grandes festivais como o Nowruz ou o Mehregan. Durante o Navjote, as crianças são acolhidas na fé zoroastriana numa cerimónia que envolve a colocação do Sudreh (camisola interior branca) e do Kusti (cordão sagrado). A cerimónia é um evento comunitário, que reúne a família e os amigos para testemunhar a entrada da criança na comunidade religiosa. No âmbito da cerimónia, a criança recita orações e é-lhe ensinado o significado de manter a pureza e de defender os princípios de Asha ao longo da sua vida. A cerimónia Navjote simboliza um momento de despertar espiritual, em que o indivíduo assume a sua responsabilidade na luta cósmica entre o bem e o mal. Ao realizar esta cerimónia durante as épocas festivas, as famílias enfatizam a ligação entre a fé pessoal e os ciclos mais amplos de renovação e celebração que definem a prática zoroastriana.

Em todas estas celebrações, a interação entre a luz e a escuridão, a pureza e a renovação, continua a ser um tema central. Rituais como o acender das lâmpadas de óleo durante o Yalda ou o acender do fogo sagrado durante as cerimónias de Jashan servem como lembretes constantes da crença zoroastriana no poder da luz para ultrapassar até as sombras mais profundas. Estes actos de iluminação, quer sejam realizados em templos ou em casas, reflectem a luta intemporal de Asha contra Druj, incitando os fiéis a acenderem a chama da justiça dentro de si. A luz física, quer arda brilhantemente no altar de fogo de um templo ou tremule suavemente na mesa Haft-Seen de uma família, simboliza a luz espiritual que cada zoroastriano é chamado a alimentar na sua vida quotidiana.

No mundo moderno, os festivais zoroastrianos adaptaram-se a novos contextos culturais, com as comunidades a encontrarem formas de celebrar as suas tradições em ambientes diversos e globalizados. Embora os contextos possam mudar, a essência destes festivais permanece, dando continuidade aos zoroastrianos que vivem longe das terras onde estas tradições se enraizaram pela primeira vez. As comunidades da diáspora reúnem-se em casas, centros comunitários e templos de fogo adaptados, criando espaços onde as antigas orações ressoam com novas vozes. A experiência partilhada de celebrar estes festivais torna-se uma fonte de força e identidade, oferecendo aos zoroastrianos uma forma de se manterem ligados às suas raízes, ao mesmo tempo que abraçam o seu lugar num mundo diverso e em mudança.

Estas celebrações não são apenas um meio de preservar a tradição, mas são também uma afirmação da vida, uma forma de abraçar a presença divina em cada momento de alegria e reflexão. Recordam-nos que o Zoroastrismo é uma fé viva, que encontra expressão nos ciclos da natureza, no ritmo da vida quotidiana e no calor da comunidade. Através destes rituais, os Zoroastrianos honram o seu passado, celebram o seu presente e olham para o futuro com esperança, confiantes na crença de que, enquanto a luz for cuidada, Asha perdurará.

Capítulo 13
Vida após a morte

A visão zoroastriana da vida após a morte apresenta uma visão do cosmos onde as escolhas morais da vida ressoam muito para além do reino terreno, moldando o destino da alma na vida após a morte. Este sistema de crenças tem as suas raízes nos ensinamentos de Zaratustra, que enfatizou a importância das acções, pensamentos e palavras de cada indivíduo na determinação do seu destino espiritual. Para os zoroastrianos, a morte não é vista como um fim, mas como uma transição para uma jornada espiritual que revela as consequências da vida terrena. O conceito de julgamento após a morte reflecte a cosmologia zoroastriana mais ampla, onde as forças de Asha (verdade) e Druj (engano) continuam a sua luta eterna, com a alma humana a desempenhar um papel crucial na manutenção do equilíbrio entre elas.

No centro da compreensão zoroastriana da vida após a morte está a Ponte Chinvat - a Ponte do Julgamento. De acordo com o Avesta e textos zoroastrianos posteriores, quando uma pessoa morre, a sua alma permanece junto do corpo durante três dias e três noites, período durante o qual são feitas orações pela família e pela comunidade. Estas orações, frequentemente recitadas pelos Mobeds (sacerdotes) e pelos entes queridos do falecido, procuram confortar a alma na sua viagem e invocar a proteção de Ahura Mazda. O papel da comunidade nestas orações sublinha a crença de que a morte não é uma experiência solitária, mas uma passagem que envolve o apoio e a solidariedade dos que ficaram para trás.

No quarto dia, acredita-se que a alma alcança a Ponte Chinvat, onde é julgada com base na qualidade moral da sua vida na Terra. Esta ponte é descrita como um caminho estreito suspenso sobre um abismo, simbolizando a linha ténue entre a virtude e o vício. Aqui, a alma encontra três entidades espirituais: Mithra, o juiz divino associado à verdade e aos contratos; Sraosha, o guardião das orações; e Rashnu, a divindade da justiça. Juntos, eles pesam as acções da alma usando uma balança divina, onde as boas acções são medidas contra as más. Se as boas acções superarem as más, a alma encontra a ponte larga e fácil de atravessar, conduzindo aos reinos da luz. No entanto, se as más acções superam as boas, a ponte torna-se estreita e perigosa, e a alma arrisca-se a cair no abismo abaixo.

Este processo de julgamento reflecte a ênfase zoroastriana na responsabilidade moral e a ideia de que cada pensamento, palavra e ação contribui para a luta cósmica entre o bem e o mal. Ao contrário de algumas tradições religiosas que se centram na graça divina como único árbitro da salvação, o zoroastrismo atribui um peso significativo às escolhas do indivíduo e à integridade ética da sua vida. Esta ênfase encoraja os seguidores a viverem com um sentido de propósito, conscientes do impacto das suas acções tanto na sua alma como no mundo que os rodeia.

O resultado deste julgamento determina a viagem da alma para um de três reinos possíveis: Garōdmān, a Casa da Canção (Paraíso); Hamistagan, o lugar intermédio; ou Duzakh, a Casa da Mentira (Inferno). Garōdmān é descrito como um reino cheio de luz divina, onde a alma se reúne com Ahura Mazda e experimenta a alegria eterna ao lado de outros espíritos justos. É um lugar de realização espiritual, onde as virtudes cultivadas em vida continuam a florescer, e a alma encontra paz na companhia de outros seguidores de Asha. Neste reino, a luz de Ahura Mazda ilumina todos os aspectos da existência, simbolizando o triunfo final do bem sobre o mal.

Hamistagan, o estado intermédio, é para aquelas almas cujas boas e más acções estão equilibradas. Este estado não é nem de felicidade nem de tormento, mas antes um lugar de espera, onde a alma existe numa espécie de suspensão espiritual. Na tradição zoroastriana, Hamistagan representa a complexidade da moralidade humana, reconhecendo que muitas vidas contêm uma mistura de virtudes e defeitos. Enquanto está em Hamistagan, a alma permanece num estado liminar, reflectindo sobre a sua vida e aguardando a renovação final do mundo, conhecida como Frashokereti, quando todas as almas serão eventualmente purificadas e reunidas com Ahura Mazda. Este reino intermediário enfatiza a crença no potencial de crescimento espiritual e redenção, mesmo após a morte.

Duzakh, ou a Casa das Mentiras, está reservado para aqueles que se alinharam com Druj através de actos de engano, crueldade e injustiça. É descrito como um lugar escuro e frio, onde as almas sofrem em resultado das suas falhas morais. Ao contrário de muitas representações do Inferno noutras tradições, o Duzakh zoroastriano não é eterno; é um lugar de purificação e não de castigo permanente. O sofrimento vivido pelas almas no Duzakh é entendido como uma consequência das suas acções, um período em que se confrontam com o mal que causaram e com os desvios de Asha. A existência deste reino serve como um lembrete severo das consequências da corrupção moral, mas também sublinha a crença zoroastriana numa eventual restauração cósmica, onde até os lugares mais sombrios serão transformados pela luz de Ahura Mazda.

A viagem da alma através destes reinos realça o enfoque zoroastriano no arbítrio individual e a responsabilidade de escolher a retidão. Ao longo da vida, os zoroastrianos são encorajados a incorporar os princípios de Humata, Hukhta, Hvarshta - Bons Pensamentos, Boas Palavras e Boas Acções - como forma de assegurar uma passagem favorável na Ponte de Chinvat. Os ensinamentos de Zaratustra enfatizam que cada pessoa tem a capacidade de moldar o seu destino espiritual através das suas escolhas, reflectindo uma visão do mundo em que o livre arbítrio desempenha um papel central. Esta crença no poder da escolha inspira os seguidores a envolverem-se activamente nas suas comunidades, a apoiarem a justiça e a cuidarem do ambiente, reconhecendo que as suas acções têm consequências espirituais que se estendem à vida após a morte.

Este entendimento da vida após a morte também influencia profundamente as práticas funerárias zoroastrianas, que são concebidas para respeitar a pureza dos elementos naturais. Segundo a tradição, o corpo do defunto é colocado num Dakhma, ou Torre do Silêncio, onde fica exposto aos elementos e às aves carniceiras. Esta prática garante que o corpo não contamina os elementos sagrados da terra, da água ou do fogo. Ao devolver o corpo à natureza desta forma, os zoroastrianos cumprem o seu dever de proteger a pureza da criação, mesmo na morte. Enquanto a alma embarca na sua viagem através da Ponte Chinvat, o corpo é libertado de volta ao ciclo da natureza, enfatizando a crença de que a vida física faz parte de uma ordem cósmica maior.

Os rituais que envolvem a morte, incluindo as orações e os ritos de purificação realizados pelos Mobeds, reflectem a crença zoroastriana de que os vivos podem ajudar a alma na sua viagem. Estas práticas asseguram que a transição do reino material para o espiritual é efectuada com reverência e cuidado, reforçando a crença de que a morte é um processo profundamente espiritual que liga o reino terreno ao divino. Ao participarem nestes ritos, os zoroastrianos honram tanto a memória do falecido como a ordem cósmica que guia toda a vida.

A visão zoroastriana da vida após a morte oferece uma visão em que a esperança e a justiça estão entrelaçadas. Proporciona conforto aos vivos, oferecendo a garantia de que os esforços feitos em vida para defender Asha serão recompensados com o reencontro na Casa da Canção. Ao mesmo tempo, serve como um apelo à ação ética, lembrando aos crentes que as suas escolhas moldam não só o seu mundo imediato, mas também a sua viagem eterna. Numa tradição que valoriza tanto a interação entre a luz e as trevas, o caminho da alma é visto como uma continuação da luta cósmica, em que cada pensamento e ação contribuem para o triunfo da verdade. Esta visão inspira os zoroastrianos a viver com integridade e objetivo, sabendo que o seu legado não se limita ao mundo material, mas está inscrito no próprio tecido do universo.

À medida que a jornada da alma avança para além da Ponte Chinvat, a escatologia zoroastriana revela uma rica tapeçaria de crenças que iluminam a natureza da vida após a morte e o destino que aguarda cada espírito. Este capítulo aprofunda-se nos reinos do Paraíso (Garōdmān), do purgatório (Hamistagan) e no conceito zoroastriano de Inferno (Duzakh), explorando a forma como estes conceitos evoluíram ao longo do tempo e o seu impacto duradouro na vida ética dos zoroastrianos. Estes ensinamentos reflectem a intrincada relação entre a ordem cósmica (Asha), a responsabilidade moral e a esperança última de restauração universal.

Garōdmān, frequentemente referido como a Casa da Canção, representa o destino final das almas que viveram de acordo com Asha. Este reino é descrito no Avesta como um lugar de luz sem limites, alegria e realização espiritual, onde a alma está rodeada pela presença de outros espíritos justos. Aqui, o brilho divino de Ahura Mazda ilumina todos os aspectos da existência, oferecendo um estado de paz eterna e unidade com a ordem divina. No Garōdmān, as almas experimentam a bem-aventurança que advém da realização do seu potencial mais elevado, vivendo em harmonia com os valores que defenderam durante as suas vidas terrenas. Esta visão do Paraíso não é apenas uma recompensa, mas também uma continuação da viagem da alma em direção à perfeição, onde pode participar plenamente na sinfonia cósmica da luz e da verdade.

Nos ensinamentos zoroastrianos, Garōdmān é mais do que uma recompensa celestial distante - serve como um objetivo ético que guia as acções dos fiéis. O desejo de alcançar a Casa da Canção motiva os zoroastrianos a viverem vidas de integridade, bondade e consciência espiritual. Esta ênfase em ganhar o seu lugar na vida após a morte através do cultivo de virtudes realça a crença zoroastriana de que cada indivíduo é um participante ativo no seu destino espiritual. A alegria de Garōdmān é assim vista como o resultado natural de uma vida vivida em alinhamento com os princípios de Asha, onde a luz da alma se torna mais brilhante com cada bom pensamento, palavra e ação.

Em contraste, Duzakh, ou a Casa das Mentiras, apresenta uma visão da vida após a morte que serve como um aviso severo contra as consequências do fracasso moral. Este reino é descrito como escuro, frio e desolado, um lugar onde a alma é confrontada com o peso total do seu alinhamento com Druj (falsidade). Ao contrário dos infernos ardentes de outras tradições religiosas, o Inferno zoroastriano é um lugar de desolação espiritual e não de tormento físico. É um estado em que a alma está isolada da luz divina, presa na escuridão que cultivou através do engano, da crueldade e da traição aos valores de Asha. No entanto, o sofrimento vivido no Duzakh não é visto como eterno, mas como um estado temporário destinado a purificar a alma através da consciencialização das suas falhas morais.

O conceito de Duzakh sublinha a crença zoroastriana na bondade inerente à criação e na possibilidade de redenção. Mesmo nas profundezas deste reino sombrio, a alma mantém o potencial de transformação. Esta crença é central para a ideia de Frashokereti, a restauração final do mundo, quando todas as almas - independentemente do seu destino inicial - serão purificadas e reconciliadas com Ahura Mazda. Os ensinamentos de Zaratustra enfatizam que nenhuma alma está fora do alcance da misericórdia divina e que o eventual triunfo de Asha sobre Druj trará a cura de toda a criação. Esta visão de esperança oferece consolo aos fiéis, lembrando-lhes que a luta entre o bem e o mal, tanto na vida como no além, é, em última análise, orientada para a renovação e a unidade.

Hamistagan, o estado intermédio, oferece uma visão matizada da vida após a morte que reconhece a complexidade do comportamento humano. Aqui, as almas que viveram vidas de virtude e vício habitam, não experimentando nem as alegrias de Garōdmān nem a desolação de Duzakh. Hamistagan representa um estado de reflexão e estase espiritual, onde a alma contempla as suas acções e aguarda a renovação cósmica. É um lugar onde o equilíbrio entre as boas e as más acções é medido de perto, oferecendo a possibilidade de a alma crescer em compreensão e alinhar-se mais plenamente com Asha ao longo do tempo. Desta forma, Hamistagan reflecte a crença zoroastriana de que a viagem em direção ao crescimento espiritual não termina com a morte física, mas continua à medida que a alma procura harmonizar-se com a ordem divina.

O papel do Frashokereti na escatologia zoroastriana é particularmente significativo para a compreensão do destino final de todas as almas. Este conceito, que descreve a eventual renovação e purificação do mundo, prevê um tempo em que as forças de Asha prevalecerão totalmente, apagando a influência de Druj e trazendo um estado perfeito e imortal para toda a criação. Nessa altura, acredita-se que as almas de Hamistagan e Duzakh serão purificadas das suas impurezas, emergindo para se juntarem aos justos na Casa da Canção. O próprio mundo será transformado, com a morte e o sofrimento abolidos, e o reino físico elevado a um plano divino. Esta ideia de uma transformação final incorpora a esperança zoroastriana de um futuro onde a justiça, a paz e a verdade reinam supremas, e onde cada alma encontra o seu lugar dentro da ordem restaurada.

A crença em Frashokereti molda a forma como os zoroastrianos abordam as suas vidas terrenas, incutindo um sentido de responsabilidade pelo futuro do mundo e pelo destino de todas as almas. Encoraja os fiéis a participarem em actos que contribuam para a melhoria do mundo, desde a caridade e o serviço comunitário até à gestão ambiental. Ao alinharem as suas acções com a visão de um mundo purificado, os zoroastrianos participam no processo contínuo de criação, fazendo escolhas que apoiam a realização de um mundo cheio de luz e harmonia. A ideia de que os actos de cada pessoa podem influenciar a restauração final do cosmos sublinha a profunda interligação entre as acções individuais e o destino mais vasto do universo.

Estas crenças sobre a vida após a morte também influenciam os ritos funerários zoroastrianos, que são concebidos para respeitar a viagem espiritual do falecido, mantendo a pureza dos elementos naturais. A recitação de orações durante os dias que antecedem o julgamento da alma tem como objetivo proporcionar orientação e apoio, garantindo que a transição do reino terreno para o espiritual seja o mais suave possível. Estes rituais, incluindo a utilização de fogo consagrado e a recitação de versos sagrados, reforçam a crença de que a alma continua a fazer parte da comunidade, mesmo quando embarca na sua viagem através da ponte de Chinvat.

Nos tempos actuais, as comunidades zoroastrianas continuam a adaptar estas crenças e práticas antigas aos contextos modernos. Para aqueles que já não observam o uso tradicional de Dakhmas, a cremação ou o enterro são efectuados com o objetivo de manter a integridade espiritual dos ritos, assegurando que os elementos sagrados continuam a ser respeitados. Apesar destas mudanças, os ensinamentos fundamentais sobre a viagem da alma, o significado das acções morais e a esperança de Frashokereti continuam a ser fundamentais para a fé zoroastriana. Estes ensinamentos oferecem uma estrutura para compreender a vida e a morte que está profundamente enraizada na crença de que cada vida contribui para o plano divino e que cada alma está destinada a encontrar o seu lugar na luz de Ahura Mazda.

A visão zoroastriana da vida após a morte fornece uma narrativa poderosa que mistura responsabilidade com compaixão, enfatizando a importância da vida ética e oferecendo esperança para a redenção final. A viagem da alma, desde as provações da ponte Chinvat até à promessa de Garōdmān e aos fogos purificadores de Frashokereti, é um reflexo da visão zoroastriana do cosmos como um espaço dinâmico onde cada ação reverbera através do tempo e do espaço. Esta visão encoraja os seguidores a viverem com um sentido de objetivo, sabendo que as suas escolhas moldam não só o seu próprio destino, mas também contribuem para uma luta cósmica maior. Através das suas crenças sobre a vida após a morte, os Zoroastrianos mantêm a promessa de que, no final, Asha triunfará, trazendo luz e ordem a todos os cantos da criação.

Capítulo 14
Os Amesha Spentas

Os Amesha Spentas, muitas vezes traduzidos como os "Imortais Benéficos", ocupam um papel central na teologia e cosmologia zoroastriana, representando aspectos divinos da criação de Ahura Mazda. Essas sete entidades espirituais são vistas não apenas como divindades, mas como personificações dos princípios que governam o universo e mantêm a ordem cósmica de Asha. Cada Amesha Spenta detém o domínio sobre um aspeto particular da existência, guiando os fiéis e ajudando a manter o equilíbrio entre o bem e o mal no mundo. Através dos seus atributos e associações, as Amesha Spentas oferecem aos zoroastrianos uma estrutura para compreenderem a sua relação com o divino, com a natureza e com o seu próprio desenvolvimento espiritual.

Ahura Mazda, a divindade suprema do zoroastrismo, é considerada a fonte da qual emanam os Amesha Spentas. Eles servem como extensões de sua vontade, manifestando suas qualidades através da criação e assegurando que Asha-verdade, retidão e ordem-permeia o universo. Os Amesha Spentas não são apenas venerados pelos seus poderes individuais, mas estão também profundamente interligados, formando uma rede espiritual que representa a natureza interligada da vida. Os zoroastrianos entendem estes seres divinos como guias que ajudam na luta contínua contra Druj, as forças do caos e da falsidade, mantendo a integridade da criação.

Entre os Amesha Spentas, Vohu Manah, que significa "Boa Mente", é considerado fundamental. Vohu Manah representa a sabedoria divina que inspira bons pensamentos e guia os seres humanos para decisões morais e éticas. Esta entidade governa a mente e o intelecto, encorajando a clareza, a compaixão e a compreensão. A influência de Vohu Manah é crucial para ajudar os Zoroastrianos a discernir entre o certo e o errado e para fomentar um sentido de empatia para com todos os seres vivos. Esta Amesha Spenta também está associada aos animais, simbolizando a compaixão e o cuidado que devem ser estendidos a todas as criaturas. Para os zoroastrianos, cultivar Vohu Manah significa desenvolver uma mentalidade que está alinhada com os princípios de Asha, permitindo que o indivíduo faça escolhas que contribuam para o bem maior.

A seguir vem Asha Vahishta, ou "A Melhor Verdade", que encarna a própria essência de Asha. Asha Vahishta é o guardião da verdade, da ordem e das leis naturais que governam o cosmos. Essa Amesha Spenta representa a ordem divina que mantém o universo em equilíbrio, garantindo que todos os aspectos da criação funcionem em harmonia com a vontade de Ahura Mazda. Nas práticas zoroastrianas, Asha Vahishta é invocado em orações e rituais que procuram manter a pureza e a retidão, seja na conduta pessoal ou na comunidade. A influência de Asha Vahishta estende-se ao reino do fogo, visto como a manifestação física da verdade e da pureza na terra. O fogo, como símbolo deste ser divino, é fundamental para o culto zoroastriano, com templos de fogo servindo como locais onde a luz de Asha Vahishta é reverenciada e mantida. Através desta ligação, os zoroastrianos são lembrados de que viver com verdade é viver em alinhamento com a ordem cósmica que Asha Vahishta sustenta.

Spenta Armaiti, ou "Devoção Sagrada", representa as virtudes do amor, da humildade e da devoção ao divino. A Spenta Armaiti é vista como a guardiã da terra, incorporando as qualidades nutritivas que sustentam a vida e suprem as necessidades de todos os seres. Esta Amesha Spenta ensina aos zoroastrianos a importância de viver com um espírito de gratidão e respeito pela natureza, reconhecendo que a terra é uma dádiva sagrada que requer uma administração cuidadosa. A influência da Spenta Armaiti é evidente na ênfase zoroastriana no cuidado ambiental e no uso ético dos recursos naturais. Os zoroastrianos acreditam que, ao honrar a terra e tratá-la com reverência, eles se alinham com as qualidades da Spenta Armaiti, contribuindo para a preservação de Asha no mundo.

Khshathra Vairya, ou "Domínio Desejável", incorpora os princípios de força, autoridade e o exercício justo do poder. Esta Amesha Spenta está associada ao céu e ao metal, representando a força necessária para proteger o mundo das forças invasoras do caos. Khshathra Vairya é invocado no contexto da liderança e da governação, onde a ênfase é colocada na utilização do poder de forma sábia e justa. Esta entidade divina serve para lembrar que a verdadeira autoridade vem da responsabilidade de defender a justiça e proteger os vulneráveis. Para os Zoroastrianos, seguir o caminho de Khshathra Vairya significa esforçar-se por ser uma força do bem no mundo, usando a sua influência para apoiar os valores da justiça e da integridade. Desta forma, contribuem para o estabelecimento de uma sociedade que reflecte a ordem divina que Khshathra Vairya representa.

Haurvatat e Ameretat, frequentemente consideradas entidades gémeas, estão associadas à totalidade e à imortalidade, respetivamente. Haurvatat, que significa "totalidade" ou "perfeição", é o guardião da água, um elemento sagrado no Zoroastrismo que simboliza a vida, a pureza e a renovação. A influência de Haurvatat encoraja os fiéis a procurar o equilíbrio e a plenitude nas suas vidas espirituais, reflectindo a harmonia natural encontrada no fluxo da água. Os rituais que envolvem a água, como as abluções e a consagração de fontes sagradas, honram o papel de Haurvatat na manutenção da pureza. Ameretat, que significa "Imortalidade", está associado às plantas e à vida eterna, simbolizando a resistência e a continuidade da alma para além da morte física. A presença de Ameretat recorda aos zoroastrianos a natureza eterna da alma e a promessa de uma vida que perdura através de ciclos de crescimento e renovação. Juntos, Haurvatat e Ameretat inspiram uma visão da vida que é simultaneamente espiritualmente realizada e eterna, guiando os fiéis para uma ligação mais profunda com o divino.

Por fim, Spenta Mainyu, o "Espírito Santo", representa o aspeto criativo e vivificante da essência de Ahura Mazda. Spenta

Mainyu não é considerado separado de Ahura Mazda, mas sim como uma extensão da sua energia criativa, trabalhando para promover o crescimento, a bondade e a vitalidade em todo o cosmos. Spenta Mainyu incorpora as forças que promovem a vida, a inovação e a mudança positiva, contrariando as tendências destrutivas de Angra Mainyu (o Espírito Destrutivo). A presença de Spenta Mainyu no mundo é um lembrete de que a criação em si é um ato sagrado, no qual os Zoroastrianos são chamados a participar através dos seus próprios actos de criatividade, cuidado e compaixão. Ao alinhar-se com Spenta Mainyu, os zoroastrianos comprometem-se a nutrir a vida e a opor-se a tudo o que ameace a harmonia da criação. A interação entre os Amesha Spentas e as suas associações com elementos naturais como o fogo, a água, a terra e as plantas reflecte uma visão do mundo em que cada parte da criação é vista como imbuída de significado espiritual. Para os zoroastrianos, os Amesha Spentas servem de modelos de virtudes divinas que se esforçam por incorporar na sua vida quotidiana. Através de rituais, orações e meditações sobre as qualidades de cada Amesha Spenta, os fiéis procuram aprofundar a sua ligação com estes princípios divinos, assegurando que as suas acções reflectem os ideais mais elevados que sustentam o cosmos.

    Ao compreender os papéis dos Amesha Spentas, os zoroastrianos são lembrados de que seu caminho espiritual não é trilhado sozinho; eles são apoiados por esses seres divinos que representam as melhores qualidades que a humanidade pode aspirar. A relação entre os Amesha Spentas e o mundo físico encoraja os zoroastrianos a verem as suas próprias vidas como parte de uma tapeçaria divina maior, onde cada ato de bondade, cada verdade dita e cada momento de devoção contribui para a manutenção contínua de Asha. Como guias e protectores, os Amesha Spentas fornecem tanto um modelo de vida como uma fonte de força espiritual, ajudando os zoroastrianos a navegar pelas complexidades da vida com sabedoria, devoção e um compromisso com a eterna luta contra o caos e a falsidade.

    O significado dos Amesha Spentas na espiritualidade zoroastriana vai para além dos seus papéis simbólicos, uma vez que estão entrelaçados no tecido do culto, da ética e da vida quotidiana zoroastriana. Cada uma das Amesha Spentas oferece um caminho para os fiéis se ligarem à ordem divina de Ahura Mazda através de práticas, orações e meditações específicas. Este capítulo investiga os atributos mais profundos de cada Amesha Spenta, explorando como eles são invocados em rituais, sua presença em textos sagrados e sua influência na orientação moral e espiritual dos zoroastrianos.

Vohu Manah (Boa Mente) é especialmente central nas práticas de oração e meditação zoroastrianas. Os Gathas, os hinos atribuídos a Zaratustra, invocam frequentemente Vohu Manah como um guia para compreender a sabedoria divina e tomar decisões alinhadas com Asha. Ao recitarem estes versos antigos, os zoroastrianos procuram cultivar a clareza e a perspicácia, usando as suas mentes para discernir os caminhos que conduzem à retidão. A associação de Vohu Manah com o intelecto significa que é considerado essencial para alcançar uma compreensão mais profunda das verdades espirituais. Durante os rituais, os fiéis reflectem sobre a forma como os seus pensamentos moldam as suas acções, procurando a influência de Vohu Manah para manter uma mentalidade compassiva, ponderada e verdadeira. Desta forma, a boa mente não é apenas um ideal abstrato, mas uma prática diária, guiando os zoroastrianos a agir com empatia para com todos os seres vivos.

Nos templos zoroastrianos, Asha Vahishta (A Melhor Verdade) é frequentemente simbolizada pelo fogo sagrado sempre aceso, conhecido como Atar. O fogo representa a presença de Asha Vahishta, lembrando aos adoradores a pureza e a integridade que este Amesha Spenta incorpora. A chama constante serve como uma meditação visual sobre a natureza eterna da verdade, que, tal como o fogo, deve ser cuidada e preservada. Os Zoroastrianos oferecem sândalo e outras oferendas ao fogo, invocando Asha Vahishta para abençoar as suas orações e manter a pureza espiritual das suas intenções. Esta ligação entre o fogo e a verdade sublinha a crença de que viver uma vida em harmonia com Asha é semelhante a manter uma chama viva dentro de si, afastando a escuridão do engano e da falsidade. Asha Vahishta inspira os fiéis a lutar pela honestidade em todos os aspectos das suas vidas, vendo cada ato de veracidade como uma contribuição para a ordem divina que sustenta o universo.

A Spenta Armaiti (Devoção Sagrada) ocupa um lugar especial na relação zoroastriana com a terra, e os rituais que honram esta Amesha Spenta incluem frequentemente orações de gratidão pela generosidade da natureza. Nas comunidades agrícolas, os agricultores podem agradecer a Spenta Armaiti antes de plantar ou colher, reconhecendo o papel da Amesha Spenta em nutrir o solo e sustentar a vida. Durante a celebração de festivais como o Mehregan e o Gahambars, os zoroastrianos agradecem os frutos da terra, pedindo as bênçãos de Spenta Armaiti para garantir que a terra permaneça fértil e produtiva. Estas práticas reflectem um compromisso ético mais vasto com o cuidado da terra, considerando a natureza como um fundo sagrado que deve ser protegido. Ao alinharem as suas acções com o espírito de Spenta Armaiti, os zoroastrianos enfatizam a importância da humildade, paciência e respeito pelo mundo natural, reconhecendo que a devoção ao divino se expressa através da gestão da criação.

Khshathra Vairya (Domínio Desejável) é invocado em alturas em que a força e a justiça são necessárias. Os zoroastrianos procuram este Amesha Spenta para obter orientação em papéis de liderança, seja na família, na comunidade ou na sociedade em geral. A associação de Khshathra Vairya com os metais - símbolos de durabilidade e resistência - serve para lembrar que o verdadeiro poder não tem a ver com dominação, mas sim com estabilidade e proteção para aqueles que estão sob o seu cuidado. Nas orações tradicionais, os Zoroastrianos pedem a força de Khshathra Vairya para manter a justiça, defender-se da opressão e ser uma fonte de influência positiva. Este enfoque no domínio justo reforça a ideia de que cada zoroastriano tem um papel na manutenção da harmonia social, assegurando que as suas acções contribuem para um mundo onde a justiça e a integridade prevalecem. Khshathra Vairya desafia os fiéis a reflectirem sobre a forma como utilizam a sua autoridade, exortando-os a exercerem o poder com sentido de responsabilidade e a serem protectores dos vulneráveis.

Haurvatat (Integridade) e Ameretat (Imortalidade) oferecem, em conjunto, uma visão de bem-estar espiritual e físico que é fundamental para a vida zoroastriana. O conceito de Haurvatat é frequentemente invocado durante os rituais de purificação, como os que envolvem Zam (água) para limpar o corpo e o espírito. Estes rituais, que incluem o Padyab (lavagem ritual) e outras abluções, são realizados não só para limpeza física, mas também como actos de alinhamento espiritual com as qualidades de Haurvatat de completude e harmonia. Ao procurarem a bênção de Haurvatat, os zoroastrianos têm como objetivo alcançar uma vida equilibrada, em que a saúde, o bem-estar e a consciência espiritual se conjugam. Ameretat, por outro lado, é invocado em orações para a viagem eterna da alma. Esta Amesha Spenta está intimamente associada à esperança de sobrevivência da alma para além da morte, oferecendo a promessa de uma vida que transcende o reino material. A dualidade de Haurvatat e Ameretat serve para lembrar que a plenitude e a imortalidade estão interligadas, com o cuidado com o ser espiritual e físico de cada um a conduzir a uma existência que perdura no tempo.

Na vida quotidiana, os Zoroastrianos incorporam os princípios destas Amesha Spentas através da prática do ritual Kusti. Este ato de oração, realizado várias vezes por dia, envolve o desenrolar e voltar a atar o Kusti (um cordão sagrado usado à volta da cintura) enquanto se recitam orações que invocam as virtudes das Amesha Spentas. De cada vez que o Kusti é atado, o adorador reafirma o seu compromisso de viver de acordo com Asha, alinhando a sua mente, corpo e espírito com a ordem cósmica que os Amesha Spentas personificam. Este ritual, embora simples na prática, serve como um poderoso lembrete da presença destas entidades divinas em todos os aspectos da vida, encorajando os fiéis a manter uma consciência constante das suas responsabilidades espirituais.

A ligação entre os Amesha Spentas e o mundo natural estende-se às paisagens sagradas da prática zoroastriana. Os templos de fogo, os rios, as montanhas e até certas plantas são vistos como manifestações da ordem divina que os Amesha Spentas defendem. As peregrinações a locais sagrados, como o Atash Behram (templos de fogo de grau mais elevado) ou as nascentes e rios associados a Haurvatat, oferecem aos zoroastrianos uma oportunidade de aprofundar a sua ligação a estas entidades espirituais. Nestes locais, são feitas orações e oferendas para honrar os Amesha Spentas, procurando a sua orientação e força. Estas peregrinações, embora de natureza física, são também viagens do espírito, onde os fiéis procuram realinhar-se com as forças que moldam o universo.

Na diáspora zoroastriana, onde as comunidades estão frequentemente separadas das paisagens físicas da antiga Pérsia, a invocação dos Amesha Spentas assume novas formas. Os zoroastrianos modernos encontram formas de adaptar os seus rituais e orações aos contextos contemporâneos, assegurando que a presença destes seres divinos continua a ser uma parte vital das suas vidas espirituais. Quer seja em templos urbanos ou em altares domésticos, as qualidades dos Amesha Spentas são evocadas através de orações que procuram sabedoria, verdade, força, devoção, integridade e a promessa de uma viagem espiritual que transcende os limites do tempo. Os Amesha Spentas continuam a ser guias intemporais, oferecendo aos zoroastrianos um caminho para a realização espiritual que é tão relevante hoje como era nos tempos antigos.

Os Amesha Spentas, nos seus papéis como manifestações divinas da vontade de Ahura Mazda, fornecem uma ponte entre o material e o espiritual, ajudando os Zoroastrianos a navegar pelos desafios da vida com um sentido de propósito e direção. Recordam aos fiéis que todos os aspectos da existência, desde os pensamentos da mente até aos cuidados com a terra, fazem parte de uma ordem cósmica maior que requer atenção e respeito constantes. Através das suas orações e rituais, os Zoroastrianos procuram a presença destes seres divinos nas suas vidas, retirando força das suas qualidades intemporais. Os Amesha Spentas representam o ideal pelo qual os fiéis lutam, servindo como símbolos duradouros dos valores que definiram o Zoroastrismo durante milénios: sabedoria, verdade, devoção, justiça, equilíbrio, imortalidade e o espírito sagrado da criação.

Capítulo 15
Luz e escuridão

A interação entre a luz e as trevas é um tema central no Zoroastrismo, representando a eterna luta entre o bem e o mal, a verdade e a falsidade, Asha (ordem) e Druj (caos). Este quadro dualista está subjacente não só à compreensão zoroastriana do universo, mas também molda as perspectivas espirituais e éticas dos seus seguidores. A luz, associada a Ahura Mazda, simboliza a verdade, o conhecimento e a essência divina que ilumina o caminho da retidão. A escuridão, por outro lado, está ligada a Angra Mainyu, representando o engano, a ignorância e as forças que procuram perturbar a ordem divina.

Nos ensinamentos de Zaratustra, a luz é mais do que um fenómeno físico; é uma manifestação de pureza espiritual. Ahura Mazda é frequentemente descrito como a Luz das Luzes, cujo brilho sustenta o cosmos. A imagem da luz nos textos zoroastrianos serve de metáfora à sabedoria divina e à clareza moral que guia os fiéis. É através da iluminação da luz de Ahura Mazda que os seguidores podem discernir o caminho correto, fazendo escolhas que se alinham com Asha. Esta associação com a luz está vividamente presente na prática zoroastriana de manter fogos sagrados acesos nos templos, simbolizando a presença eterna do divino.

O conceito de luz no Zoroastrismo não se limita aos templos, mas estende-se às práticas quotidianas dos fiéis. As orações matinais, conhecidas como Havan Gah, são oferecidas ao amanhecer, quando os primeiros raios de sol atravessam a escuridão. Este ato ritual reconhece a vitória da luz sobre as trevas, reflectindo a batalha cósmica entre Ahura Mazda e Angra Mainyu. Os fiéis recitam invocações que louvam o sol como uma criação de Ahura Mazda, reflectindo sobre o poder da luz para dissipar a ignorância e trazer calor e vida ao mundo. Esta reverência pela luz é uma recordação de que cada dia traz uma oportunidade renovada de escolher a retidão, de se virar para a luz da verdade e de agir de acordo com os valores que sustentam a ordem cósmica.

A associação entre a luz e o bem estende-se à estrutura ética do Zoroastrismo. Tal como a luz é considerada pura e vivificante, também o são os pensamentos, palavras e acções que reflectem os princípios de Asha. Os zoroastrianos acreditam que cada ato virtuoso contribui para a difusão da luz no mundo, ajudando a combater as sombras lançadas por Druj. Esta visão dualista do mundo enfatiza que, embora a escuridão e o mal existam, eles não são iguais ao poder da luz. Em vez disso, a escuridão é vista como uma ausência de luz, um vazio que pode ser preenchido através de actos de bondade e da iluminação da sabedoria divina. Esta perspetiva molda a forma como os zoroastrianos abordam as suas responsabilidades morais, encorajando-os a tornarem-se faróis de luz nas suas comunidades e nas suas vidas quotidianas.

As trevas, em contraste, representam os impulsos destrutivos encarnados por Angra Mainyu. Esta entidade não é apenas uma figura do mal, mas simboliza as forças caóticas que ameaçam desfazer a harmonia da criação. A influência de Angra Mainyu é vista em actos de engano, violência e tudo o que procura perturbar a ordem estabelecida por Ahura Mazda. Na cosmologia zoroastriana, a luta entre a luz e as trevas não é apenas uma batalha abstrata; é uma tensão dinâmica que se manifesta em todos os aspectos da vida. A presença das trevas desafia os fiéis a permanecerem vigilantes, a resistirem às tentações da falsidade e a alinharem as suas acções com a luz de Asha.

Esta visão dualista é particularmente evidente na compreensão zoroastriana da viagem da alma humana. Após a morte, acredita-se que a alma atravessa a ponte Chinvat, uma passagem onde as forças da luz e das trevas disputam o destino final da alma. Aqueles que viveram em alinhamento com Asha, incorporando os princípios da verdade e da bondade, encontram a ponte larga e fácil de atravessar, levando-os em direção à luz de Garōdmān. Para aqueles cujas vidas foram dominadas pelo engano e pelo caos, a ponte torna-se estreita, conduzindo-os à escuridão de Duzakh. Esta imagem vívida reforça a importância de escolher a luz em vez da escuridão ao longo da vida, uma vez que cada ação contribui para o caminho da alma na vida após a morte.

No entanto, apesar dos contrastes acentuados entre a luz e as trevas, o Zoroastrismo ensina que a luta entre estas forças tem uma resolução esperançosa. A visão de Frashokereti, a derradeira renovação do mundo, prevê um tempo em que o poder da luz vencerá totalmente as trevas. Nessa era futura, a influência de Angra Mainyu será anulada e toda a criação será banhada pelo brilho divino de Ahura Mazda. Esta promessa escatológica inspira os Zoroastrianos a empenharem-se ativamente na luta contra a falsidade, acreditando que os seus esforços contribuem para o eventual triunfo de Asha. É uma mensagem de esperança, sugerindo que as trevas, embora formidáveis, são, em última análise, transitórias, destinadas a dar lugar à luz eterna.

O simbolismo da luz e da escuridão também permeia a arte e a literatura zoroastrianas, onde as metáforas da iluminação e da sombra são utilizadas para explorar as dimensões morais e espirituais da vida. Nos versos poéticos, a luta da alma humana é muitas vezes comparada a uma batalha entre pensamentos cheios de luz e tentações obscuras, sendo o resultado determinado pelas escolhas que se fazem. Textos antigos como os Yashts e o Yasna contêm hinos que celebram o brilho da criação de Ahura Mazda, incitando os fiéis a procurar a clareza da mente e do espírito que advém de abraçar a luz. Estas tradições literárias continuam a inspirar o pensamento zoroastriano, servindo para lembrar que a viagem em direção à iluminação espiritual é um esforço para toda a vida.

A prática de acender lamparinas a óleo durante as cerimónias religiosas é outra forma de os zoroastrianos expressarem a sua reverência pela luz. Estas lâmpadas, colocadas diante de imagens de Ahura Mazda ou do fogo sagrado, simbolizam o desejo de que a alma seja iluminada pela sabedoria divina. O brilho suave das lâmpadas cria um espaço onde os fiéis podem refletir sobre a presença do divino nas suas vidas, permitindo que a luz guie as suas orações e meditações. Este ato de acender a luz é visto como uma forma pequena mas significativa de participar na luta cósmica, uma afirmação de fé no poder da luz para transformar e elevar.

Os festivais zoroastrianos, como o Nowruz, o Ano Novo persa, também incorporam temas de luz e renovação. Celebrado durante o equinócio vernal, o Nowruz assinala o triunfo da primavera sobre o inverno, da luz sobre as trevas e da nova vida sobre a dormência. Durante este período, os Zoroastrianos decoram as suas casas com velas e candeeiros, simbolizando a luz da esperança que acompanha o novo ano. É uma altura para as famílias se reunirem, reflectirem sobre o passado e acolherem as bênçãos de Ahura Mazda para o ano que se aproxima. A luz do Nowruz é uma metáfora para a renovação do mundo e da alma, encorajando os fiéis a começar de novo com um compromisso com os valores de Asha.

A visão zoroastriana da luz e das trevas não é apenas uma cosmologia antiga, mas uma lente através da qual os seguidores percepcionam o seu lugar no mundo. Encoraja uma vida vivida com intenção, onde cada escolha é uma oportunidade para espalhar a luz ou sucumbir à sombra. Ao abraçar os ensinamentos de Zaratustra, os zoroastrianos encontram orientação na luz que brilha de Ahura Mazda, usando-a para navegar pelas complexidades da existência e para encontrar um objetivo na luta intemporal pela verdade e pela ordem. Através da sua reverência pela luz e da sua vigilância contra a escuridão, honram uma tradição que os ensinou a ver o mundo não só como ele é, mas como poderia ser - um lugar onde a luz de Asha arde brilhantemente, guiando todos para um futuro de paz e harmonia.

No Zoroastrismo, os temas dualistas da luz e das trevas vão para além de meras metáforas, influenciando profundamente os rituais, símbolos e filosofia que moldam a vida quotidiana dos fiéis. A interação entre estas forças opostas não é apenas uma narrativa cósmica, mas também uma viagem pessoal, em que cada crente navega nas suas próprias lutas internas entre a virtude e o vício, a verdade e a falsidade. Este capítulo investiga as expressões práticas deste dualismo nos rituais zoroastrianos, a interpretação mais profunda da luz e das trevas nos textos sagrados e o seu significado na formação do quadro ético zoroastriano.

Uma das expressões mais profundas da luz no ritual zoroastriano é a reverência pelo fogo, um elemento que personifica a presença da luz divina de Ahura Mazda na Terra. O altar de fogo, que se encontra tanto nos templos como nas casas, serve de ponto focal para a oração, a meditação e as reuniões comunitárias. Esta chama sagrada, mantida perpetuamente acesa nos templos Atash Behram (Fogo da Vitória), representa a eterna batalha contra a escuridão invasora da ignorância e do mal. A pureza da chama é meticulosamente mantida pelos Mobeds (sacerdotes zoroastrianos), que asseguram que o fogo sagrado permanece imaculado, simbolizando a ligação ininterrupta entre o mundo divino e o mundo material. Através de rituais como o Yasna e a recitação de hinos Avestan perante o fogo, os fiéis procuram fortalecer a sua luz interior, permitindo que o calor e a claridade da chama inspirem as suas acções e pensamentos.

Na oração zoroastriana, a invocação da luz é mais do que um gesto físico; é um apelo à iluminação espiritual. Orações como Ashem Vohu e Yatha Ahu Vairyo enfatizam o desejo de que a alma esteja alinhada com Asha, a verdade divina que guia toda a criação. Estas orações são tradicionalmente recitadas em alturas específicas do dia, correspondendo aos ciclos do sol - amanhecer, meio-dia e pôr do sol - quando a presença da luz é mais perceptível. De cada vez, o ato de se virar para uma fonte de luz, quer seja o sol nascente ou a chama do templo, simboliza uma renovação do compromisso com Asha. Os fiéis procuram preencher a sua vida interior com o brilho da verdade, utilizando a metáfora da luz como guia para combater os impulsos mais obscuros da dúvida, da raiva e do desespero.

Os rituais zoroastrianos também enfatizam o papel do Kusti, um cordão sagrado que representa a ligação do ser à luz de Ahura Mazda. Como parte das orações diárias, os zoroastrianos desatam e recolocam o Kusti de frente para uma fonte de luz, seja o sol ou um fogo sagrado. Este ato simboliza a purificação da alma e a reafirmação da dedicação do indivíduo a caminhar na luz. O Kusti serve para lembrar que a luta entre a luz e as trevas não é apenas uma batalha externa, mas uma disciplina interior contínua. Cada vez que é atado, significa um momento de reflexão sobre a natureza dos nossos pensamentos, palavras e acções, incitando o praticante a afastar quaisquer sombras de falsidade e a abraçar a clareza e a verdade.

A presença da luz como tema central está também profundamente enraizada na mitologia e cosmologia zoroastrianas. O Bundahishn, um texto zoroastriano sobre a criação, descreve as origens do universo como uma manifestação de luz e pureza trazida por Ahura Mazda. Esta luz divina enfrentou a oposição imediata de Angra Mainyu, que emergiu das trevas com a intenção de destruir e corromper a criação. De acordo com esta narrativa, o choque inicial entre a luz e as trevas preparou o terreno para uma luta cósmica duradoura, com o mundo material a servir de campo de batalha. O papel dos humanos, como descrito no Bundahishn, é escolher o lado da luz, tornando-se aliados de Ahura Mazda ao aderir aos princípios de Asha. Esta perspetiva cósmica reforça a importância das acções de cada indivíduo, uma vez que cada escolha contribui para o equilíbrio entre a ordem e o caos, entre a iluminação e a sombra.

A visão zoroastriana da vida após a morte é igualmente moldada pela dicotomia da luz e da escuridão. A ponte Chinvat, que a alma atravessa após a morte, é iluminada pela luz das boas acções e escurecida pelo peso das más acções. Aqueles que viveram de acordo com a luz de Asha encontram a ponte acolhedora, o seu caminho é guiado pelo brilho da sua vida virtuosa. Por outro lado, aqueles que se alinharam com o engano e o caos encontram a ponte como uma passagem traiçoeira, envolta em escuridão. Esta imagem vívida serve como uma bússola moral para os vivos, lembrando-lhes que as suas acções influenciam diretamente a sua jornada espiritual e o seu destino final. A visão de uma alma que viaja em direção à luz ou que cai na escuridão enfatiza a crença zoroastriana na responsabilidade pessoal e no poder transformador do alinhamento espiritual.

Para além dos aspectos ritualísticos e escatológicos, o simbolismo da luz e das trevas molda profundamente a abordagem zoroastriana à comunidade e à ética social. O conceito de Hamazor, que significa unidade e força através de um objetivo comum, é visto como um esforço coletivo para promover a luz no mundo. Os zoroastrianos acreditam que, ao unirem-se em actos de caridade, bondade e culto comunitário, podem amplificar a luz de Asha e fazer frente às trevas que procuram isolar e dividir. Esta busca comunitária da luz é evidente em tradições como as cerimónias de Jashan, em que a comunidade se reúne para oferecer orações pelo bem-estar do mundo e para reforçar os laços entre si. Durante essas reuniões, o fogo no centro simboliza o compromisso partilhado de manter a luz espiritual nas suas casas, comunidades e no mundo em geral.

Nas expressões artísticas, os temas da luz e das trevas manifestam-se frequentemente na iconografia, na arquitetura e até na literatura zoroastrianas. O Faravahar, um símbolo zoroastriano proeminente, representa a aspiração da alma humana à luz e a verdades mais elevadas. As suas asas, frequentemente representadas com raios ou penas que se assemelham à luz do sol, significam a viagem espiritual em direção à iluminação e a rejeição das sombras da ignorância. Do mesmo modo, os templos do fogo são concebidos para captar a luz natural, com espaços abertos que permitem a entrada da luz solar, misturando as chamas sagradas no seu interior com a luz dos céus. Esta escolha arquitetónica serve para recordar a luz divina sempre presente que os zoroastrianos se esforçam por imitar.

A literatura zoroastriana, desde os versos poéticos dos Gathas até às interpretações modernas, continua a explorar os temas da luz e da escuridão, oferecendo reflexões intemporais sobre a condição humana. Os escritores estabelecem frequentemente paralelos entre o mundo natural e as verdades espirituais, utilizando o ciclo do dia e da noite como metáfora da busca da sabedoria pela alma. Por exemplo, o amanhecer é visto como um símbolo do despertar espiritual, uma altura em que a alma se eleva da escuridão da ignorância para a clareza da compreensão. A noite, embora associada ao descanso e à reflexão, é também um lembrete do perigo sempre presente de se afastar do caminho da luz. Através destas obras literárias, a tradição zoroastriana mantém um diálogo rico entre o físico e o espiritual, recordando aos fiéis a escolha contínua entre abraçar a luz ou render-se às sombras.

Nos tempos modernos, a relevância destes temas antigos continua a guiar os zoroastrianos na sua navegação pelas complexidades de um mundo em mudança. A metáfora da luz e da escuridão oferece uma estrutura para abordar dilemas éticos, desde questões de justiça e honestidade até aos desafios da preservação cultural na diáspora. A ênfase na luz como fonte de esperança e renovação ressoa com as preocupações contemporâneas sobre o futuro, encorajando os Zoroastrianos a permanecerem firmes no seu compromisso com a verdade e a bondade, mesmo perante a adversidade. Também inspira um sentido de responsabilidade para com o ambiente, uma vez que a preservação da luz e da pureza da natureza é vista como parte da manutenção do equilíbrio cósmico.

A luta entre a luz e as trevas, embora antiga, nunca é estática. Evolui com cada geração, encontrando novas expressões nas orações, rituais e escolhas morais dos fiéis. Quando os zoroastrianos acendem o fogo sagrado ou recitam hinos antigos, participam numa tradição que há muito vê o mundo como um espaço onde a luz deve ser acesa, protegida e partilhada. Este capítulo, portanto, não é apenas uma recontagem de símbolos e rituais, mas um convite para compreender como a fé zoroastriana oferece uma visão da vida como uma viagem em direção à luz - um caminho em que cada passo dado na verdade, cada momento de clareza e cada ato de bondade contribui para o brilho que retém a escuridão. Através desta visão, os Zoroastrianos continuam a encontrar significado e objetivo, retirando força da crença de que, em última análise, a luz prevalecerá.

Capítulo 16
Influência noutras religiões

O Zoroastrismo, como uma das religiões monoteístas mais antigas do mundo, teve uma influência profunda e duradoura no desenvolvimento de tradições religiosas posteriores, particularmente as que surgiram nas tradições mais alargadas do Próximo Oriente e do Ocidente. Este capítulo explora as formas complexas como os conceitos e crenças zoroastrianos interagiram e moldaram as estruturas teológicas do judaísmo, do cristianismo e do islamismo. A troca de ideias entre estas religiões criou fios que teceram temas zoroastrianos na tapeçaria mais vasta do pensamento monoteísta.

Na antiga Pérsia, a ascensão do zoroastrismo coincidiu com a expansão do Império Aqueménida, que, no seu auge, se estendia por um vasto território, incluindo regiões habitadas pelo povo judeu. Quando os Aqueménidas, sob o comando de Ciro, o Grande, conquistaram a Babilónia, em 539 a.C., puseram fim ao cativeiro babilónico dos judeus, permitindo-lhes regressar a Jerusalém e reconstruir o seu templo. Este momento histórico é mais do que um acontecimento político; marca o início de um importante intercâmbio cultural e religioso entre os zoroastrianos e os exilados judeus. Na Bíblia hebraica, o próprio Ciro é até retratado de forma positiva, sendo celebrado como um libertador e um servo de Deus.

A influência do Zoroastrismo no Judaísmo é frequentemente discutida no contexto de ideias escatológicas, como os conceitos de vida após a morte, ressurreição e julgamento final das almas. Antes da influência persa, as escrituras judaicas continham referências limitadas a estas ideias, centrando-se mais numa identidade colectiva e nas promessas feitas ao povo de Israel. No entanto, durante o período de domínio persa, o pensamento judaico começou a incorporar ideias reminiscentes das crenças zoroastrianas - como a ressurreição dos mortos e o conceito de um julgamento final em que o bem seria recompensado e o mal punido. Estas ideias têm uma semelhança impressionante com os ensinamentos zoroastrianos sobre Frashokereti (a renovação do mundo) e o julgamento das almas na Ponte Chinvat. Isto sugere que o zoroastrismo contribuiu para moldar a visão apocalíptica judaica que mais tarde influenciou a escatologia cristã.

Os elementos dualistas do zoroastrismo, em particular a luta cósmica entre Ahura Mazda e Angra Mainyu, também deixaram a sua marca no pensamento judaico primitivo, que começou a debater-se mais explicitamente com a presença do mal no mundo. A evolução da figura de Satanás na literatura judaica, particularmente durante o período do Segundo Templo, reflecte alguns aspectos de Angra Mainyu, representando uma força adversária mais definida contra a ordem divina. Enquanto o judaísmo acabou por desenvolver uma estrutura monoteísta que diverge da cosmologia dualista zoroastriana, a noção de uma batalha espiritual entre as forças do bem e do mal tornou-se mais pronunciada durante e após a influência persa.

O cristianismo, emergindo de um contexto judaico, herdou muitas destas ideias, ampliando ainda mais os temas escatológicos e dualistas que tinham sido influenciados pelo pensamento zoroastriano. O conceito de um salvador messiânico, presente no Zoroastrismo através da figura do Saoshyant, encontra um paralelo na ideia cristã de Cristo como o redentor que regressará para vencer o mal e restaurar a ordem divina. A visão zoroastriana de uma renovação final do mundo, em que todas as almas são purificadas e reconciliadas com Ahura Mazda, partilha espaço conceptual com a promessa cristã de um novo céu e uma nova terra após o Juízo Final.

Além disso, a imagem da luz e das trevas, central nos ensinamentos zoroastrianos, ressoa em todo o Novo Testamento. Por exemplo, o Evangelho de João apresenta Jesus como "a luz do mundo", uma frase que ecoa a associação zoroastriana de

Ahura Mazda com a luz divina que dissipa as trevas. Os primeiros textos cristãos recorrem frequentemente a metáforas da luz a vencer as trevas, um tema profundamente enraizado na visão do mundo zoroastriana de luta cósmica. Estes paralelismos sugerem que a ênfase do Zoroastrismo na batalha metafísica entre a luz e as trevas ajudou a moldar a linguagem simbólica da teologia cristã.

Também o Islão absorveu certos elementos zoroastrianos durante o seu desenvolvimento inicial no contexto do Império Sassânida, onde o zoroastrismo era a religião dominante. O conceito islâmico do Dia do Juízo Final, em que cada alma é responsabilizada pelos seus actos, tem semelhanças com as crenças escatológicas zoroastrianas. Em ambas as religiões, existe uma ponte que as almas têm de atravessar - Sirat no Islão e Chinvat no Zoroastrismo - que simboliza o caminho para a vida após a morte, com os justos a seguirem para o paraíso e os maus a caírem no tormento. Embora estes conceitos se tenham desenvolvido de forma independente na tradição islâmica, o intercâmbio cultural e teológico entre zoroastristas e os primeiros muçulmanos pode ter contribuído para a formação destas ideias paralelas.

Para além disso, a prática zoroastriana de rituais diários de oração, o significado da pureza e a ênfase ética no bem-estar da comunidade têm ressonâncias nas práticas islâmicas. A ênfase na limpeza, na pureza ritual e nos horários estruturados para a oração no Islão pode ser vista como um reflexo de algumas das disciplinas ritualísticas do Zoroastrismo. Esta continuidade de práticas espirituais entre culturas realça a forma como as religiões evoluem ao integrarem aspectos de tradições vizinhas, preservando simultaneamente as suas crenças fundamentais.

Para além dos paralelos teológicos, o zoroastrismo também contribuiu para as correntes filosóficas que influenciaram o pensamento monoteísta posterior. No ambiente cosmopolita do Império Sassânida, onde estudiosos de várias origens religiosas e culturais trocavam ideias, as discussões teológicas zoroastrianas interagiam com as tradições filosóficas gregas, judaicas e cristãs.

Conceitos como a natureza da alma, a importância do livre arbítrio e a luta cósmica entre a ordem e o caos tornaram-se parte de um discurso partilhado que enriqueceu o património intelectual do Próximo Oriente. Estas discussões lançaram as bases para a filosofia islâmica medieval, que procurou harmonizar a razão com a crença religiosa, recorrendo frequentemente à metafísica e ao raciocínio ético do Zoroastrismo.

A influência do zoroastrismo noutras religiões não é uma simples questão de empréstimo direto, mas antes um processo complexo de interação cultural e influência mútua. À medida que o Zoroastrismo se envolveu com a paisagem religiosa diversificada do mundo antigo, as suas ideias espalharam-se através do comércio, da migração e da expansão dos impérios, encontrando novas expressões nas crenças em evolução de outras tradições. Esta mistura de pensamentos religiosos reflecte o dinamismo das tradições espirituais à medida que se adaptam a novos contextos, enriquecendo as suas narrativas ao mesmo tempo que preservam as suas identidades distintas.

No entanto, o zoroastrismo também conservou a sua identidade única no meio destas interações, mantendo uma visão clara do seu próprio drama cósmico e dos seus imperativos éticos. A ênfase zoroastriana na responsabilidade pessoal, o imperativo moral de escolher o caminho de Asha e a crença numa vitória final do bem sobre o mal continuam a distingui-lo, mesmo quando contribuiu para a herança espiritual de outras fés. O seu papel na formação do pensamento religioso em todo o mundo antigo demonstra o poder duradouro dos seus ensinamentos e a sua capacidade de inspirar a reflexão sobre a natureza do divino e a viagem humana.

As contribuições do Zoroastrismo para o desenvolvimento do pensamento religioso sublinham o seu lugar como um pilar fundamental na história da espiritualidade. A sua influência no judaísmo, no cristianismo e no islamismo realça a forma como temas comuns - como a batalha entre o bem e o mal, a esperança de um salvador e a busca da verdade divina - transcendem doutrinas específicas, ligando a humanidade na sua busca de significado e propósito. À medida que exploramos estas ligações, ganhamos uma apreciação mais profunda das formas como o Zoroastrismo ajudou a moldar os contornos espirituais do mundo, deixando uma marca indelével na paisagem religiosa que continua a ressoar ao longo dos séculos.

A influência do Zoroastrismo noutras tradições religiosas é um tema de rico debate académico, com os estudiosos a examinarem a intrincada teia de ideias que fluíram entre culturas e religiões ao longo da história. Este capítulo aprofunda as discussões académicas sobre a forma como as crenças zoroastrianas podem ter sido adaptadas ou reinterpretadas nos textos religiosos do judaísmo, cristianismo e islamismo, explorando as nuances destas interações e o profundo impacto que tiveram no pensamento teológico e filosófico.

Um dos pontos centrais da atenção académica é o conceito de messias, uma figura salvadora que desempenha um papel crucial na visão escatológica do Zoroastrismo e que tem paralelo nas tradições judaica e cristã. A noção zoroastriana do Saoshyant - um futuro salvador que virá no fim dos tempos para derrotar o mal e restaurar o mundo - partilha semelhanças com o conceito judaico do Mashiach e a visão cristã da segunda vinda de Cristo. Embora a natureza exacta destas figuras difira entre as religiões, o tema subjacente de um redentor divinamente ordenado que traz uma renovação cósmica final sugere uma linhagem de pensamento partilhada.

Nos textos apocalípticos judaicos do período do Segundo Templo, a expetativa de um messias que restauraria a justiça e a paz ecoa o papel do Saoshyant no Zoroastrismo. A transformação das expectativas messiânicas no judaísmo durante e após a influência persa marca uma mudança significativa em relação às crenças anteriores, que se centravam mais na realeza terrena e na restauração de Israel. Os académicos observaram que a estrutura dualista de uma batalha entre o bem e o mal, central na escatologia zoroastriana, pode ter ajudado a moldar a literatura apocalíptica judaica, como o Livro de Daniel e os Manuscritos do Mar Morto. Estes textos enfatizam a chegada de uma era messiânica e o julgamento final, reflectindo uma visão do mundo que vê a história como um campo de batalha entre forças divinas e malévolas.

No cristianismo, a influência da escatologia zoroastriana pode ser vista na representação do fim dos tempos no Novo Testamento, particularmente no Livro do Apocalipse. As imagens de uma batalha final entre as forças da luz e das trevas, e o triunfo final do bem sobre o mal, ressoam com os conceitos zoroastrianos de conflito e renovação cósmicos. A promessa de um novo céu e uma nova terra, um mundo purificado do sofrimento e da corrupção, alinha-se com a visão zoroastriana de Frashokereti, onde o mundo é restaurado à sua pureza e harmonia originais. Este paralelo não é um empréstimo direto, mas sugere que os primeiros escritores cristãos estavam envolvidos num discurso religioso mais amplo que incluía ideias zoroastrianas sobre o fim do mundo.

Além disso, a figura de Satanás no pensamento cristão, como personificação do mal e da oposição a Deus, tem sido comparada a Angra Mainyu, o espírito destrutivo do Zoroastrismo. Embora o Satanás cristão não seja equivalente ao Angra Mainyu, ambos representam um profundo desafio à ordem divina, levando a uma luta que abrange tanto o domínio espiritual como a história humana. O desenvolvimento da demonologia cristã, com a sua ênfase na queda dos anjos rebeldes e na derrota final das forças demoníacas, pode ter sido influenciado pelo dualismo zoroastriano, que enfatiza a batalha cósmica entre o bem e o mal como um aspeto central da existência.

Na tradição islâmica, a influência do zoroastrismo é mais subtil, mas pode ser discernida nas discussões sobre a natureza da vida após a morte e o processo de julgamento. Os ensinamentos islâmicos sobre o Dia do Juízo Final, em que cada alma é avaliada pelos seus actos e enviada para o paraíso ou para o inferno, partilham semelhanças conceptuais com as crenças zoroastrianas sobre a Ponte Chinvat. Em ambas as religiões, este momento de ajuste de contas não é apenas uma avaliação moral, mas um acontecimento cósmico fundamental que reforça o triunfo da justiça divina. As descrições do Alcorão sobre a vida depois da morte, com imagens vívidas de jardins para os justos e fossos de fogo para os maus, reflectem uma visão dualista do cosmos que faz lembrar as ideias escatológicas zoroastrianas.

Além disso, o conceito islâmico de um salvador final, conhecido como o Mahdi, que surgirá no fim dos tempos para restaurar a justiça, tem sido discutido em relação ao Saoshyant zoroastriano. Embora as origens do conceito de Mahdi estejam enraizadas no pensamento islâmico primitivo, o contexto cultural mais alargado do Império Sassânida, onde o zoroastrismo era a religião do Estado, pode ter proporcionado um enquadramento para essas expectativas messiânicas. Tanto o Mahdi como o Saoshyant simbolizam a esperança de uma intervenção divina que porá fim à era do sofrimento e inaugurará uma nova era de ordem divina.

Para além dos paralelos teológicos, o zoroastrismo também influenciou as discussões filosóficas no mundo islâmico, especialmente durante os primeiros séculos dos califados islâmicos, quando estudiosos de diversas origens se reuniam em cidades como Bagdade e Gondeshapur. A Casa da Sabedoria em Bagdade tornou-se um caldeirão de ideias gregas, persas, indianas e zoroastrianas, onde os estudiosos debatiam metafísica, ética e cosmologia. A ênfase zoroastriana no livre arbítrio e na responsabilidade moral dos indivíduos para escolherem entre o bem e o mal encontrou eco no pensamento filosófico islâmico. Figuras como Avicena (Ibn Sina) e Al-Farabi empenharam-se nestas ideias, misturando-as com a filosofia grega e os ensinamentos islâmicos para criar uma rica tradição intelectual que considerava a natureza da alma, a existência do mal e o papel da providência divina.

Para além disso, os temas da luz e das trevas, tão proeminentes no simbolismo zoroastriano, continuaram a influenciar as tradições místicas islâmicas. Os escritos sufis, que utilizam frequentemente metáforas de luz para descrever o conhecimento divino e o despertar espiritual, reflectem uma continuidade de pensamento que remonta aos conceitos zoroastrianos de iluminação divina. A poesia de Rumi, por exemplo, usa frequentemente a imagem da luz como símbolo da presença divina e da clareza espiritual, ecoando a antiga reverência zoroastriana pela luz como manifestação da verdade de Ahura Mazda. Embora o misticismo sufi se tenha desenvolvido no âmbito do monoteísmo islâmico, absorveu e transformou elementos das tradições espirituais mais vastas anteriores ao Islão, incluindo o zoroastrismo.

A interação entre o Zoroastrismo e outras tradições religiosas representa, assim, uma complexa tapeçaria de influência, adaptação e reinterpretação. Não se trata apenas de uma transmissão unidirecional de ideias, mas de um processo dinâmico em que os conceitos zoroastrianos foram integrados nas estruturas teológicas do judaísmo, do cristianismo e do islamismo, mesmo quando estas religiões desenvolveram as suas próprias identidades únicas. Esta mistura de ideias através das fronteiras culturais e religiosas realça a fluidez do pensamento antigo e as preocupações comuns que moldaram a espiritualidade humana - questões sobre a natureza do bem e do mal, o destino da alma e o destino final do mundo.

A influência do zoroastrismo nestas religiões também sublinha a interconexão do mundo antigo, onde as rotas comerciais, as migrações e as conquistas imperiais facilitaram a troca não só de bens mas também de ideias. O Império Persa serviu de ponte entre o Oriente e o Ocidente, um local onde as tradições religiosas se podiam encontrar, interagir e transformar. O impacto do pensamento zoroastriano nas tradições monoteístas continua a ser um testemunho da forma como a sabedoria antiga pode deixar um legado duradouro, moldando as paisagens espirituais e éticas da humanidade nos séculos vindouros.

Esta exploração mais profunda das perspectivas académicas sobre a influência zoroastriana ajuda-nos a apreciar a relevância duradoura desta antiga religião, não como uma relíquia do passado, mas como um participante vibrante na formação do pensamento religioso. Convida-nos a refletir sobre a forma como a visão do Zoroastrismo sobre a ordem cósmica, a responsabilidade moral e o triunfo final do bem continua a ecoar nas histórias, crenças e esperanças que definem grande parte da herança espiritual do mundo. Através destas ligações, o Zoroastrismo continua a ser uma força silenciosa, mas sempre presente, no diálogo contínuo entre as maiores tradições espirituais da humanidade.

Capítulo 17
Templos de Fogo

Os Templos do Fogo, ou Atashkadeh, ocupam um lugar central na prática e na espiritualidade do Zoroastrismo. Mais do que meros locais de culto, eles servem como espaços sagrados onde a presença divina de Ahura Mazda se manifesta através da chama eterna. Estes templos tornaram-se símbolos da identidade e continuidade zoroastrianas, preservando rituais e tradições que datam de há milhares de anos. Neste capítulo, exploramos o significado arquitetónico, espiritual e cultural destes templos, bem como o seu papel na promoção de um sentido de comunidade entre os zoroastrianos ao longo da história.

A arquitetura de um templo do fogo zoroastriano é simples mas profunda, concebida para focar a atenção no fogo sagrado, que representa a luz, a pureza e a essência divina de Ahura Mazda. A estrutura é tipicamente orientada para permitir que a luz natural ilumine o santuário interior onde o fogo arde, criando uma mistura harmoniosa de iluminação natural e divina. Muitos templos do fogo são construídos com cúpulas ou clarabóias acima do Atashgah (altar do fogo), permitindo a entrada da luz solar durante o dia, simbolizando a unidade entre a luz celestial e a terrestre.

No coração de cada templo está o fogo sagrado, categorizado em três tipos principais com base no seu nível de santidade. O mais elevado é o Atash Behram (Fogo da Vitória), que requer a consagração do fogo de dezasseis fontes diferentes, incluindo relâmpagos e fogos domésticos, o que o torna o mais venerado. Seguem-se o Atash Adaran e o Atash Dadgah, cada um servindo diferentes níveis de culto comunitário e pessoal. O Atash Behram representa o auge da pureza ritual e é guardado em templos de grande importância, onde é continuamente cuidado por sacerdotes para garantir que se mantém puro e não se extingue.

A manutenção ritual do fogo sagrado envolve procedimentos rigorosos, enfatizando o foco zoroastriano na pureza e na disciplina espiritual. Apenas os sacerdotes ordenados, conhecidos como Mobeds, estão autorizados a aproximar-se diretamente do fogo, e só o fazem depois de efectuarem abluções e vestirem roupas rituais, como o padan branco (pano que cobre a boca) para evitar que o seu hálito contamine as chamas. Este cuidado meticuloso sublinha a crença de que o fogo é uma ligação viva ao divino, incorporando a energia espiritual que sustenta a criação. Através de ofertas diárias de sândalo e incenso, o fogo não é apenas sustentado, mas também alimentado espiritualmente, simbolizando o compromisso zoroastriano de promover a luz e a vida.

Para os Zoroastrianos, o templo do fogo é mais do que um local de culto - é um espaço onde a identidade comunitária é cultivada e mantida. O templo serve de ponto de encontro para festivais religiosos, ritos de passagem e orações comunitárias, como durante as cerimónias de Jashan, que celebram a criação e agradecem a Ahura Mazda as bênçãos da vida. Estas reuniões reforçam os laços entre os membros da comunidade, proporcionando um sentido de continuidade com os seus antepassados e um compromisso partilhado de preservação das suas tradições antigas. Através da experiência colectiva de oração perante a chama sagrada, os zoroastrianos reafirmam a sua dedicação aos princípios de Asha e à luta contra Druj.

A importância espiritual dos templos de fogo também se estende à vida pessoal dos zoroastrianos. Muitos visitam regularmente os templos para rezar e procurar orientação, colocando-se diante das chamas e recitando os hinos Avestan que foram transmitidos através das gerações. Para os indivíduos, o fogo representa uma fonte constante de inspiração e uma lembrança da luz interior que guia os seus pensamentos, palavras e acções. Acredita-se que a presença do fogo sagrado ajuda a purificar a mente e o espírito, alinhando os adoradores mais de perto com a ordem divina que Ahura Mazda estabeleceu no universo.

Historicamente, os templos de fogo desempenharam um papel crucial na manutenção da identidade zoroastriana durante períodos de convulsão política e mudança cultural. Durante o Império Sassânida, o Zoroastrismo era a religião do Estado e a construção de templos de fogo simbolizava a unidade do império sob a orientação divina de Ahura Mazda. Os templos de Atash Behram, em particular, não eram apenas centros de atividade religiosa, mas também símbolos da autoridade real e da continuidade cultural, representando as suas chamas a luz de Ahura Mazda que guiava o reino. No entanto, com o advento da conquista islâmica, muitos templos zoroastrianos foram destruídos ou reaproveitados, e os fiéis foram forçados a proteger os seus fogos sagrados em segredo ou a transferi-los para regiões mais seguras.

Um exemplo disso é o Atash Behram em Yazd, no Irão, que sobreviveu durante séculos como um farol da fé zoroastriana numa região onde a religião se tornou minoritária. Em lugares como Yazd, os zoroastrianos preservaram as suas práticas em condições difíceis, mantendo os seus templos como santuários tranquilos de luz no meio de uma paisagem cultural e religiosa em mudança. Estes templos tornaram-se refúgios seguros para rituais, educação e transmissão de conhecimentos sagrados, assegurando que a tradição zoroastriana permanecia intacta mesmo em tempos de perseguição.

Na diáspora, os templos do fogo também se adaptaram a novos ambientes, transportando consigo a essência da vida espiritual zoroastriana e respondendo simultaneamente às realidades práticas da migração. As comunidades na Índia, particularmente os Parsis, criaram templos de fogo que continuam a ser centros vibrantes de vida religiosa. Na Índia, cidades como Bombaim e Surat tornaram-se centros de refugiados zoroastrianos após a conquista islâmica da Pérsia, onde construíram novos Atash Behrams e Adarans. Estes templos serviram não só como locais de culto, mas também como centros sociais que ajudaram a comunidade a manter a sua identidade única no meio de uma paisagem cultural muito diferente.

Nos últimos anos, à medida que a diáspora zoroastriana se espalhou pelo mundo, da América do Norte à Austrália, os templos de fogo surgiram em novos contextos, adaptando-se à modernidade e preservando as suas tradições fundamentais. Estes novos templos misturam frequentemente elementos arquitectónicos tradicionais persas e indianos com um design moderno, criando espaços acessíveis aos zoroastrianos que vivem em ambientes urbanos longe das terras dos seus antepassados. Apesar destas mudanças, o papel essencial do fogo - o seu cuidado ritual, o seu simbolismo e a sua presença espiritual - permanece inalterado, dando continuidade à fé zoroastriana no mundo moderno.

Os templos do fogo também têm uma dimensão cultural importante para os zoroastrianos, servindo de ponto focal para educar as gerações mais novas sobre a sua herança. As aulas sobre os Gathas, a história zoroastriana e o significado dos rituais são frequentemente ministradas dentro das paredes destes templos, onde os membros mais jovens da comunidade aprendem o significado dos seus costumes antigos e os valores que sustentam a sua fé. Este papel educativo assegura que a chama do conhecimento, tal como o fogo sagrado, é transmitida de forma ininterrupta, permitindo que cada nova geração encontre o seu lugar no continuum da tradição zoroastriana.

O significado dos templos de fogo, portanto, vai para além das suas estruturas físicas; eles encarnam o coração espiritual do Zoroastrismo, um símbolo vivo de uma fé que vê o mundo como uma luta cósmica entre a luz e as trevas. As chamas que ardem nestes templos não são apenas fenómenos materiais - são consideradas reflexos da essência divina de Ahura Mazda, guiando os fiéis para a retidão e iluminando o caminho de Asha. Em cada oração oferecida perante o fogo, em cada ato ritual de cuidar da chama, os zoroastrianos ligam-se a uma tradição que perdurou durante milénios, uma tradição que se mantém firme na crença de que a luz, em todas as suas formas, é a expressão mais verdadeira do divino.

Através da resiliência dos templos de fogo e da sua presença duradoura na vida zoroastriana, a antiga sabedoria de Zaratustra continua a arder intensamente, oferecendo uma mensagem intemporal de esperança, pureza e o eterno poder da luz. O próximo capítulo explorará mais aprofundadamente as práticas e cerimónias destes espaços sagrados, aprofundando os rituais que foram preservados e adaptados ao longo dos séculos, revelando a profunda ligação entre o fogo sagrado e a experiência vivida da fé zoroastriana.

Sob o brilho ténue da chama eterna, os rituais e cerimónias realizados nos templos de fogo zoroastrianos revelam-se, formando uma ponte entre o passado antigo e o presente. Estes rituais não são apenas um meio de ligação a Ahura Mazda, mas também uma forma de reforçar a ordem cósmica de Asha, renovando a ligação entre o mundo divino e o mundo material. Este capítulo aprofunda as práticas e cerimónias específicas que têm lugar nos templos do fogo, revelando as camadas de significado incorporadas em cada gesto, oração e oferenda, bem como a sua importância na preservação da essência espiritual do Zoroastrismo.

No centro da vida espiritual de um templo de fogo está a cerimónia Yasna, um ritual litúrgico complexo que incorpora os princípios fundamentais do culto zoroastriano. O Yasna, que significa "adoração" ou "sacrifício", é realizado por Mobeds (sacerdotes) e envolve a recitação de versos do Avesta, os textos sagrados zoroastrianos. Este ritual é efectuado perante o fogo sagrado, onde são oferecidas libações de haoma, uma bebida sagrada feita a partir da planta efedra. O Yasna não é apenas um ato de veneração, mas uma reconstituição da ordem cósmica, reflectindo a luta entre Asha e Druj. Cada recitação e oferenda feita durante o Yasna tem como objetivo alinhar o mundo físico com os reinos espirituais, reforçando o poder de Asha sobre o caos.

Uma componente fundamental do Yasna é a preparação e a oferenda de haoma, que tem um profundo significado simbólico. Acredita-se que a haoma possui propriedades divinas, capazes de purificar tanto o corpo como o espírito. Os sacerdotes entoam hinos antigos enquanto trituram a planta, misturando-a com água e leite, antes de a apresentarem ao fogo sagrado. Este ato representa o eterno ciclo de vida, morte e renascimento, bem como a alimentação da chama divina que sustenta a criação. A preparação ritualizada do haoma sublinha a crença zoroastriana na interconexão de todas as coisas, onde os elementos terra, água e fogo se juntam para honrar o divino.

A par do Yasna, outro ritual significativo é o Afrinagan, uma oração de bênção que é realizada em várias ocasiões, como nascimentos, casamentos e a recordação dos falecidos. O Afrinagan envolve o acender de velas e a oferta de frutos e flores perante o fogo sagrado, acompanhados pelo entoar de orações que invocam bênçãos sobre os indivíduos e a comunidade. Esta cerimónia enfatiza os valores zoroastrianos da generosidade e da gratidão, procurando o favor de Ahura Mazda para a prosperidade, a felicidade e a proteção contra as influências do mal. É um momento em que a comunidade se reúne para reforçar os seus laços uns com os outros e para celebrar a harmonia entre o humano e o divino.

A manutenção diária do fogo sagrado é uma prática profundamente ritualística, que requer o máximo de cuidado e reverência. Os Mobeds limpam o altar e o espaço circundante, assegurando que o fogo não é poluído pelas impurezas do mundo material. Acrescentam sândalo e incenso às chamas, que não só alimentam o fogo como também transportam as orações dos fiéis para cima, em direção ao reino de Ahura Mazda. Este processo é visto como um ato de devoção, um meio de manter a pureza que está no cerne da ética zoroastriana. Simboliza a luta eterna para manter a luz interior da alma acesa, sem ser contaminada pela escuridão da falsidade e da desordem.

Os casamentos na tradição zoroastriana, conhecidos como Navjote para as iniciações ou simplesmente Nikah para os casamentos, incluem frequentemente cerimónias especiais realizadas nos templos de fogo, onde o casal é abençoado perante o fogo sagrado. Durante estes rituais, o casal senta-se perante as chamas, que representam a presença de Ahura Mazda como testemunha da sua união. Os sacerdotes entoam orações que enfatizam a importância de viver de acordo com Asha, guiando o casal para uma vida de respeito mútuo, amor e crescimento espiritual. Este ato de compromisso perante o fogo significa a promessa de defender a verdade e de contribuir para a ordem cósmica através da sua parceria.

A cerimónia do Jashan é outra parte integrante da vida no templo do fogo, celebrando acontecimentos significativos da vida ou assinalando ocasiões comunitárias como o Ano Novo Zoroastriano, Nowruz. Durante um Jashan, os Mobeds realizam rituais de ação de graças e invocam bênçãos sobre os participantes e a comunidade. A cerimónia inclui a disposição dos myazd - oferendas de pão, leite, frutos e flores - perante o fogo sagrado. Estas oferendas representam as recompensas da criação, um reconhecimento da generosidade de Ahura Mazda e uma lembrança do papel da humanidade como administradores da terra. A recitação colectiva de orações durante o Jashan fomenta um sentido de unidade, recordando aos fiéis o seu objetivo comum de defender os valores da sua antiga fé.

Para além destes rituais formais, os templos do fogo também servem como espaços de meditação e de oração pessoal, onde os indivíduos vêm refletir sobre a sua vida interior e procurar orientação. O fogo sagrado, com o seu calor e luz constantes, oferece um espaço de contemplação, onde as chamas tremeluzentes se tornam um símbolo da centelha divina dentro de cada alma. É nestes momentos de silêncio que os zoroastrianos encontram consolo, retirando força da presença de Ahura Mazda e renovando a sua determinação de viver de acordo com os princípios de Asha.

A adaptabilidade dos rituais dos templos do fogo também lhes permitiu manterem-se relevantes na diáspora zoroastriana, onde surgiram templos em locais distantes das suas origens na

Pérsia. As comunidades na Índia, particularmente entre os Parsis, mantiveram estas tradições com grande fidelidade, ao mesmo tempo que adaptaram certas práticas aos seus novos ambientes. Em Bombaim, por exemplo, os Atash Behrams e os Agiyaris (templos de fogo menores) funcionam como centros de vida espiritual e de preservação cultural, assegurando que a chama da identidade zoroastriana continua a arder intensamente, mesmo numa terra estrangeira.

Nos anos mais recentes, à medida que as comunidades zoroastrianas se estabeleceram em locais como a América do Norte, a Europa e a Austrália, foram criados novos templos do fogo, proporcionando espaços onde os antigos rituais podem ser realizados mesmo num contexto moderno. Estes templos são muitas vezes construídos com uma mistura de arquitetura tradicional e contemporânea, reflectindo o empenho da comunidade em preservar a sua herança, ao mesmo tempo que abraça as realidades dos seus novos lares. Os rituais, embora realizados num novo ambiente, mantêm a sua essência intemporal, mantendo a ligação a Ahura Mazda e aos ensinamentos de Zaratustra.

O papel dos templos do fogo na vida zoroastriana moderna também se estende à preservação da educação religiosa. Dentro das suas paredes, os Mobeds ensinam à geração seguinte os Gathas, os ensinamentos morais do Zoroastrismo e a conduta correta dos rituais. Este papel educativo é crucial numa altura em que a comunidade zoroastriana enfrenta os desafios de uma população cada vez mais reduzida e as pressões da assimilação. Através da instrução nos templos de fogo, os jovens zoroastrianos aprendem a importância da chama sagrada não só como um símbolo mas como uma prática viva que os liga aos seus antepassados e à sua fé.

Os templos de fogo, com as suas chamas duradouras, continuam a ser um símbolo potente da visão do mundo zoroastriana - uma lembrança da luta eterna para manter a pureza, a verdade e a luz num mundo que frequentemente se confronta com a escuridão. Os rituais realizados nestes espaços sagrados reforçam os laços comunitários e os compromissos individuais que sustentam a tradição zoroastriana, assegurando que a chama da fé é transmitida de geração em geração, ininterrupta e intacta. Quando os fiéis se reúnem diante do fogo, são recordados do seu papel no drama cósmico, como guardiães da luz e como administradores da ordem divina que Zaratustra proclamou.

Estes rituais, antigos mas vivos, continuam a moldar a vida quotidiana e a experiência espiritual dos zoroastrianos em todo o mundo. São o testemunho de uma religião que resistiu às tempestades da história, mantendo-se firme nos símbolos e práticas que definem a sua essência. No brilho tranquilo do templo de fogo, entre as orações e as oferendas, os zoroastrianos encontram um espaço onde o tempo pára e a antiga sabedoria da sua fé continua a falar, guiando-os para um futuro onde a luz de Asha pode brilhar cada vez mais.

Capítulo 18
Sacerdotes

No coração da tradição zoroastriana, onde o fogo arde com uma luz eterna, o papel dos Mobeds - os sacerdotes zoroastrianos - é um farol de continuidade e orientação espiritual. Ao longo da história, estas figuras religiosas têm sido os guardiães da chama sagrada, assegurando que os ensinamentos de Zaratustra são não só preservados como também praticados com reverência. As suas responsabilidades vão para além da mera execução de rituais; são os administradores da vida espiritual e moral da comunidade zoroastriana, defendendo os princípios fundamentais de Asha e a sabedoria incorporada no Avesta.

O caminho para se tornar um Mobed é um caminho de dedicação, que começa com a instrução precoce de jovens rapazes nascidos em famílias sacerdotais. Esta viagem não é meramente académica; é uma imersão na essência espiritual do Zoroastrismo. Os jovens iniciados, que muitas vezes começam a sua formação aos sete ou oito anos, aprendem a recitar os Gathas - os hinos que se acredita terem sido compostos pelo próprio Zaratustra. A memorização destes versos é vista como uma forma de interiorizar a sabedoria divina que eles transportam. Juntamente com estes ensinamentos, aprendem os rituais, os movimentos complexos e as recitações necessárias para cerimónias como o Yasna e a Vendidad.

A formação de um Mobed também inclui uma compreensão profunda dos significados simbólicos dos rituais, como a preparação do haoma e a manutenção do Atash Behram, o mais alto grau de fogo sagrado. Esta educação assegura que cada ação realizada pelo Mobed durante os rituais é infundida com uma consciência do seu significado. A relação entre um Mobed e o fogo sagrado é profunda; ele serve de zelador, assegurando que as chamas permanecem puras e não se extinguem, uma responsabilidade que simboliza a luta eterna para manter Asha vivo no mundo.

A hierarquia entre os sacerdotes zoroastrianos reflecte a profundidade dos seus conhecimentos e experiência. No nível fundamental estão os Ervads, que conduzem os rituais básicos e oferecem orações diárias. Com o tempo e a formação adicional, um Ervad pode avançar para se tornar um Mobed, uma função que lhe permite realizar cerimónias mais complexas, como casamentos e iniciações. No topo desta estrutura encontra-se o Dastur, um sumo sacerdote responsável pela direção espiritual da comunidade e pela interpretação dos textos sagrados. Os Dastur têm autoridade para presidir a importantes rituais comunitários e servem de intermediários entre a vontade divina de Ahura Mazda e a vida quotidiana dos fiéis.

Esta estrutura hierárquica não tem apenas a ver com autoridade, mas também com a transmissão de sabedoria de uma geração para a seguinte. Os Mobeds mais velhos orientam os mais novos, transmitindo-lhes não só os métodos exactos do ritual, mas também as nuances da compreensão dos ensinamentos do Avesta. Esta relação entre mentor e aprendiz é um aspeto vital da preservação da profundidade da prática espiritual zoroastriana, assegurando que a continuidade da tradição permanece ininterrupta mesmo quando o mundo muda à sua volta.

A vida de um Mobed está profundamente entrelaçada com os ciclos da natureza e os ritmos da vida comunitária. Eles estão presentes nos momentos mais cruciais da vida de um zoroastriano - desde o nascimento e a iniciação até ao casamento e à morte. Em cada uma destas fases da vida, os Mobed realizam rituais que se destinam a santificar os acontecimentos e a alinhá-los com a ordem cósmica. Por exemplo, o Navjote, ou cerimónia de iniciação, marca a entrada de um jovem zoroastriano na fé. Aqui, o Mobed orienta o iniciado a vestir o Sudreh (uma camisa sagrada) e o Kusti (uma cinta sagrada), símbolos do compromisso de defender Asha. Através deste ritual, o Mobed desempenha um papel central na ligação do indivíduo à linhagem espiritual do Zoroastrismo.

Para além dos seus deveres ritualísticos, os Mobed são frequentemente procurados para aconselhamento, oferecendo orientação sobre dilemas morais e éticos enfrentados pelas suas comunidades. O seu papel de conselheiros reflecte a sua profunda compreensão da visão cosmológica zoroastriana, em que cada ação tem uma consequência espiritual. Este papel de conselheiro torna-se particularmente significativo quando se abordam questões contemporâneas que podem não ter precedentes diretos nos textos antigos. Os Mobeds interpretam os princípios de Asha e Druj, ajudando os fiéis a navegar nas complexidades da vida moderna, mantendo-se fiéis à sua herança espiritual.

Na era contemporânea, o papel dos Mobeds evoluiu em resposta aos desafios que a comunidade zoroastriana enfrenta, como a diminuição do número de adeptos e as pressões da assimilação em diferentes culturas. Nas comunidades da diáspora, particularmente entre os Parsis da Índia e os Zoroastrianos nos países ocidentais, os Mobeds assumiram papéis adicionais como embaixadores culturais, trabalhando para preservar a identidade Zoroastriana no meio das diversas influências da sociedade global. Isto requer um equilíbrio - manter a integridade dos rituais antigos e torná-los acessíveis a uma geração mais jovem que pode não falar as línguas tradicionais do Avesta.

Os Mobeds na diáspora encontram-se frequentemente a fazer a ponte entre as tradições antigas e as expectativas modernas. Isto pode implicar a tradução das orações para as línguas locais ou a adaptação das cerimónias aos horários e estilos de vida dos que vivem longe do coração da Pérsia. Por exemplo, embora os rituais diários do fogo possam ser condensados em algumas comunidades devido aos aspectos práticos da vida moderna, a essência espiritual destas práticas é mantida. Esta adaptabilidade é um testemunho da resiliência da fé zoroastriana e da criatividade dos seus líderes espirituais na manutenção da chama.

Para além dos seus deveres espirituais e culturais, os Mobeds têm a seu cargo a administração dos locais de culto zoroastrianos, assegurando que os templos do fogo continuam a ser centros da vida comunitária. Supervisionam não só a manutenção do fogo sagrado, mas também a manutenção dos terrenos do templo, assegurando que estes espaços permanecem locais de pureza e reflexão. Os templos de fogo tornam-se locais para reuniões comunitárias, festivais religiosos e programas educacionais, onde os Mobeds desempenham um papel central na promoção de um sentido de unidade e continuidade entre os fiéis.

O caminho de um Mobed não é um caminho de recompensa material; é uma vocação que exige humildade e um profundo sentido de dever para com o divino. Muitos Mobeds, especialmente os que servem em comunidades mais pequenas da diáspora, equilibram as suas responsabilidades religiosas com ocupações seculares, encontrando formas de sustentar as suas famílias enquanto permanecem dedicados à sua vocação espiritual. Esta vida dupla requer um delicado ato de equilíbrio, em que as exigências do mundo material têm de ser satisfeitas sem perder de vista os ideais espirituais que orientam as suas vidas.

Como guardiões de uma das mais antigas tradições religiosas contínuas do mundo, os Mobeds carregam um legado que remonta aos ensinamentos do próprio Zaratustra. Não são apenas executantes de rituais; são os guardiões de uma chama espiritual que ardeu durante milénios, uma chama que sobreviveu às convulsões dos impérios e às mudanças das crenças. O seu papel recorda-nos que a essência do Zoroastrismo não reside apenas nos seus textos antigos ou nos seus grandes templos, mas nos actos diários de devoção e serviço que mantêm vivo o espírito de Asha no mundo.

Num mundo em que a continuidade das pequenas comunidades religiosas enfrenta muitos desafios, a dedicação dos Mobeds ao seu dever sagrado é um testemunho do poder duradouro da fé. Encarnam os ideais do Zoroastrismo, esforçando-se por viver segundo os princípios de Humata (Bons

Pensamentos), Hukhta (Boas Palavras) e Hvarshta (Boas Acções), dando o exemplo à comunidade que servem. Através do seu empenho inabalável, os Mobeds asseguram que o antigo apelo para viver em harmonia com a ordem divina continua a ecoar pelos corredores do tempo, guiando os fiéis zoroastrianos na sua busca de uma vida iluminada pela luz de Asha.

O papel dos Mobeds no zoroastrismo está profundamente ligado às dimensões espiritual e cultural da fé, moldando não só as práticas religiosas mas também a identidade da comunidade zoroastriana. Ao guiarem os rituais e defenderem os ensinamentos de Zaratustra, os Mobeds tornam-se figuras centrais na continuidade de tradições que remontam a milénios. Para além dos seus deveres fundamentais, a complexidade e amplitude das suas responsabilidades estendem-se aos domínios da pureza ritual, da ligação à comunidade e da preservação do conhecimento sagrado.

No centro dos deveres de um Mobed estão os rituais que definem momentos-chave na vida dos fiéis. Desde a solenidade dos ritos funerários à essência celebrativa dos casamentos, estas cerimónias não são meramente marcadores culturais, mas momentos de transição espiritual. Os ritos funerários, por exemplo, são altamente estruturados, com o objetivo de ajudar a alma a atravessar a ponte de Chinvat. Estes rituais incluem orações e acções específicas destinadas a proteger a alma de influências maléficas durante a sua passagem. Através destas práticas, os Mobeds asseguram que a ordem sagrada de Asha permanece intacta, mesmo perante a morte.

Um dos rituais centrais realizados pelos Mobeds é o Yasna, uma liturgia elaborada que inclui a preparação da haoma, uma planta sagrada cujo sumo é utilizado no ritual. O Yasna é mais do que uma oração; é uma invocação que invoca Ahura Mazda e os Amesha Spentas, tecendo uma ligação entre os mundos físico e espiritual. Durante o Yasna, o Mobed recita passagens do Avesta, que, quando faladas na sua língua antiga, se acredita terem poder transformador. Este ritual serve para reafirmar o alinhamento da comunidade com a verdade cósmica e é um lembrete da eterna luta entre Asha (ordem) e Druj (caos).

Para além do Yasna, os Mobeds realizam a cerimónia da Vendidad, um rito de purificação que protege a comunidade das impurezas físicas e espirituais. Este ritual é especialmente significativo para reforçar a importância da pureza, um tema muito presente no zoroastrismo. Durante a Vendidad, são recitadas passagens específicas para limpar espaços e indivíduos de impurezas, simbolizando a ênfase zoroastriana na manutenção de um ambiente puro como reflexo da pureza espiritual interior. A cerimónia também realça o papel do Mobed como mediador, alguém que faz a ponte entre os mundos material e espiritual, assegurando que a ordem cósmica não é perturbada.

A preservação do conhecimento ritual é outro aspeto fundamental do papel de um Mobed. Grande parte do conteúdo sagrado do Avesta tem sido transmitido oralmente através de gerações, e os Mobeds desempenham um papel fundamental nesta tradição. Eles são treinados nas entonações e ritmos precisos dos cantos do Avesta, uma prática que requer anos de dedicação. Esta transmissão oral assegura que o poder das recitações originais, que se crê terem sido reveladas por Zaratustra, permanece potente. Mesmo que o texto escrito do Avesta sirva de referência, é a palavra falada, passada de professor para aluno, que preserva a essência mística dos ensinamentos.

O papel dos Mobeds estende-se para além dos rituais religiosos, à vida comunitária e educativa dos zoroastrianos. Nas regiões onde o Zoroastrismo é uma religião minoritária, os Mobeds tornam-se frequentemente educadores, ensinando aos jovens a sua herança, os significados por detrás dos rituais e o enquadramento ético da fé. Nesta qualidade, servem de mentores, ajudando a incutir um sentido de identidade e continuidade na geração mais jovem. Explicam o significado das orações diárias, o simbolismo por detrás do uso do Sudreh e do Kusti e a importância de viver em harmonia com Asha.

Esta orientação é particularmente importante no contexto da diáspora zoroastriana, onde os jovens zoroastrianos podem enfrentar desafios para manter a sua identidade religiosa num ambiente multicultural. A capacidade do Mobed para ligar os ensinamentos antigos à vida contemporânea ajuda a colmatar o fosso geracional, assegurando que os membros mais jovens da comunidade vêem a relevância da sua herança. Ao adaptar a sabedoria de Zaratustra aos dilemas modernos - sejam eles desafios éticos ou questões sobre a conduta pessoal - os Mobed mantêm os ensinamentos do Avesta vivos e ressonantes.

Os Mobeds também desempenham um papel vital durante os festivais zoroastrianos, como o Nowruz (Ano Novo persa) e os Gahanbars, que são festivais sazonais que celebram diferentes aspectos da criação. Durante estas reuniões, os Mobeds conduzem a comunidade em orações e rituais que honram os ciclos da natureza e reafirmam a ligação entre a humanidade e o divino. A iluminação do fogo sagrado durante estes festivais simboliza o triunfo da luz sobre as trevas, um tema central na cosmologia zoroastriana. Através da sua liderança nestas cerimónias, os Mobed ajudam a sustentar o espírito comunitário e a assegurar a manutenção dos ritmos sagrados da vida zoroastriana.

Outra dimensão do trabalho do Mobed envolve cuidados pastorais, particularmente na orientação de indivíduos através de lutas espirituais e decisões morais. O zoroastrismo dá grande valor ao livre arbítrio, sendo cada indivíduo responsável por escolher entre Asha e Druj. Os Mobeds actuam como guias espirituais, ajudando os seus seguidores a navegar por estas escolhas. Oferecem aconselhamento em momentos de dificuldade, ajudando os zoroastrianos a compreender como as suas acções se alinham ou divergem dos princípios de Asha. Esta função de aconselhamento envolve muitas vezes a interpretação de textos antigos de forma a clarificar o contexto de questões modernas, tais como práticas comerciais éticas ou questões de gestão ambiental.

Apesar do papel vital que desempenham, a vida de um Mobed não está isenta de desafios. Nas regiões onde a população zoroastriana é pequena, há poucos novos iniciados a entrar no sacerdócio. Este facto levou ao envelhecimento da população de

Mobeds e a questão da sucessão tornou-se cada vez mais urgente. Em resposta, algumas comunidades iniciaram iniciativas para encorajar os jovens zoroastrianos a considerar o caminho do Mobed, enfatizando a importância de manter viva a sua herança espiritual. Surgiram programas que misturam a formação tradicional com métodos educativos modernos, com o objetivo de tornar a vida de um Mobed acessível e apelativa para uma nova geração.

Além disso, as responsabilidades dos Mobeds nas comunidades da diáspora incluem frequentemente esforços para educar o público em geral sobre o Zoroastrismo. Participam em diálogos inter-religiosos, oferecendo conhecimentos sobre as crenças e práticas zoroastrianas aos que não estão familiarizados com esta fé antiga. Através de palestras, visitas a templos e debates públicos, os Mobeds tornam-se embaixadores da sabedoria zoroastriana, dissipando ideias erradas e realçando os valores duradouros da sua tradição. Este papel é especialmente importante para promover uma compreensão mais profunda do zoroastrismo entre os não zoroastrianos, contribuindo para uma visão mais inclusiva da paisagem religiosa mundial.

Os Mobeds também enfrentam o desafio de manter a pureza dos rituais, adaptando-se simultaneamente às realidades da vida contemporânea. Por exemplo, as regras rigorosas relativas à utilização de elementos naturais nos rituais - como a necessidade de água fresca e corrente - podem ser difíceis de observar em ambientes urbanos. Alguns Mobeds adaptaram estas práticas, encontrando alternativas simbólicas que se mantêm fiéis ao espírito das tradições, mostrando que a essência dos rituais pode ser preservada mesmo quando os pormenores são modificados. Esta adaptabilidade assegura que o zoroastrismo continua a ser uma fé viva, capaz de prosperar em diversos contextos sem perder os seus valores fundamentais.

No entanto, mesmo com as pressões da modernidade, a missão central do Mobed permanece inalterada: ser um guardião da chama sagrada, um transmissor da sabedoria antiga e um guia para aqueles que procuram viver em alinhamento com Asha. O papel do Mobed como guardião espiritual é um testemunho da resiliência do Zoroastrismo, que tem resistido a séculos de mudanças e desafios. Através da sua dedicação, os Mobeds mantêm viva a mensagem intemporal de Zaratustra, recordando à comunidade o seu lugar na luta cósmica entre a ordem e o caos.

À medida que o Zoroastrismo enfrenta os desafios do presente e olha para o futuro, a devoção inabalável dos Mobeds aos seus deveres sagrados oferece uma fonte de continuidade e esperança. Os seus rituais ligam a comunidade ao passado, enquanto a sua orientação a ajuda a navegar nas incertezas do mundo moderno. Em cada oração que recitam, em cada chama que acendem, os Mobeds personificam o espírito duradouro de uma fé que, contra todas as probabilidades, continua a iluminar o caminho da retidão há mais de três mil anos.

Capítulo 19
Zaratustra nas tradições orais e lendas

A figura de Zaratustra, envolta tanto em factos históricos como em mitos, tem sido uma personagem central na consciência espiritual das comunidades zoroastrianas durante séculos. Para além dos textos fundamentais do Avesta, as histórias que rodeiam a vida de Zaratustra foram transmitidas através de gerações, tornando-se ricas tradições orais que misturam elementos místicos com narrativas culturais. Estes contos servem não só como meio de preservar o passado, mas também como fonte de inspiração e identidade para os zoroastrianos que enfrentam os desafios da modernidade.

Um dos aspectos mais intrigantes da história de Zaratustra é o seu nascimento, rodeado de sinais milagrosos que indicam a sua missão divina. De acordo com as tradições orais, o momento do seu nascimento foi marcado por um brilho sobrenatural que iluminou o quarto, sinalizando que um profeta único tinha chegado ao mundo. Diz-se que as forças do mal, conscientes da ameaça que ele representava para o seu domínio, tentaram eliminar Zaratustra ainda em criança. No entanto, todas as tentativas de o prejudicar falharam, pois a proteção divina envolveu o futuro profeta. Essas histórias não só enfatizam seu status especial, mas também se alinham com o tema zoroastriano da eterna luta entre o bem e o mal, mesmo antes de ele poder falar suas primeiras palavras.

À medida que Zaratustra crescia, as lendas descrevem o seu início de vida como marcado pela sabedoria e curiosidade, o que o distingue dos seus pares. É frequentemente retratado como uma criança com uma profunda ligação ao mundo natural, capaz de perceber a presença divina nos elementos fogo, água, terra e ar. Estas histórias retratam-no como um buscador da verdade muito antes da sua revelação divina, sugerindo que o seu caminho como profeta foi tecido no tecido do seu ser desde tenra idade. Esta narrativa, profundamente enraizada na tradição oral, serve para lembrar que a jornada espiritual de um profeta não é apenas um momento de iluminação, mas uma vida inteira de preparação e introspeção.

Um dos momentos cruciais destas histórias é o encontro de Zaratustra com Ahura Mazda, a divindade suprema. Diz-se que o encontro teve lugar na margem de um rio, onde Zaratustra entrou num estado de transe e teve uma visão de Ahura Mazda, rodeado pelos Amesha Spentas. Foi aqui que recebeu o mandato divino de espalhar a mensagem de Asha (verdade) e de combater as mentiras e o caos representados por Angra Mainyu. Este evento é mais do que um simples momento de revelação; nas tradições orais, é descrito como um acontecimento cósmico, onde o tempo parece ter parado, e o futuro curso da humanidade foi alterado. Este encontro místico é frequentemente relatado durante as reuniões religiosas, servindo como pedra angular da identidade zoroastriana e símbolo do poder da verdade divina.

A resistência inicial que Zaratustra enfrentou por parte dos governantes e sacerdotes do seu tempo é outro tema que aparece de forma proeminente nestes relatos orais. Segundo a tradição, os ensinamentos de Zaratustra foram inicialmente recebidos com hostilidade, uma vez que desafiavam as práticas religiosas estabelecidas e as estruturas de poder que delas beneficiavam. Zaratustra foi preso e enfrentou julgamentos destinados a desacreditar a sua mensagem. No entanto, através da intervenção divina e do seu inabalável empenhamento na verdade, Zaratustra ultrapassou estes obstáculos. O seu triunfo é celebrado em histórias em que os elementos naturais vêm em seu auxílio, como o relato de uma inundação milagrosa que o libertou das suas correntes. Estas narrativas realçam a resiliência do profeta e a vitória final da justiça divina, reforçando a crença zoroastriana no poder da retidão.

Uma parte fundamental das tradições orais envolve a interação de Zaratustra com o rei Vishtaspa, que se tornaria o seu convertido e patrono mais influente. De acordo com a lenda, a entrada de Zaratustra na corte de Vishtaspa foi recebida com ceticismo, uma vez que sacerdotes rivais tentaram miná-lo. Para provar a veracidade dos seus ensinamentos, Zaratustra realizou uma série de milagres, incluindo a cura do cavalo do rei, que tinha sido atingido por uma doença desconhecida. O restabelecimento da saúde do cavalo foi visto como um sinal do favor de Ahura Mazda, levando o rei Vishtaspa a aceitar os ensinamentos de Zaratustra e a declarar o zoroastrismo como religião do Estado. Este momento é frequentemente contado com um sentimento de triunfo, simbolizando o poder da fé para ultrapassar a dúvida e a oposição.

Estas lendas desempenham um papel crucial na preservação da memória cultural dos zoroastrianos, especialmente em tempos de adversidade. Durante períodos de perseguição, como a conquista islâmica da Pérsia, estas histórias tornaram-se uma fonte de resiliência, recordando à comunidade as suas origens e o favor divino que tinha guiado o seu profeta. À medida que as comunidades zoroastrianas se dispersavam e se adaptavam a novas terras, estes contos eram transportados com elas, evoluindo a cada narração, mas mantendo sempre a essência da missão de Zaratustra. Tornaram-se uma forma de manter vivo o espírito do zoroastrismo, mesmo quando a prática da fé abertamente estava repleta de perigos.

Nestas histórias, Zaratustra não é apenas um profeta, mas também um símbolo da eterna luta contra a ignorância e o engano. Os seus ensinamentos, transmitidos através de textos sagrados, ganham vida e vitalidade através das narrativas que os rodeiam. As histórias dos seus encontros com seres sobrenaturais, as batalhas que travou contra a feitiçaria e os seus debates com aqueles que se lhe opunham servem para ilustrar os desafios enfrentados por aqueles que procuram defender a verdade num mundo cheio de enganos. Estes relatos retratam Zaratustra como uma figura que personifica as qualidades a que os zoroastrianos aspiram: coragem, sabedoria e um empenhamento inabalável no caminho de Asha.

As tradições orais também desempenharam um papel importante no preenchimento das lacunas deixadas pela perda de muitos textos zoroastrianos ao longo dos séculos. As histórias que nunca foram escritas, ou que se podem ter perdido no tumulto das convulsões históricas, sobreviveram através da narração de histórias. As famílias reuniam-se durante festivais como o Nowruz e contavam a vida de Zaratustra, garantindo que, mesmo na ausência de registos escritos, a essência da sua mensagem perdurasse. Desta forma, as tradições orais em torno de Zaratustra actuam como um arquivo vivo dos valores zoroastrianos, moldando a identidade dos fiéis ao longo das gerações.

Estas histórias também revelam as diversas interpretações do legado de Zaratustra nas diferentes comunidades zoroastrianas. Nalgumas versões, Zaratustra é retratado como um místico que conseguia comunicar com a natureza, enquanto noutras é retratado como um sábio filósofo cuja lógica e razão eram inatacáveis. Cada interpretação acrescenta uma camada de riqueza à tapeçaria zoroastriana, mostrando como a essência dos ensinamentos de Zaratustra foi adaptada para ressoar em diferentes contextos culturais e históricos. Esta adaptabilidade permitiu que o Zoroastrismo mantivesse a sua mensagem central, ao mesmo tempo que abraçava as expressões únicas de fé encontradas nos seus diversos seguidores.

A reverência por Zaratustra nestas tradições é profunda, mas está associada ao reconhecimento da sua humanidade. As histórias retratam muitas vezes momentos de dúvida ou solidão durante a sua missão, alturas em que ele se questionava se os seus esforços seriam bem sucedidos. Nestas narrativas, Zaratustra é confortado por visões de Ahura Mazda ou por sinais que reafirmam a retidão do seu caminho. Esta dupla representação - como um profeta divinamente guiado e como um homem que enfrentou as dificuldades da vida - torna a história de Zaratustra profundamente identificável. Recorda aos fiéis que mesmo os maiores líderes espirituais têm de enfrentar a dúvida e que a perseverança perante a adversidade é, em si mesma, um caminho para a verdade divina.

As tradições orais e as lendas de Zaratustra, transmitidas ao longo dos séculos, fazem parte integrante do património espiritual dos zoroastrianos. Elas entrelaçam o místico e o histórico, oferecendo uma narrativa que transcende o tempo. Através destas histórias, a memória de Zaratustra não está confinada às páginas das escrituras antigas, mas vive na palavra falada, nas experiências partilhadas das comunidades e nos corações daqueles que continuam a procurar a luz de Asha nas suas próprias vidas. Estas narrativas servem de ponte entre o antigo e o atual, assegurando que os ensinamentos de Zaratustra continuam a ser uma estrela-guia no céu noturno em constante mudança da experiência humana.

À medida que os contos de Zaratustra passavam de geração em geração, evoluíam com cada narração, adaptando-se às necessidades culturais e espirituais das comunidades zoroastrianas. Essas histórias, embora enraizadas em tempos antigos, têm uma fluidez que lhes permitiu integrar influências e interpretações locais, fornecendo uma rica tapeçaria de lendas que revelam as diversas maneiras pelas quais os zoroastristas se conectaram com seu profeta. Nesta evolução, a figura de Zaratustra tornou-se mais do que um líder espiritual distante - tornou-se um símbolo de resiliência e esperança, incorporando qualidades que ressoam com os fiéis em diferentes épocas e paisagens.

Um tema central nestas histórias é a transformação de Zaratustra, de um solitário buscador da verdade num profeta venerado cujos ensinamentos remodelaram toda uma cultura. Nas tradições mais místicas, Zaratustra é visto como possuidor de um profundo conhecimento das forças cósmicas que governam o universo, capaz de perceber a subtil interação entre a luz e as trevas. Diz-se que ele podia comunicar com a natureza e que os próprios elementos - fogo, água, terra e ar - respondiam à sua presença. Nestes relatos, a ligação de Zaratustra com Ahura Mazda permitia-lhe ver para além do mundo material, para os reinos onde a batalha divina entre Asha (verdade) e Druj (mentira) se desenrolava a uma escala maior.

Estes contos místicos enfatizam muitas vezes a natureza extraordinária da vida de Zaratustra, pintando o retrato de um profeta que não foi meramente escolhido pelo divino, mas que moldou ativamente o seu próprio destino através de actos de coragem e perspicácia. Uma narrativa popular conta o seu encontro com seres demoníacos enviados por Angra Mainyu, o espírito do caos, para o dissuadir da sua missão. Segundo a tradição, Zaratustra enfrentou essas entidades com convicção inabalável, usando cânticos sagrados e orações para bani-las. O imaginário desta luta, da luz confrontando as trevas na sua forma mais tangível, ressoa profundamente nos seguidores do Zoroastrismo. Serve de metáfora para as batalhas quotidianas que enfrentam contra as falsidades e as tentações, afirmando que o caminho da retidão exige força e firmeza.

À medida que estas lendas se espalharam, também absorveram os contextos culturais das regiões onde os zoroastrianos se estabeleceram, especialmente durante os períodos de migração. Por exemplo, entre as comunidades parsis da Índia, os contos de Zaratustra assumiram novas dimensões, misturando-se com o folclore local e ganhando um sabor regional distinto. Nestas versões, a sabedoria de Zaratustra é frequentemente comparada com os ensinamentos de outros sábios antigos, criando um diálogo entre o zoroastrismo e as tradições espirituais do subcontinente indiano. Este sincretismo é evidente na forma como a história de Zaratustra é contada durante festivais como o Nowruz, em que elementos da cosmologia zoroastriana são celebrados juntamente com a mudança das estações, enfatizando a renovação e o eterno ciclo da vida.

A adaptação destas lendas não se limita a contextos religiosos ou espirituais. Também encontraram o seu lugar na literatura e na poesia persas, onde a figura de Zaratustra é frequentemente invocada como símbolo de pureza espiritual e profundidade filosófica. As obras de poetas como Ferdowsi, no Shahnameh, e os escritos de místicos medievais inserem a história de Zaratustra na narrativa cultural mais alargada da Pérsia, misturando história e mito. Nesta tradição literária, Zaratustra torna-se um símbolo do espírito iraniano - lutando eternamente contra a adversidade, procurando o conhecimento e preservando a antiga sabedoria da terra. Estas representações ajudaram a manter um sentido de continuidade com a cultura persa pré-islâmica, fornecendo uma pedra de toque para a identidade em tempos de agitação cultural.

No entanto, mesmo quando essas histórias cresciam e se transformavam, elas mantinham uma mensagem central: A dedicação inabalável de Zaratustra à verdade e a sua visão de um mundo onde Asha prevalece sobre Druj. Nalgumas narrativas, as suas lutas são vistas como um precursor dos desafios que as comunidades zoroastrianas enfrentariam nos séculos posteriores, à medida que enfrentavam a ascensão de novos impérios e religiões que remodelaram o Médio Oriente. A resistência destas histórias em tempos de perseguição e deslocação ilustra o poder da tradição oral para sustentar o espírito de uma comunidade, mesmo quando a sua presença física numa terra se torna ténue. As histórias das provações de Zaratustra reflectem assim as experiências dos seus seguidores, criando um poderoso sentimento de história e destino partilhados.

Essas histórias também contêm um profundo aspeto pedagógico, servindo como um meio de transmitir lições éticas e filosóficas às gerações mais jovens. Os pais contavam aos filhos histórias sobre a sabedoria de Zaratustra e seus encontros com desafios celestes e terrestres, enfatizando as virtudes da honestidade, humildade e coragem. Através destas narrativas, conceitos teológicos complexos tornavam-se acessíveis, ensinando os valores dos bons pensamentos, das boas palavras e das boas acções de uma forma compreensível e cativante. Mesmo quando as histórias assumiram as caraterísticas de mito, mantiveram um objetivo didático, assegurando que os princípios do Zoroastrismo permaneceriam relevantes para cada nova geração.

A flexibilidade destas lendas também lhes permitiu adaptarem-se aos desafios da modernidade. À medida que as comunidades zoroastrianas se espalharam pelo mundo, estabelecendo-se em lugares tão diversos como a América do Norte, a Europa e a Austrália, as histórias de Zaratustra foram recontadas sob novas formas. Os zoroastrianos contemporâneos continuam a reunir-se em eventos comunitários e a recontar as histórias do seu profeta, utilizando-as como uma forma de se ligarem à sua herança e adaptando os temas às lutas modernas - seja a procura de identidade num mundo multicultural ou o desafio de manter tradições antigas numa sociedade em rápida mudança.

Nos últimos anos, alguns zoroastrianos recorreram a meios como o cinema, o teatro e a narração de histórias digitais para manter vivo o espírito destas lendas. Estas novas interpretações exploram frequentemente a relevância de Zaratustra para questões contemporâneas, como a gestão ambiental e a utilização ética da tecnologia, reflectindo as preocupações em evolução da comunidade. No entanto, mesmo nestas recontagens modernas, a essência das histórias originais mantém-se: a visão de um mundo onde a verdade triunfa sobre a falsidade, onde as escolhas de cada indivíduo contribuem para o equilíbrio cósmico entre o bem e o mal. Estas adaptações demonstram o poder duradouro da história de Zaratustra para inspirar e guiar, transcendendo as fronteiras do tempo e do lugar.

Apesar das mudanças na sua forma e contexto, as histórias de Zaratustra continuam a ocupar um lugar especial na memória colectiva dos zoroastrianos. Servem para lembrar que a sua fé não é apenas uma questão de doutrina e ritual, mas também uma narrativa viva, tecida no próprio tecido da sua identidade. Através da narração e recontagem destes contos, a comunidade zoroastriana encontra um sentido de continuidade com o seu passado, ao mesmo tempo que olha para o futuro. Assim, a história de Zaratustra não é apenas uma relíquia da história, mas uma tradição vibrante e em evolução que continua a ser uma fonte de força e inspiração.

O legado dessas tradições orais também oferece uma visão mais ampla do poder da narração de histórias nas culturas humanas. Através dos mitos e das lendas, as comunidades são capazes de preservar a essência das suas crenças, adaptar-se a novas realidades e encontrar sentido nas suas lutas. As lendas de Zaratustra conseguiram isso ao longo de milénios, ajudando a manter viva a fé zoroastriana em períodos de prosperidade e de perseguição. As histórias que começaram nas planícies varridas pelo vento da antiga Pérsia viajaram através dos continentes, transportadas nos corações daqueles que se recusam a deixar que a sua luz se apague.

No final, as lendas de Zaratustra são um testemunho da resiliência do espírito zoroastriano. Reflectem uma compreensão profunda de que a busca da verdade é uma viagem sem fim e que cada geração tem de encontrar a sua própria forma de levar a chama para a frente. Através destas histórias, Zaratustra continua a ser um companheiro para os fiéis, guiando-os através da escuridão com a promessa de um amanhecer mais luminoso, onde Asha brilha cada vez mais claro e o mundo se aproxima da ordem divina visionada há tanto tempo por um profeta nas margens de um rio sagrado.

Capítulo 20
O fim dos tempos

Entre os aspectos mais profundos e enigmáticos do Zoroastrismo está a sua visão do fim dos tempos - uma narrativa que entrelaça batalhas cósmicas, renovação divina e a promessa de um mundo transformado. No coração da escatologia zoroastriana está a profecia de uma grande restauração, conhecida como Frashokereti, onde o universo é purificado, o mal é vencido e a ordem é restabelecida de acordo com a vontade divina de Ahura Mazda. É uma visão que tem tanto de esperança como de solenidade, pois promete não só um novo mundo glorioso, mas também as provações e tribulações que o devem preceder.

No centro desta crença está a chegada do Saoshyant, uma figura salvadora profetizada para liderar a humanidade na luta final contra as forças de Angra Mainyu. Segundo a tradição zoroastriana, o Saoshyant surgirá numa época de grande turbulência, um período em que o caos e a falsidade parecem dominar a terra. Esta figura não é apenas um guerreiro, mas um guia espiritual, encarregado de unir os justos e despertar a humanidade para os princípios de Asha - verdade e ordem. Em muitos aspectos, o Saoshyant é visto como o cumprimento dos ensinamentos de Zaratustra, encarnando a mesma missão divina de combater o mal e trazer a iluminação.

O imaginário do fim dos tempos no Zoroastrismo é vívido, retratando uma convulsão cósmica em que os reinos material e espiritual convergem numa batalha final. Os textos antigos descrevem este período como um período em que a própria terra parece tremer, em que as catástrofes naturais e os sinais celestes anunciam a aproximação do conflito final. Diz-se que os rios vão inchar, o sol e a lua vão escurecer e o próprio tecido da realidade será testado quando as forças opostas de Asha e Druj se confrontarem na sua última e desesperada luta. No entanto, no meio deste caos, os fiéis são chamados a permanecer firmes, pois é a sua adesão à verdade e à retidão que ajudará a fazer pender a balança a favor do divino.

O papel de Ahura Mazda durante este período escatológico é descrito como o de um juiz cósmico e orquestrador do julgamento final. Através das revelações transmitidas a Zaratustra e preservadas no Avesta, os fiéis zoroastrianos compreendem que a justiça de Ahura Mazda não é arbitrária, mas baseia-se nos actos acumulados de cada alma. À medida que o fim se aproxima, todas as acções, pensamentos e intenções humanas são pesadas, e o destino de cada alma está na balança. Este julgamento ocorre na Ponte Chinvat, uma passagem que cada alma tem de atravessar após a morte, sendo que os justos encontram um caminho amplo e fácil, enquanto os maus encontram uma travessia perigosa, que os conduz a reinos de sofrimento.

É através desta lente que o conceito zoroastriano de salvação é entendido - não como uma questão de fé cega, mas como uma consequência das escolhas morais de cada um ao longo da vida. A chegada do Saoshyant e o desenrolar do fim dos tempos servem para lembrar que a luta cósmica entre o bem e o mal se reflecte nas acções diárias dos indivíduos. Cada escolha de abraçar Asha contribui para o triunfo final sobre Angra Mainyu, reforçando a ênfase zoroastriana na responsabilidade pessoal e no poder do livre arbítrio.

O papel do Saoshyant é catalisar este despertar global, convocando os remanescentes dispersos dos fiéis para se juntarem à luta contra as trevas. As lendas descrevem essa figura realizando atos milagrosos, como ressuscitar os mortos e curar a terra das cicatrizes da destruição causada pelos seguidores de Angra Mainyu. Acredita-se que a ressurreição, um momento crucial na escatologia zoroastriana, devolve todas as almas aos seus corpos físicos, permitindo-lhes participar na renovação final. Esta visão oferece um profundo sentido de esperança, sugerindo que nenhuma alma está para além da redenção e que todos terão a oportunidade de se alinharem com a ordem divina de Ahura Mazda.

A purificação do mundo, conhecida como Frashokereti, é representada como um evento transformador em que os reinos material e espiritual se fundem em perfeita harmonia. Neste mundo renovado, o sofrimento e a falsidade não têm lugar, uma vez que os próprios elementos - fogo, água, terra e ar - são purificados da mácula do Druj. É a visão de um mundo onde todos os seres, desde a mais pequena criatura até à maior montanha, cantam em uníssono o louvor de Ahura Mazda. Os fiéis têm a certeza de que as suas lutas e sacrifícios nesta vida não são em vão, pois contribuem para a criação deste estado ideal.

A transição para este mundo perfeito, no entanto, não é isenta de provações. Os textos falam de um rio de metal fundido que atravessará a Terra, uma prova que todas as almas terão de suportar. Para os justos, este rio é descrito como um banho quente e purificador, enquanto que para os maus, é um castigo abrasador, um ajuste de contas final pelo seu alinhamento com a falsidade e o caos. Estas imagens servem para enfatizar a crença zoroastriana na justiça cósmica, em que as consequências das escolhas da vida de cada um são sentidas diretamente na transição para o novo mundo.

Quando a batalha final termina, Angra Mainyu e as suas forças demoníacas são amarrados e lançados nas profundezas da inexistência, onde já não podem perturbar a harmonia da criação. Em algumas interpretações, este ato é visto como um regresso ao estado primordial de ordem, uma restauração do mundo à forma como Ahura Mazda pretendia antes da corrupção do mal. A nova era que se segue é caracterizada pela paz, prosperidade e uma ligação ininterrupta entre os reinos divino e terreno. A humanidade, unida sob os ensinamentos de Zaratustra e a orientação do Saoshyant, entra numa era em que o sofrimento, o engano e a morte são apenas memórias distantes.

A visão zoroastriana do fim dos tempos não é apenas uma profecia, mas uma estrutura que molda a vida ética e espiritual dos fiéis. Ensina que todas as acções do presente têm um significado cósmico, que cada momento de escolha moral é um passo em direção à realização de uma realidade divina ou para longe dela. A narrativa do Saoshyant e da renovação que se aproxima inspira os crentes a lutar pela pureza de pensamento e de ação, sabendo que os seus esforços contribuem para uma vitória cósmica maior. Serve como um apelo à vigilância, recordando aos fiéis que, embora a batalha entre Asha e Druj seja antiga, a sua conclusão permanece inacabada e cada alma tem um papel a desempenhar para a levar a um fim justo.

A esperança incorporada na escatologia zoroastriana ressoa particularmente em tempos difíceis, oferecendo uma visão da justiça final quando a justiça mundana parece esquiva. Para aqueles que enfrentaram perseguições ou deslocações, a história do fim dos tempos oferece uma poderosa garantia de que a sua fidelidade não foi esquecida e que uma era mais brilhante os espera para além das provações deste mundo. É esta promessa de renovação que permitiu ao Zoroastrismo resistir a séculos de adversidade, como um farol que guia os seus seguidores através dos tempos mais sombrios.

À medida que as comunidades zoroastrianas contemplam o seu lugar no mundo moderno, os ensinamentos antigos sobre o fim dos tempos continuam a ser relevantes. Desafiam os crentes a considerar o que significa viver em sintonia com Asha numa era de mudanças rápidas e incerteza. A mensagem do Saoshyant - de que é possível um mundo melhor se a humanidade optar por lutar por ele - continua a ser uma fonte de inspiração, mesmo quando os fiéis se debatem com as complexidades da vida contemporânea.

No desenrolar do drama da criação e da renovação, a visão do Zoroastrismo do fim dos tempos serve para recordar que a luta pela verdade e pela retidão é intemporal, estendendo-se desde a aurora da criação até aos últimos dias da existência. A promessa de Frashokereti, de um mundo restaurado à ordem divina, continua a ecoar nos corações daqueles que procuram a luz de Ahura Mazda, oferecendo uma garantia intemporal de que, por mais longa que seja a noite, a aurora chegará, trazendo consigo a realização de tudo o que é bom.

A visão zoroastriana do fim dos tempos continua com uma exploração mais profunda do julgamento final e da transformação que aguarda tanto os vivos como os mortos. Nesta narrativa cósmica, o destino de cada alma está entrelaçado com o grande destino do próprio universo, revelando a ligação íntima entre as acções individuais e a luta global entre o bem e o mal. O julgamento final, ou a travessia da ponte de Chinvat, é um momento de avaliação final, em que o peso das acções e escolhas de cada um é medido com uma precisão infalível. Ahura Mazda, juntamente com entidades divinas como Mithra, preside a este momento, guiando as almas para os resultados merecidos.

A Ponte de Chinvat serve como um limiar metafísico entre o mundo material e os reinos espirituais. Para aqueles cujas vidas estão alinhadas com Asha - verdade, retidão e ordem divina - diz-se que a travessia é suave, conduzindo-os a reinos de luz e alegria. O Avesta descreve esta experiência com imagens poéticas, em que a alma é saudada pela sua Daena, uma contraparte espiritual que assume a forma de uma bela donzela, personificando as virtudes cultivadas durante a vida do indivíduo. Esta viagem conduz a Garōdmān, a Casa da Canção, onde os justos habitam em eterna comunhão com Ahura Mazda.

Em contraste, aqueles que se desviaram do caminho de Asha e abraçaram Druj - falsidade, engano e caos - acham a travessia perigosa. Quando tentam atravessar a Ponte Chinvat, esta estreita-se sob os seus pés, transformando-se numa passagem em forma de lâmina que os mergulha num abismo de escuridão. Para estas almas, o Daena aparece como uma figura assustadora e desfigurada, uma manifestação das acções negativas acumuladas durante a sua existência terrena. São atraídas para um reino de sofrimento, conhecido como Duzakh ou inferno zoroastriano, onde experimentam as consequências dos seus actos num estado purgatorial. No entanto, mesmo este estado não é eterno, uma vez que o Zoroastrismo acredita na possibilidade de purificação final através do Frashokereti.

O conceito de Frashokereti, ou o "tornar maravilhoso", é central para a esperança escatológica do Zoroastrismo. Este acontecimento cósmico significa a restauração da criação ao seu estado original, não corrompido. O Saoshyant, juntamente com outros líderes espirituais, desempenha um papel crucial neste processo de renovação, liderando uma batalha final contra os restos da influência de Angra Mainyu. Não se trata de um mero confronto físico, mas de uma luta espiritual em que as forças da luz e da verdade se esforçam por limpar o universo do mal persistente. É um processo que transcende o tempo, culminando com a vitória final do bem e a dissolução de todas as formas de sofrimento.

Durante o Frashokereti, o fogo do julgamento é aceso em toda a terra, um símbolo da purificação divina. O rio derretido, que corre sobre a terra, queima as impurezas, refinando tanto o mundo físico como a essência espiritual de todos os seres. Para os justos, este fogo é uma carícia, um abraço quente que solidifica a sua ligação a Asha. Para os maus, é uma provação abrasadora, forçando-os a confrontarem-se com as consequências das suas escolhas. No entanto, no pensamento zoroastriano, mesmo este sofrimento tem um objetivo redentor, pois prepara todas as almas para a unidade final com a ordem divina.

No meio desta purificação, diz-se que o Saoshyant efectua a ressurreição dos mortos, trazendo todas as almas de volta aos seus corpos para experimentarem a renovação do mundo em primeira mão. Este momento é retratado como uma reunião dos vivos e dos que partiram, onde as famílias e as comunidades se reúnem mais uma vez, partilhando a alegria de um mundo renascido. A terra é descrita como sendo remodelada num lugar de perfeito equilíbrio, onde os elementos - terra, água, fogo e ar - existem nas suas formas mais puras, livres da corrupção da influência de Angra Mainyu.

Com a derrota de Angra Mainyu, o próprio tempo é transformado. O conceito de tempo como um ciclo interminável de criação e destruição dá lugar a uma nova era de felicidade imutável. Este período, muitas vezes referido como o "Novo

Tempo", é marcado pela cessação de todas as formas de decadência e morte. Nesta era, o mundo já não sofre com a passagem do tempo; em vez disso, existe num estado de eterna primavera, onde a natureza floresce e todos os seres vivem em harmonia. A presença de Ahura Mazda é plenamente realizada, permeando todos os aspectos da existência, e a distinção entre os reinos material e espiritual dissolve-se na unidade.

Esta visão de um mundo eterno e harmonioso não é apenas um conceito teológico, mas também um profundo guia ético para os Zoroastrianos. Reforça a importância de contribuir para esta eventual renovação através de acções diárias, alinhando com Asha e resistindo às tentações de Druj. A promessa de Frashokereti serve para lembrar que cada pequeno ato de bondade, cada escolha em direção à verdade, é um passo para a transformação final do mundo. Inspira os crentes a viverem como agentes de mudança cósmica, sabendo que os seus esforços fazem parte de uma narrativa divina que se estende para além da sua vida.

Os ensinamentos zoroastrianos sobre o fim dos tempos também enfatizam a natureza comunitária desta esperança escatológica. A renovação do mundo não é uma experiência solitária, mas uma viagem colectiva. Quando as comunidades se reúnem em antecipação do Frashokereti, reflectem sobre as histórias de antigos heróis e mártires que resistiram às invasões das trevas. Esta memória partilhada reforça a sua determinação, ligando as suas lutas actuais à saga mais vasta do cosmos. Festivais como o Nowruz, que assinala o Ano Novo persa, tornam-se momentos para celebrar não só a renovação da natureza, mas também a promessa de um futuro em que toda a criação será restaurada.

No entanto, dentro desta visão cósmica encontra-se uma dimensão profundamente pessoal. A viagem em direção ao fim dos tempos é, em última análise, um caminho que cada indivíduo deve percorrer. Os ensinamentos sobre o Saoshyant e o Frashokereti desafiam cada crente a confrontar-se com as suas próprias lutas interiores, a discernir a sua posição entre Asha e

Druj. A noção de que o Saoshyant pode surgir de qualquer pessoa de verdadeira convicção serve como um apelo à ação, incitando cada seguidor a lutar pela excelência moral e pelo discernimento espiritual. É uma mensagem que transcende as fronteiras do tempo, ressoando com aqueles que procuram significado num mundo em constante mudança.

Num contexto moderno, a visão zoroastriana do fim dos tempos oferece uma contra-narrativa ao desespero e ao niilismo. Propõe que os desafios do presente, por mais avassaladores que sejam, são apenas o prelúdio de uma transformação mais profunda. É um apelo à perseverança através da adversidade, a ver para além da superfície dos acontecimentos e a reconhecer o funcionamento oculto da justiça divina. Para muitos zoroastrianos de hoje, estes ensinamentos constituem uma âncora espiritual no meio das incertezas da diáspora e das marés movediças da mudança global.

O poder duradouro desta visão reside na sua capacidade de equilibrar a gravidade da luta cósmica com uma mensagem de esperança. Não se coíbe de reconhecer a realidade do sofrimento, mas insiste que esse sofrimento não é desprovido de objetivo. Através da lente de Frashokereti, a dor e a perda tornam-se parte de um processo de refinamento, conduzindo a um futuro em que todas as coisas encontram o seu lugar correto na ordem de Asha. Esta crença numa reconciliação final entre o bem e o mal, em que até as forças mais teimosas do caos acabam por ser subjugadas, oferece uma sensação de encerramento da longa e árdua jornada da existência.

Como os ensinamentos do fim dos tempos continuam a moldar a prática zoroastriana, recordam aos crentes que a história da criação ainda está a desenrolar-se. Os capítulos finais ainda não foram escritos e cada indivíduo tem um papel a desempenhar na determinação da forma como a narrativa chega à sua conclusão. A promessa de um mundo renovado por Frashokereti não é uma fantasia distante, mas uma tradição viva, transmitida ao longo dos séculos, à espera de ser realizada através das acções dos fiéis. É um apelo para permanecer vigilante, para alimentar a chama sagrada da sabedoria de Ahura Mazda e para se preparar para a aurora de uma nova era onde a escuridão não existirá mais.

Desta forma, a visão zoroastriana do fim dos tempos continua a ser um profundo testemunho da resiliência do espírito humano, uma declaração de que, apesar das provações da história, a esperança perdura. Convida todos os que ouvem a sua mensagem a olhar para além do momento presente, a ver os padrões divinos tecidos no tecido da realidade e a confiar que, no final, a luz triunfará.

Capítulo 21
Cantos rituais

No Zoroastrismo, os cânticos e hinos sagrados que fazem parte das suas práticas rituais são mais do que meras palavras; são pontes que ligam o reino terreno ao divino. Cada som, cada entoação, carrega uma potência espiritual, que se acredita ressoar com a ordem cósmica estabelecida por Ahura Mazda. O Yasna, um cântico litúrgico que serve como pedra angular do culto zoroastriano, é um dos mais importantes. É uma oração profunda que invoca os elementos, os espíritos e os seres divinos que supervisionam a ordem do mundo. O Yasna não é apenas uma recitação, mas um espetáculo ritual, em que a palavra falada se torna um instrumento para invocar energias espirituais e promover a harmonia entre os mundos material e espiritual.

Acredita-se que os cânticos do Zoroastrismo, tradicionalmente cantados em Avestan, a antiga língua litúrgica, são portadores de um poder intrínseco. Nestas invocações, cada sílaba é considerada uma força vibracional que interage com os reinos invisíveis, guiando a mente do praticante para o alinhamento com Asha. Esta tradição tem sido preservada ao longo dos séculos através da transmissão precisa de mestre para discípulo, enfatizando a importância da exatidão na pronúncia e na melodia. Os antigos Mobeds, ou sacerdotes, dedicam anos a dominar estas recitações, compreendendo que o seu papel como guardiães destes cânticos é crucial para manter a ligação entre a humanidade e o divino.

A cerimónia de Yasna é um ritual complexo que exige concentração e disciplina. Realizada em torno de uma fogueira central, a cerimónia envolve a preparação de haoma, uma planta sagrada considerada como tendo propriedades espirituais. Enquanto o sacerdote entoa os versos sagrados, a haoma é consagrada e oferecida ao fogo, simbolizando uma ponte entre os elementos físicos e a luz espiritual de Ahura Mazda. Através deste processo, os cânticos rituais purificam o espaço, criando um refúgio espiritual onde a presença divina pode ser sentida. Este ato de cantar não só consagra as oferendas como também purifica os corações dos participantes, renovando a sua ligação a Asha.

Para além do Yasna, outros cânticos, como os Gathas, ocupam um lugar especial no culto zoroastriano. Acredita-se que os Gathas são as palavras do próprio Zaratustra, e a sua recitação é considerada uma forma de comunhão com os ensinamentos do profeta. Estes hinos reflectem a visão de Zaratustra de um mundo governado pelos princípios da verdade, retidão e justiça, e diz-se que a sua melodia transporta a essência das suas revelações espirituais. Os Gathas não são meramente recitados; eles são vivenciados, com cada verso oferecendo camadas de significado que se desdobram através da cadência rítmica do canto. Para os fiéis zoroastrianos, o ato de entoar os Gathas é uma forma de interiorizar a sabedoria do profeta, permitindo que esta guie as suas acções diárias.

O canto, no zoroastrismo, é muitas vezes realizado coletivamente, transformando a devoção individual num ato de culto comunitário. Nos templos de fogo, as vozes da comunidade elevam-se em conjunto, tecendo uma tapeçaria de som que se acredita limpar o ambiente de energias negativas. Este aspeto comunitário reforça os laços entre os membros da comunidade zoroastriana, criando um espaço partilhado de refúgio espiritual. Os cânticos servem para recordar a responsabilidade colectiva de defender Asha e resistir às influências de Druj, promovendo um sentido de unidade que transcende o indivíduo.

O poder do som nos rituais zoroastrianos está profundamente ligado ao conceito de Manthra, um termo que se refere a uma expressão ou oração sagrada que incorpora o poder espiritual. O Manthra não tem apenas a ver com as palavras em si, mas com a intenção que lhes está subjacente, com o estado interior do praticante enquanto fala. Diz-se que um Manthra bem pronunciado pode invocar bênçãos divinas, oferecendo proteção contra o caos de Angra Mainyu. Neste sentido, o ato de entoar torna-se um ato de criação, moldando a realidade através da palavra falada e alinhando o espírito do praticante com a ordem cósmica.

A ligação entre o canto e a natureza também é enfatizada na prática zoroastriana. Muitos dos hinos honram os elementos naturais - água, terra, ar e fogo - reconhecendo-os como manifestações sagradas da criação de Ahura Mazda. Acredita-se que estes cânticos mantêm a harmonia entre os seres humanos e o mundo natural, assegurando que cada elemento permanece em equilíbrio. A reverência demonstrada a estes elementos através de cânticos sagrados realça o empenhamento zoroastriano na preservação do mundo natural, uma parte integrante do seu dever espiritual.

Ao longo dos tempos, os cânticos zoroastrianos adaptaram-se aos contextos culturais e geográficos da diáspora. Na Índia, entre a comunidade Parsi, a tradição dos cânticos foi preservada com uma devoção meticulosa, assegurando que as melodias antigas continuam a ressoar em templos de fogo longe das suas origens persas. Esta adaptação não tem apenas a ver com preservação, mas também com resiliência, uma forma de a comunidade zoroastriana manter a sua identidade num mundo que mudou drasticamente desde o tempo de Zaratustra. Os cânticos tornam-se um elo vivo com o passado, um meio de transportar a essência da espiritualidade zoroastriana para o presente.

Os cânticos também desempenham um papel nos ritos de passagem, marcando momentos significativos na vida de um zoroastriano. Desde a cerimónia de iniciação do Navjote, em que uma criança é acolhida na fé, até às recitações solenes que acompanham a viagem de uma alma para além da Ponte Chinvat, estes cânticos proporcionam conforto, orientação e um sentido de continuidade. Recordam à comunidade que cada vida individual faz parte de uma viagem espiritual maior, interligada com a luta cósmica entre Asha e Druj.

À medida que o Zoroastrismo navega pelas complexidades do mundo moderno, o papel dos cânticos rituais continua a evoluir. A preservação destas melodias antigas numa época de rápidas mudanças é vista como um dever sagrado, um testemunho da resiliência da cultura zoroastriana. No entanto, para além da preservação, há um reconhecimento de que os cânticos devem permanecer relevantes, oferecendo alimento espiritual às novas gerações que procuram significado num mundo acelerado. O desafio reside em equilibrar a necessidade de manter estas tradições intactas com o desejo de as tornar acessíveis a uma comunidade globalizada de crentes.

Numa época em que muitos jovens zoroastrianos crescem longe dos templos do Irão e da Índia, os esforços para ensinar estes cânticos têm abraçado novos métodos. As gravações do Yasna e dos Gathas são partilhadas online, chegando àqueles que não podem assistir aos rituais pessoalmente. Workshops e encontros em todo o mundo centram-se no ensino da pronúncia e compreensão corretas dos Manthras, assegurando que a profundidade espiritual dos cânticos não se perde na tradução. Estes esforços reflectem um compromisso mais amplo de manter viva a chama do Zoroastrismo, assegurando que os sons sagrados que outrora ecoavam nos antigos templos de fogo continuam a ressoar nos corações dos fiéis.

Assim, a tradição dos cânticos rituais zoroastrianos continua a ser um fio condutor vital na tapeçaria da fé, ligando o praticante moderno a uma linhagem que remonta ao início dos tempos. É uma lembrança de que, num mundo em constante mudança, algumas coisas perduram - como o poder de uma palavra sagrada, dita com devoção, subindo como incenso em direção à luz eterna de Ahura Mazda.

O papel dos cânticos rituais no Zoroastrismo é tecido no tecido da vida espiritual, estendendo-se para além da mera recitação para o reino da ressonância metafísica profunda. Cada canto traz consigo o peso da tradição, um fio que liga cada geração às práticas antigas inspiradas pelos ensinamentos de Zaratustra. Embora o Yasna e os Gathas sejam centrais, outros cânticos - cada um com a sua própria melodia e entoação - desempenham papéis específicos no quadro espiritual dos rituais zoroastrianos. Estes cânticos têm o poder de consagrar, purificar e invocar a presença divina durante os momentos de oração e meditação.

Entre eles estão o Niyash e os Yashts, orações que prestam homenagem aos espíritos divinos associados aos elementos naturais e aos seres celestiais. Cada cântico é uma invocação, um apelo às energias divinas que regem a criação. O Niyash, por exemplo, é cantado para honrar o sol, a lua e as águas - reconhecendo os seus poderes de dar vida e o seu lugar na ordem cósmica. Através destes cânticos, os zoroastrianos expressam gratidão e reverência pelas dádivas divinas da natureza, reafirmando o seu papel de administradores da criação de Ahura Mazda. Os padrões melódicos do Niyash ecoam os ritmos do mundo natural, criando um sentimento de unidade entre o adorador e o divino.

Os Yashts, por outro lado, são hinos mais complexos dedicados a divindades individuais, como Mithra, o guardião dos pactos, ou Anahita, a deusa das águas. Cada Yasht é uma tapeçaria de antigas narrativas mitológicas, louvores e invocações, misturando o poético com o místico. Quando entoados durante cerimónias especiais, acredita-se que os Yashts invocam o favor destas entidades espirituais, oferecendo proteção, bênçãos e orientação. As cadências dos Yashts, com os seus tempos e entoações variáveis, criam uma atmosfera espiritual dinâmica, elevando a mente para contemplar os mistérios divinos.

A arte de entoar cânticos no Zoroastrismo tem tanto a ver com a pronúncia e o ritmo corretos como com o estado interior de quem os recita. A disposição espiritual, ou a pureza do coração, é considerada essencial para a eficácia dos cânticos. Neste contexto, a antiga prática de manter a disciplina espiritual antes de entrar no templo do fogo ou de participar em cerimónias é da maior importância. Os Mobeds, os guardiões destas tradições, passam por um treino rigoroso não só para dominar as complexas melodias, mas também para cultivar um alinhamento interior com Asha, a verdade e a ordem que procuram manifestar através de cada palavra proferida. As suas vozes têm uma ressonância que se acredita ser capaz de fazer a ponte entre o temporal e o eterno.

A transmissão destas técnicas de cânticos de mestre para discípulo tem sido historicamente um processo de orientação profunda, em que o foco não é apenas a aprendizagem, mas a incorporação dos princípios espirituais que os cânticos representam. Nesta tradição, o ato de ouvir é tão importante como o ato de recitar. É através da audição da voz de um Mobed experiente que as subtilezas de cada cântico são absorvidas, permitindo ao iniciado captar toda a profundidade do ritual. Esta tradição oral enfatiza que o conhecimento sagrado é melhor transmitido através da experiência do que do mero estudo textual.

Nas comunidades zoroastrianas de todo o mundo, a preservação dos cânticos tem enfrentado desafios, especialmente na era moderna, em que muitas famílias vivem longe dos centros tradicionais de culto. Em resposta, tem havido um esforço crescente para documentar estes cânticos através de gravações, garantindo que a geração mais jovem possa aceder e aprender estas melodias sagradas, mesmo que esteja longe de um templo de fogo. As plataformas em linha tornaram-se repositórios destas práticas antigas, onde são partilhadas gravações do Yasna, Yashts e outros cânticos, colmatando o fosso entre a tradição e a modernidade.

Esta adaptação de cânticos antigos aos meios digitais é um reflexo da natureza evolutiva do culto zoroastriano, onde a tradição e a tecnologia se encontram. Estas gravações, muitas vezes acompanhadas de explicações sobre os seus significados e importância espiritual, ajudam os jovens zoroastrianos a ligarem-se à sua herança de uma forma que se alinha com a vida contemporânea. Na diáspora, onde os zoroastrianos estão espalhados pelos continentes, este tem sido um meio crucial de manter um sentido de comunidade, apesar das distâncias geográficas. Para muitos, ouvir estes cânticos torna-se uma forma de se reconectarem com as raízes da sua fé, de ouvirem as mesmas palavras que ecoavam nos antigos templos da Pérsia.

No entanto, a digitalização das tradições de cânticos também traz consigo questões de autenticidade e fidelidade. O delicado equilíbrio entre a preservação das entoações antigas e a adaptação aos contextos das novas gerações requer uma análise cuidadosa. Os Mobeds e os líderes comunitários debatem frequentemente as melhores formas de manter a integridade destes cânticos e, ao mesmo tempo, garantir a sua acessibilidade àqueles que talvez nunca entrem num templo de fogo. Esta conversa faz parte de um diálogo mais amplo dentro do Zoroastrismo sobre a preservação da tradição num mundo em mudança, onde o desejo de ligação espiritual tem de coexistir com as realidades da vida moderna.

Apesar destes desafios, o coração do canto permanece inalterado - uma prática destinada a elevar, a purificar e a ligar a alma ao divino. Mesmo na solidão tranquila de uma casa, longe da presença de um Mobed, um zoroastriano pode entoar as palavras simples do Ashem Vohu ou do Yatha Ahu Vairyo, dois dos mantras mais antigos e poderosos da fé. Estas breves invocações destilam a essência da filosofia zoroastriana, centrando-se na verdade, na retidão e na luta eterna para se alinhar com Asha. Para muitos zoroastrianos, a repetição destes mantras é uma recordação diária do seu caminho espiritual, um momento para se centrarem no meio das distracções da vida quotidiana.

O poder dos cânticos estende-se aos ritos de passagem, momentos que marcam as etapas da vida dos zoroastrianos. A cerimónia Navjote, a iniciação de um jovem zoroastriano na fé, é acompanhada pelo canto de versos sagrados, um ritual que simboliza a passagem do conhecimento espiritual de uma geração para a seguinte. Do mesmo modo, durante as cerimónias de casamento, os cânticos abençoam a união e invocam a proteção divina para a viagem do casal. Nos ritos finais, quando um zoroastriano morre, os cânticos sagrados guiam a alma em direção à ponte de Chinvat, oferecendo conforto aos enlutados e assegurando que a pessoa que partiu é acompanhada pelas palavras sagradas da sua fé.

O impacto dos cânticos vai para além do espiritual, atingindo os aspectos comunitários e culturais da vida zoroastriana. Em festivais como o Nowruz, o Ano Novo persa, os cânticos enchem o ar com um sentimento de renovação e esperança. Durante estas reuniões, o ato de cantar em conjunto reforça os laços entre os membros da comunidade, transformando o simples ato de recitação numa poderosa experiência colectiva. É nestes momentos que se torna evidente toda a profundidade do ritual zoroastriano - uma fé que tem tanto a ver com a experiência comunitária do divino como com a viagem individual em direção à iluminação espiritual.

À medida que as comunidades zoroastrianas continuam a adaptar-se a um mundo globalizado, a tradição dos cânticos serve para recordar a sua ligação duradoura à antiga sabedoria de Zaratustra. É uma forma de manter vivos os conhecimentos espirituais que têm sido transmitidos ao longo dos milénios, assegurando que não se desvaneçam nos ecos da história. Em vez disso, estes cânticos continuam a ressoar - por vezes nos antigos templos de fogo do Irão, por vezes nas pequenas reuniões das comunidades da diáspora e, por vezes, através dos altifalantes digitais daqueles que aprendem de novo as suas orações ancestrais.

Em todas as formas, o cântico continua a ser um testemunho do espírito vivo do Zoroastrismo, uma linha ininterrupta de som que remonta aos primórdios da fé e se estende até ao futuro desconhecido. Encarna a crença zoroastriana de que a palavra falada tem poder, um poder que pode moldar, transformar e elevar tanto o indivíduo como o mundo. Através desta tradição duradoura, os cânticos sagrados do Zoroastrismo oferecem um caminho para a ligação - um lembrete de que dentro de cada voz reside o potencial para tocar a luz eterna de Ahura Mazda.

Capítulo 22
A diáspora

A história da diáspora zoroastriana é um conto de resistência, adaptação e preservação cultural. À medida que a conquista árabe remodelava a paisagem persa, muitos zoroastrianos enfrentaram mudanças profundas no seu estatuto social, religioso e político. No entanto, mesmo perante a adversidade, a fé e as tradições culturais desta antiga comunidade encontraram formas de sobreviver, acabando por criar raízes em novas terras. Este capítulo analisa as viagens que levaram os zoroastrianos para além das fronteiras da Pérsia, as suas lutas para manter as suas crenças em ambientes estrangeiros e a criação de novas comunidades que assegurariam a continuidade da sua herança espiritual.

As primeiras vagas de migração zoroastriana começaram pouco depois da conquista islâmica da Pérsia, no século VII. Como os novos governantes impuseram restrições às práticas religiosas e os zoroastrianos enfrentaram uma pressão crescente para se converterem, um número significativo de crentes procurou refúgio em regiões onde pudessem preservar os seus costumes. Muitos fugiram para as zonas montanhosas do norte do Irão, onde bolsas de prática zoroastriana perduraram durante séculos. Outros foram mais longe, embarcando nas perigosas rotas marítimas que os levaram às costas ocidentais da Índia, onde acabaram por estabelecer uma próspera comunidade conhecida como Parsis.

A migração Parsi é um dos capítulos mais significativos da história da diáspora zoroastriana. Chegados a Gujarate por volta do século VIII ou IX, os Parsis negociaram com os governantes locais o direito de praticar livremente a sua fé. Uma lenda bem conhecida conta que os sacerdotes parsis se encontraram com um rei local e que, ao ser-lhe oferecido um recipiente cheio até à borda com leite, lhe foi dito que a sua presença seria como adicionar açúcar ao leite - melhorando-o, mas não o dominando. Esta garantia metafórica simbolizava o empenhamento dos Parsis em integrarem-se na sua nova pátria, preservando ao mesmo tempo a sua identidade religiosa distinta. Com o tempo, os parsis construíram templos de fogo, estabeleceram comunidades e tornaram-se parte integrante do tecido cultural da Índia.

A mudança para a Índia permitiu que o zoroastrismo florescesse num novo contexto, longe das pressões sofridas no Irão. No entanto, os Parsis também se depararam com o desafio de adaptar os seus costumes a uma sociedade predominantemente hindu e muçulmana. Esta adaptação exigiu uma negociação cuidadosa entre a manutenção dos princípios fundamentais da sua fé e a adoção do novo ambiente cultural. Preservaram os elementos essenciais dos rituais zoroastrianos, desde o fogo sagrado até à cerimónia Navjote, adaptando ao mesmo tempo certas práticas ao seu novo ambiente. O resultado foi uma cultura Parsi vibrante que manteve a sua especificidade religiosa, contribuindo simultaneamente para a sociedade indiana em geral através da filantropia, da educação e do comércio.

Os desafios da diáspora estendiam-se para além das práticas religiosas, à preservação da língua e da tradição. A comunidade Parsi esforçou-se por manter a utilização do Avestan e do Pahlavi, as antigas línguas das suas escrituras, no seu contexto religioso, mesmo quando o Gujarati e outras línguas regionais se tornaram a língua comum da vida quotidiana. Esta dualidade linguística tornou-se uma marca da resiliência cultural da comunidade, simbolizando a sua ligação a uma pátria distante e o seu empenho em manter uma linhagem espiritual que atravessou milénios.

Entretanto, no Irão, as comunidades zoroastrianas continuaram a enfrentar discriminação e dificuldades económicas sob as sucessivas dinastias muçulmanas. No entanto, pequenas populações zoroastrianas conseguiram sobreviver em cidades como Yazd e Kerman, regiões conhecidas pela sua devoção duradoura à antiga fé. Aqui, mantiveram vivos os antigos costumes em segredo, protegendo os seus templos de fogo e reunindo-se para rituais sob a sombra constante da perseguição. Estas comunidades, embora diminuídas, serviam como uma ligação viva ao passado zoroastriano da Pérsia, preservando tradições que mais tarde inspirariam um sentimento de orgulho e renascimento entre os zoroastrianos de todo o mundo.

Os séculos XIX e XX trouxeram novas mudanças à medida que as comunidades zoroastrianas, tanto no Irão como na Índia, procuravam restabelecer ligações entre si e com o mundo em geral. Neste período, assistiu-se a um aumento das interações entre os Parsis e os Zoroastrianos do Irão, com os Parsis a oferecerem frequentemente ajuda financeira aos seus homólogos iranianos. Estes intercâmbios eram mais do que actos de caridade - eram esforços para reconstruir um sentido de unidade entre os zoroastrianos separados pelo tempo, pela geografia e pelas circunstâncias históricas. Estas interações ajudaram a reforçar uma identidade partilhada, recordando às comunidades a sua herança comum e os ensinamentos universais de Zaratustra.

A era moderna trouxe também novas migrações, uma vez que as oportunidades económicas e as convulsões políticas levaram os zoroastrianos a estabelecerem-se em países ocidentais, incluindo os Estados Unidos, o Canadá, o Reino Unido e a Austrália. Estas novas comunidades da diáspora encontraram-se numa nova fase de adaptação, integrando-se na sociedade ocidental, ao mesmo tempo que se esforçavam por transmitir as suas tradições à geração seguinte. Para muitos, a mudança para o Ocidente representou uma oportunidade de escapar aos preconceitos persistentes que enfrentavam no Irão ou de encontrar novas oportunidades de educação e crescimento profissional.

A dispersão dos zoroastrianos por várias partes do mundo apresentou oportunidades e desafios. Em cidades como Los Angeles, Toronto e Londres, os zoroastrianos formaram novas associações e construíram centros culturais para manter o espírito comunitário. Estes centros tornaram-se locais de reunião, onde as famílias podiam celebrar o Nowruz em conjunto, os jovens membros podiam aprender sobre a sua herança e os mais velhos podiam transmitir as histórias dos seus antepassados. Ao mesmo tempo, as pressões da assimilação e a dimensão mais reduzida destas comunidades tornaram cada vez mais difícil manter as gerações mais jovens empenhadas na fé.

Na diáspora ocidental, os zoroastrianos enfrentam frequentemente o delicado equilíbrio entre abraçar a liberdade de praticar abertamente a sua religião e o risco de perder as gerações mais novas para as influências seculares das suas novas pátrias. Muitas famílias dão por si a navegar em questões de identidade, tentando preservar os princípios fundamentais da sua fé e, ao mesmo tempo, garantir que os seus filhos tenham um sentimento de pertença no seu contexto social mais alargado. O resultado é uma compreensão dinâmica e evolutiva do que significa ser zoroastriano no século XXI - uma compreensão que se baseia em ensinamentos antigos, ao mesmo tempo que se envolve com as realidades de um mundo globalizado.

A história da diáspora zoroastriana é também uma narrativa de intercâmbio cultural. Em cada novo ambiente, os zoroastrianos contribuíram para as sociedades que habitam, desde os influentes empreendimentos empresariais e filantrópicos dos Parsis na Índia até às contribuições académicas e culturais dos zoroastrianos no Ocidente. Estas comunidades tornaram-se exemplos vivos dos princípios zoroastrianos de Asha e Vohu Manah, trazendo ordem, verdade e boas intenções nas suas interações com os outros. A sua ênfase na educação, na caridade e na integridade granjeou aos zoroastrianos a reputação de serem membros da sociedade diligentes e cheios de princípios, independentemente do local onde se estabeleceram.

No entanto, a cada geração, o desafio de manter a identidade zoroastriana torna-se mais premente. Os líderes comunitários e os anciãos estão profundamente conscientes da necessidade de manter o fogo antigo aceso - não apenas no sentido literal das chamas sagradas dos seus templos, mas como símbolo da luz espiritual duradoura de Ahura Mazda. Este desafio inspirou muitos a desenvolver novas abordagens, desde plataformas em linha onde os jovens zoroastrianos podem ligar-se e aprender sobre a sua fé, a iniciativas que promovem a compreensão intercultural e a sensibilização para a história e filosofia zoroastrianas.

A resiliência da diáspora zoroastriana é, em última análise, um testemunho da força duradoura de uma fé que resistiu a séculos de mudança. Reflecte a capacidade de adaptação de uma comunidade que transportou a antiga sabedoria de Zaratustra através de oceanos e fronteiras, preservando-a através de inúmeras transformações. Cada geração da diáspora, seja no Irão, na Índia ou em cantos longínquos do Ocidente, enfrentou a questão do que significa ser zoroastriano no seu tempo - e cada uma delas encontrou formas de lhe responder, mantendo vivo o espírito da sua antiga tradição enquanto abraçava as oportunidades do mundo à sua volta.

A persistência da diáspora zoroastriana é marcada não só pela adaptação, mas também por um esforço contínuo para tecer a sua antiga fé no tecido das novas pátrias. À medida que a comunidade se espalhava pela Índia, pelo Ocidente e não só, os desafios de manter o seu património cultural e religioso foram evoluindo. Cada novo contexto exigia um equilíbrio delicado - manter a essência das suas crenças enquanto navegavam na modernidade, abraçando novas identidades sem perder os valores fundamentais ensinados por Zaratustra. Este capítulo aprofunda os contributos, as adaptações culturais e as lutas de identidade das comunidades zoroastrianas da diáspora, explorando os seus esforços contínuos para manter uma ligação com o seu passado.

Na Índia, a comunidade Parsi tornou-se uma parte significativa da paisagem social e económica, contribuindo de forma notável para a indústria, a educação e as artes. Pioneiros como Jamsetji Tata e Dadabhai Naoroji foram fundamentais na formação do espírito industrial e político da Índia moderna, mas os seus contributos estiveram sempre profundamente ligados aos seus valores zoroastrianos. A sua filantropia, orientada pelo princípio de "Hvarshta" (boas acções), deixou um legado duradouro sob a forma de instituições de ensino, hospitais e fundações culturais que continuam a servir a sociedade. A ênfase dos Parsis na caridade e no bem-estar social tornou-se uma marca da sua identidade na Índia, reflectindo o princípio zoroastriano de promover o bem-estar de toda a criação.

Este espírito de dádiva e de serviço comunitário foi, no entanto, acompanhado por uma tensão interna - o desejo de manter uma identidade distinta no seio da sociedade indiana mais alargada. À medida que aumentavam os casamentos mistos e a assimilação de práticas culturais mais alargadas, a comunidade enfrentava debates sobre o que significava ser autenticamente Parsi. Estas discussões giravam frequentemente em torno de questões como a preservação de rituais, a utilização do Avestan em cerimónias religiosas e a adesão a trajes e costumes tradicionais. A questão de saber quem poderia ser considerado zoroastriano ou parsi, especialmente nos casos de herança mista, suscitou debates apaixonados, revelando as preocupações profundas com a diluição das suas antigas tradições.

No Irão, as lutas das comunidades zoroastrianas remanescentes assumiram um carácter diferente. Sob a sombra de uma marginalização que durou séculos, estas comunidades viram-se obrigadas a lutar para manter os seus costumes com recursos limitados. Perante as pressões culturais, os zoroastrianos de Yazd, Kerman e Teerão esforçaram-se por manter vivas as suas práticas religiosas, salvaguardando os fogos sagrados e reunindo-se para rituais comunitários, mesmo quando muitos enfrentavam o isolamento social. O período pós-revolucionário no Irão, com a sua ênfase nos valores islâmicos, trouxe novos desafios, mas também despertou um sentimento de orgulho e solidariedade entre os zoroastrianos determinados a proteger a sua identidade. Nas últimas décadas, assistiu-se a um renascimento do orgulho cultural, com os zoroastrianos no Irão a darem ênfase à preservação de locais históricos e a aumentarem os esforços para educar os jovens sobre o seu património.

À medida que as comunidades zoroastrianas se estabeleceram no Ocidente, encontraram novas formas de expressar a sua identidade e partilhar o seu rico património com os outros. Em cidades como Nova York, Londres e Toronto, associações e centros culturais zoroastrianos tornaram-se pontos focais da vida comunitária. Nesses locais, os zoroastrianos reúnem-se para celebrar festivais tradicionais como o Nowruz e o Gahambars, organizam acampamentos para jovens e participam em diálogos inter-religiosos que apresentam a outros a sabedoria de Zaratustra. Estes esforços não se limitam a preservar os rituais - representam uma missão mais vasta para manter os valores zoroastrianos de verdade, retidão e harmonia relevantes num mundo globalizado.

O envolvimento da diáspora zoroastriana com a tecnologia moderna tem sido fundamental nos seus esforços para preservar e divulgar o seu património. As plataformas de redes sociais, as reuniões de oração em linha e os arquivos digitais têm permitido aos membros da fé manterem-se ligados através dos continentes. Esta presença digital permitiu uma reimaginação da comunidade, que transcende as fronteiras geográficas e promove um sentido de unidade entre os zoroastristas de todo o mundo. Os jovens zoroastrianos, sobretudo os nascidos nos países ocidentais, utilizaram estas ferramentas para explorar a sua identidade, procurando um equilíbrio entre a sua herança e o seu lugar nas sociedades multiculturais. Para muitos, esta ligação às suas raízes assumiu a forma de exploração de textos antigos, aprendizagem de cânticos avestanianos e participação em debates sobre a forma como os valores zoroastrianos podem abordar desafios contemporâneos como a sustentabilidade ambiental e a justiça social.

A experiência da diáspora zoroastriana também foi moldada pelas contribuições de figuras influentes que actuaram como pontes culturais. Académicos, escritores e líderes da diáspora têm trabalhado para interpretar os ensinamentos zoroastrianos de forma a que estes ressoem junto do público moderno. Os seus escritos e compromissos públicos realçaram a relevância intemporal de conceitos zoroastrianos como Asha (verdade e ordem) e Spenta Mainyu (o espírito de criatividade e crescimento). Ao enquadrar o zoroastrismo como uma tradição que valoriza a escolha individual, a gestão ambiental e a busca do conhecimento, estes líderes de pensamento ajudaram a diáspora a ver a sua fé não apenas como um legado antigo mas como uma filosofia com profundas implicações na vida moderna.

No entanto, mesmo com estes avanços, a diáspora zoroastriana continua a estar perfeitamente consciente dos desafios demográficos que a sua comunidade enfrenta. A população zoroastriana global é pequena e, a cada geração que passa, a questão da continuidade torna-se mais premente. As taxas de natalidade no seio da comunidade são baixas e as regras que regem os casamentos entre raças levaram a uma redução ainda maior dos números. Esta situação levou a uma série de iniciativas destinadas a construir e a envolver a comunidade. Programas como campos de liderança para jovens, associações de estudantes zoroastrianos e workshops interculturais surgiram como forma de promover um sentimento de pertença entre os membros mais jovens. Estes programas enfatizam a ideia de que, embora os rituais e práticas do zoroastrismo sejam antigos, a forma como são vividos pode evoluir para ir ao encontro das necessidades de um mundo em mudança.

Para muitos zoroastrianos na diáspora, a preservação da sua fé é também uma questão de salvaguarda da sua memória cultural. Isto inclui esforços para documentar a história da sua migração, as lutas enfrentadas nas suas novas pátrias e as contribuições que deram a várias sociedades. Esta documentação serve não só como registo histórico, mas também como fonte de inspiração, recordando às gerações mais jovens a capacidade de resistência e de adaptação dos seus antepassados. Projectos como as gravações de história oral e os arquivos comunitários têm sido cruciais para captar as diversas experiências dos zoroastrianos, garantindo que a sua história permanece acessível às gerações futuras.

Os desafios da diáspora, embora assustadores, também provocaram um sentimento de renovação no seio da comunidade. Nos últimos anos, tem-se verificado um movimento no sentido de reinterpretar o zoroastrismo de uma forma que fala aos valores contemporâneos e aos desafios globais. Isto inclui um enfoque na ética ambiental, que ressoa com as crises ecológicas de hoje. A ênfase zoroastriana na preservação da natureza, no respeito pela pureza dos elementos e na vida em harmonia com a terra encontrou uma nova relevância, inspirando as gerações mais jovens a encarar a sua fé como um guia para o ativismo ambiental.

Esta renovação é também evidente no interesse crescente dos académicos e do público em geral pela história e pelos ensinamentos do Zoroastrismo. A abertura da comunidade à partilha do seu património através de festivais culturais, palestras públicas e colaborações académicas tem ajudado a elevar o perfil do Zoroastrismo na cena mundial. Ao enfatizar os temas universais da sua fé - como a batalha entre o bem e o mal, o poder da escolha individual e a busca da verdade - os zoroastrianos posicionaram a sua antiga tradição como uma fonte de sabedoria que fala da experiência humana partilhada.

Na paisagem moderna, a diáspora zoroastriana encarna um paradoxo vivo: uma pequena comunidade que leva por diante uma tradição antiga, ao mesmo tempo que se envolve com as complexidades da modernidade global. A sua história não é meramente sobre sobrevivência, mas sobre a criação ativa de um futuro onde os ensinamentos de Zaratustra continuam a inspirar. Através da sua resiliência cultural, do seu empenhamento na educação e na comunidade e da sua vontade de se adaptarem sem perderem de vista as suas raízes espirituais, os zoroastrianos de todo o mundo encontraram formas de manterem vivas as suas tradições, o que constitui um testemunho do poder duradouro da fé e da memória cultural.

Assim, a diáspora representa a continuação de uma viagem que começou com as revelações de Zaratustra na antiga Pérsia - uma viagem que atravessou mares e atravessou continentes, mas que permanece profundamente enraizada nos princípios intemporais de Asha e Vohu Manah. Para a comunidade zoroastriana, o futuro reserva tanto incertezas como promessas e, em cada canto do mundo onde arde um fogo sagrado, a história de resiliência e esperança continua a desenrolar-se.

Capítulo 23
A conquista islâmica da Pérsia

A conquista islâmica da Pérsia, no século VII, trouxe profundas alterações à paisagem cultural e religiosa da região, marcando um ponto de viragem na história do zoroastrismo. À medida que as forças árabes avançavam, deparavam-se com uma terra profundamente enraizada nos antigos ensinamentos de Zaratustra, onde os templos de fogo zoroastrianos pontilhavam a paisagem e o Avesta servia de guia para a vida espiritual e quotidiana. No entanto, com a chegada dos novos governantes islâmicos, a ordem social foi irrevogavelmente alterada e o zoroastrismo enfrentou o seu maior desafio.

No início, a conquista foi marcada pela resistência e pelo conflito, uma vez que as forças persas, lideradas pelo Império Sasaniano, lutaram para defender os seus territórios. Apesar dos seus esforços, o Império Sasaniano acabou por se desmoronar, esmagado pelo poderio militar e pela perspicácia estratégica dos exércitos árabes. A queda de Ctesiphon, a capital sassânida, simbolizou o fim de uma era para os zoroastrianos, pois abriu caminho para o domínio islâmico sobre a Pérsia. A derrota não significou apenas uma mudança política; marcou o início de uma transformação na vida religiosa da região.

O rescaldo inicial da conquista foi caracterizado por um período de tolerância, em que foi concedido aos zoroastrianos o estatuto de dhimmis - não muçulmanos que podiam continuar a praticar a sua religião sob o domínio islâmico em troca do pagamento da jizya, um imposto especial. No entanto, a imposição deste imposto representou um fardo económico para as comunidades zoroastrianas, levando muitas delas a enfrentar a difícil escolha entre a conversão ao Islão ou a resistência às dificuldades económicas. Para alguns, a conversão oferecia uma via para a mobilidade social e o alívio dos impostos, mas, para outros, era um sacrifício das suas crenças mais profundas.

À medida que os novos governantes islâmicos consolidavam o seu poder, implementaram mudanças que afectaram o tecido da vida comunitária zoroastriana. A influência do zoroastrismo começou a diminuir à medida que as mesquitas substituíam os templos de fogo e o árabe suplantou gradualmente o persa médio como língua de administração e de estudo. A perda da corte sassânida, que tinha sido uma firme apoiante do zoroastrismo, deixou a comunidade sem um patrono central que defendesse as suas tradições. Os sacerdotes zoroastrianos, os Mobeds, enfrentavam dificuldades crescentes para manter os seus fogos sagrados e transmitir os ensinamentos do Avesta às novas gerações.

No entanto, apesar destas pressões, o zoroastrismo não desapareceu. As comunidades das zonas rurais e de regiões como Yazd e Kerman tornaram-se refúgios para os fiéis. Nestas zonas remotas, os zoroastrianos procuravam preservar os seus costumes em segredo, longe dos olhares atentos dos novos governantes. As famílias reuniam-se nas suas casas para murmurar orações, recitar versos do Avesta e partilhar as histórias dos seus antepassados que tinham seguido o caminho de Zaratustra. Os templos de fogo que permaneceram tornaram-se não só locais de culto, mas também símbolos de resistência e identidade, onde as chamas sagradas representavam uma ligação contínua à sua herança e à presença divina de Ahura Mazda.

Neste novo contexto, as comunidades zoroastrianas tiveram de adaptar as suas práticas para sobreviver. Os rituais outrora realizados abertamente nos grandes templos do Império Sasaniano eram agora conduzidos com discrição. As celebrações de Nowruz, que durante muito tempo tinham sido um acontecimento público que assinalava a renovação da vida, tornaram-se assuntos mais silenciosos, mas mantiveram o seu significado como um momento de reflexão sobre a resistência da sua fé. O dever sagrado de preservar a pureza do fogo, da água e da terra adquiriu um novo significado, uma vez que os zoroastrianos procuraram manter a integridade das suas crenças, mesmo sob a sombra de uma cultura dominante que procurava remodelar o seu mundo.

A adaptação a esta nova realidade trouxe também mudanças na compreensão zoroastriana do seu lugar no universo. Os ensinamentos de Asha (ordem cósmica) e a eterna luta contra Druj (caos) adquiriram uma ressonância mais profunda à medida que os zoroastrianos interpretavam as suas circunstâncias em mudança como parte desta batalha cósmica. A sobrevivência da sua comunidade no meio da adversidade era vista como uma manifestação do seu papel de guardiães de Asha, um compromisso de defender a verdade e a retidão apesar dos desafios impostos pela nova ordem social. Esta crença tornou-se uma fonte de força, guiando os Zoroastrianos através de períodos de incerteza e perda.

Os desafios da preservação do zoroastrismo sob o domínio islâmico estendiam-se para além das práticas religiosas e à vida quotidiana. Os zoroastrianos viram-se marginalizados, limitados nas suas oportunidades de educação, comércio e vida pública. Muitos enfrentaram a discriminação e o ostracismo social, o que reforçou ainda mais o sentimento de serem uma comunidade à parte. Esta sensação de isolamento levou a uma ligação comunitária mais estreita entre os zoroastrianos, uma vez que se apoiavam uns nos outros para obter apoio, forjando uma forte identidade colectiva que os ajudou a suportar os séculos de mudança e agitação que se seguiram.

Com o passar do tempo, à medida que mais persas se convertiam ao Islão, a população zoroastriana diminuía e o conhecimento dos seus textos e tradições antigas tornava-se cada vez mais ameaçado. A perda de manuscritos e tradições orais durante este período constituiu uma grave ameaça à preservação do património zoroastriano. No entanto, através da dedicação de alguns Mobeds e académicos fiéis, foram feitos esforços para compilar e preservar o que restava dos textos sagrados. A literatura Pahlavi, que registou grande parte do pensamento teológico e filosófico zoroastriano, tornou-se uma fonte crucial de conhecimento, actuando como uma ponte entre o antigo passado pré-islâmico e o futuro da fé.

A conquista islâmica da Pérsia não foi apenas uma história de declínio para o zoroastrismo; foi um testemunho da capacidade de resistência e adaptação de uma comunidade determinada a manter a sua identidade espiritual. No meio da transformação política e social, os zoroastrianos mantiveram a sua ligação aos antigos ensinamentos de Zaratustra, adaptando as suas práticas às realidades do seu novo ambiente, sem nunca abandonarem os princípios fundamentais da sua fé. Através da perseverança, conseguiram manter viva a essência das suas crenças, assegurando que a chama da sua tradição continuaria a arder, ainda que de forma mais ténue do que antes.

Este capítulo explora a complexa dinâmica deste período, reflectindo sobre as estratégias de sobrevivência e adaptação que os Zoroastrianos utilizaram enquanto navegavam num mundo transformado por novos governantes e novas ideologias. O capítulo lança luz sobre as experiências daqueles que optaram por permanecer fiéis ao seu antigo caminho, apesar dos desafios, e sobre a forma como a sua resiliência se tornou um alicerce para as comunidades zoroastrianas que continuariam a perdurar, tanto na Pérsia como para além das suas fronteiras.

A conquista islâmica constitui, portanto, um momento crucial na história do zoroastrismo - não só como um período de perda, mas também como um cadinho em que a identidade da comunidade foi reformulada e reafirmada. Preparou o terreno para a migração dos Zoroastrianos para novas terras, como a Índia, onde se tornariam conhecidos como Parsis, e para o aparecimento de uma diáspora que levaria as suas crenças para o futuro. É uma história de luta, de adaptação e, acima de tudo, de um compromisso duradouro com os ideais de Asha e os ensinamentos de Zaratustra, mesmo quando confrontados com a formidável maré da história.

O rescaldo da conquista islâmica da Pérsia deixou marcas profundas na comunidade zoroastriana, transformando as suas práticas religiosas, identidade cultural e papéis sociais. Este capítulo aprofunda a resiliência e as estratégias de sobrevivência dos zoroastrianos durante o longo período de domínio islâmico, salientando a forma como as suas tradições foram preservadas, adaptadas e, por vezes, ocultadas à medida que navegavam num ambiente difícil e frequentemente hostil.

medida que a influência islâmica se solidificava em toda a Pérsia, as condições para os zoroastrianos tornavam-se cada vez mais difíceis. Embora a conquista inicial tenha permitido alguma liberdade religiosa através do estatuto de dhimmi, os períodos posteriores assistiram a uma pressão acrescida para se conformarem com as normas islâmicas dos novos governantes. Os zoroastrianos, sendo uma minoria numa sociedade predominantemente muçulmana, enfrentavam não só encargos económicos, como o imposto jizya, mas também estigmas e restrições sociais. As suas práticas religiosas, que outrora tinham florescido abertamente em grandes templos de fogo, eram agora conduzidas de forma discreta para evitar perseguições ou interferências das autoridades.

Apesar destes desafios, a comunidade zoroastriana manteve-se empenhada nos princípios fundamentais da sua fé, conservando a essência dos seus rituais e crenças. Um aspeto fundamental desta preservação foi o papel dos Mobeds, ou sacerdotes zoroastrianos, que se tornaram não só líderes espirituais mas também guardiães do conhecimento. Memorizavam e transmitiam meticulosamente os versos do Avesta, mantendo a tradição oral, mesmo quando os textos escritos se tornaram escassos e foram muitas vezes escondidos para evitar o confisco ou a destruição por aqueles que os viam como relíquias de uma religião ultrapassada.

Em comunidades isoladas, longe dos centros políticos dos califados islâmicos, os zoroastrianos encontravam uma medida de segurança para continuar as suas práticas. Cidades como Yazd e Kerman tornaram-se bastiões da cultura zoroastriana, onde ainda se ouviam os rituais do Yasna e as orações a Ahura Mazda. Estes enclaves serviram de santuários onde os templos de fogo foram preservados, embora com muito menos grandiosidade do que nos dias do Império Sasaniano. Os fogos sagrados, símbolos da presença divina, continuaram a arder, tornando-se símbolos potentes da resistência zoroastriana.

Nestes tempos de adversidade, a teologia zoroastriana evoluiu para refletir as experiências da comunidade. O conceito de Asha (ordem, verdade) e a sua eterna luta contra Druj (caos, falsidade) ganharam novas camadas de significado, uma vez que os zoroastrianos interpretaram a sua marginalização social e política como parte de uma luta cósmica. Esta perspetiva proporcionou uma fonte de resiliência, uma vez que a comunidade se via como defensora da verdade num mundo cada vez mais dominado por outras crenças. Esta visão também fomentou um sentimento de isolamento espiritual, mas reforçou a determinação da comunidade em preservar a sua identidade única.

A adaptação dos rituais às novas condições foi um elemento crucial para a continuidade do zoroastrismo. Embora as celebrações públicas como o Nowruz tenham sido reduzidas, muitas famílias continuaram a assinalar estas ocasiões na privacidade das suas casas, transmitindo os costumes às gerações mais novas. Os Gahambars - festivais sazonais que celebravam a criação de elementos como a água, a terra e o fogo - continuaram a ser fundamentais no calendário zoroastriano, embora com ritos mais simples. Estas celebrações constituíam momentos de solidariedade comunitária, onde se recontavam histórias de Zaratustra e dos antigos reis da Pérsia, mantendo viva a memória da sua herança.

O secretismo em torno das práticas zoroastrianas estendia-se ao estudo dos textos religiosos. As escrituras Pahlavi, escritas numa língua que já não era muito falada, tornaram-se simultaneamente um repositório da sabedoria antiga e um instrumento para manter o conhecimento religioso oculto aos que não pertenciam à comunidade. Textos como o Denkard e o Bundahishn, que forneciam comentários teológicos e conhecimentos cosmológicos, eram copiados e estudados em recantos tranquilos, assegurando que os ensinamentos de Zaratustra não se perderiam no tempo. A ênfase da comunidade zoroastriana na educação, mesmo neste contexto restrito, ajudou a manter uma ligação às suas raízes espirituais.

À medida que os zoroastrianos se adaptavam às novas circunstâncias, as suas interações com a cultura islâmica que os rodeava levaram a mudanças subtis nas suas práticas. Alguns costumes zoroastrianos absorveram influências das tradições islâmicas persas, misturando elementos, mas mantendo o seu quadro teológico distinto. Esta mistura não era um sinal de rendição, mas uma estratégia de sobrevivência, permitindo aos zoroastrianos navegar na sua dupla identidade de súbditos persas de um califado islâmico e de seguidores de uma fé antiga. No entanto, mantiveram-se vigilantes na preservação dos aspectos fundamentais da sua religião, como a reverência pelo fogo, a recitação de orações antigas e os princípios éticos dos Bons Pensamentos, Boas Palavras e Boas Acções.

A continuação da existência do zoroastrismo durante este período também dependeu da sua capacidade de adaptação às estruturas sociais e económicas em mudança. Muitos zoroastrianos voltaram-se para as profissões e ofícios, trabalhando frequentemente como artesãos, tecelões e comerciantes - ocupações que lhes permitiam operar de forma algo independente das actividades económicas dominadas pelas corporações muçulmanas. Através destas funções, conseguiam manter um certo grau de estabilidade económica, assegurando que a sua comunidade podia apoiar a manutenção dos restantes templos de fogo e a educação das gerações futuras na doutrina zoroastriana.

Os desafios da era islâmica também estimularam a migração, levando alguns zoroastrianos a procurar refúgio fora das fronteiras da Pérsia. Este movimento, especialmente em direção à Índia, lançou as bases para o aparecimento da comunidade Parsi, que se tornaria um centro vibrante da vida zoroastriana nos séculos seguintes. No entanto, aqueles que permaneceram na Pérsia continuaram a manter as suas tradições, apesar das pressões da assimilação. A história da sua perseverança é um testemunho do seu empenhamento profundamente enraizado nos ensinamentos de Zaratustra e da sua esperança num tempo em que a sua fé pudesse de novo florescer abertamente.

A sobrevivência do zoroastrismo face à conquista islâmica ilustra uma complexa interação entre adaptação e resistência. Os zoroastrianos da Pérsia não aceitaram passivamente o seu estatuto diminuído; em vez disso, encontraram formas de negociar o seu lugar numa sociedade transformada. Mantiveram-se fiéis às suas tradições, mesmo quando se adaptaram a novas realidades, assegurando que o núcleo das suas crenças pudesse perdurar ao longo dos séculos. A sua resiliência permitiu que o zoroastrismo persistisse, mesmo num mundo em que os seus antigos templos e textos sagrados pareciam estar à beira do desaparecimento.

Este capítulo destaca a forma como, através destas formas subtis de resistência, a comunidade zoroastriana preservou a sua essência espiritual e lançou as bases para futuros esforços de revitalização. As estratégias que utilizaram - desde o culto clandestino até à reinterpretação das suas lutas como parte de uma narrativa cósmica mais vasta - demonstram o poder duradouro da fé e da identidade face a uma profunda perturbação cultural. Embora a conquista islâmica tenha remodelado fundamentalmente a paisagem da Pérsia, não extinguiu a chama da crença zoroastriana, que continuou a arder, oferecendo um farol de esperança e continuidade àqueles que ainda seguiam o caminho de Zaratustra.

Capítulo 24
A filosofia do livre-arbítrio

Na visão de mundo zoroastriana, o conceito de livre-arbítrio é fundamental, moldando a paisagem espiritual e ética na qual cada indivíduo navega sua existência. Ao contrário das tradições deterministas, o Zoroastrismo coloca uma ênfase profunda no poder de escolha, vendo-o como uma dádiva divina concedida por Ahura Mazda. Este capítulo analisa o modo como os ensinamentos de Zaratustra articulam este princípio e a forma como se entrelaça com a luta cósmica entre Asha (ordem, verdade) e Druj (caos, falsidade).

Desde as primeiras passagens dos Gathas, os hinos de Zaratustra no Avesta, o tema do livre arbítrio emerge como um aspeto definidor da relação da humanidade com o divino. A mensagem de Zaratustra é clara: cada pessoa tem a capacidade de escolher entre o bem e o mal, e essa escolha não é apenas um privilégio, mas um dever sagrado. O mundo, tal como imaginado pelos ensinamentos zoroastrianos, é um campo de batalha onde as escolhas humanas fazem pender a balança a favor da ordem ou do caos, alinhando-se com as forças da luz ou das trevas.

No centro desta filosofia está o papel dos seres humanos como agentes morais no seio da grande ordem cósmica. Ahura Mazda, como divindade suprema, criou um mundo onde a batalha entre a verdade e a falsidade está sempre presente. No entanto, ele não ditou o resultado; em vez disso, confiou a cada alma a responsabilidade de escolher. Esta ideia contrasta com outras crenças antigas que colocavam frequentemente o destino nas mãos de deuses caprichosos ou de forças cósmicas predeterminadas. No Zoroastrismo, os seres humanos são vistos como co-criadores do seu destino, capazes de moldar o seu destino através de pensamentos, palavras e acções.

Esta crença na agência moral dos indivíduos está sintetizada na tríade "Humata, Hukhta, Hvarshta" - Bons Pensamentos, Boas Palavras, Boas Acções. Este princípio orientador sublinha que todos os pensamentos, todas as palavras proferidas e todas as acções realizadas têm consequências, não só para o indivíduo, mas também para o mundo em geral. Escolher agir de acordo com Asha, portanto, não é meramente uma escolha moral pessoal, mas uma contribuição para a manutenção da ordem cósmica. Por outro lado, sucumbir a Druj é visto como uma ajuda às forças das trevas, contribuindo para o desequilíbrio do universo.

A noção de livre-arbítrio está também intimamente ligada ao entendimento zoroastriano da recompensa e do castigo após a morte. A travessia da ponte de Chinvat, onde a alma é julgada, não é um mero teste de adesão às leis religiosas, mas uma avaliação da soma total das escolhas feitas ao longo da vida. É aqui que o peso das decisões de cada um determina se a alma ascende à Casa da Canção (Céu) ou cai no abismo das trevas. A ponte, estreita para os ímpios e larga para os justos, simboliza a clareza ou a confusão de uma vida vivida na verdade ou na mentira.

No entanto, a doutrina do livre arbítrio no Zoroastrismo não é enquadrada como uma fonte de ansiedade ou de fardo. Em vez disso, é uma mensagem de fortalecimento, oferecendo esperança de que mesmo o mais pequeno ato de bondade contribui para o triunfo da luz sobre as trevas. Os ensinamentos de Zaratustra celebram o potencial de cada indivíduo para efetuar mudanças, tanto no seu mundo interior como na luta cósmica mais vasta. A crença de que cada ação é importante reforça o sentido de propósito e de ação, guiando os zoroastrianos a verem-se a si próprios como participantes activos no plano divino e não como receptores passivos do destino.

Este sentido de ação estende-se para além do indivíduo, às responsabilidades colectivas da comunidade. O zoroastrismo sublinha que os fiéis, ao juntarem-se em actos de culto, caridade e manutenção dos templos de fogo, fortalecem Asha coletivamente.

O papel da comunidade é encorajar cada membro a fazer escolhas que reflictam os valores da verdade, pureza e harmonia com o mundo natural, que também é considerado uma encarnação da ordem divina. Esta responsabilidade partilhada cultiva uma cultura em que a liberdade de escolha é equilibrada pela compreensão de que cada escolha se repercute no tecido do universo.

O papel de Ahura Mazda neste contexto não é o de um deus distante ou punitivo, mas o de um criador compassivo que deseja uma parceria com a sua criação. A sabedoria divina de Mazda oferece orientação, através dos textos sagrados e dos ensinamentos dos Mobeds, mas não dita nada. Em vez disso, convida os indivíduos a exercerem o seu livre arbítrio com sabedoria, a alinharem-se com a ordem divina e a tornarem-se guerreiros da luz na batalha contínua contra o engano de Angra Mainyu. Esta perspetiva posiciona Ahura Mazda como uma figura que respeita a autonomia humana, oferecendo apoio através do discernimento espiritual e permitindo que cada alma trace o seu caminho.

A luta entre Asha e Druj não é apenas externa, mas profundamente interna, uma batalha travada no coração e na mente de cada seguidor. Os ensinamentos zoroastrianos comparam-no frequentemente ao cuidado de um fogo sagrado dentro de cada pessoa. Tal como as chamas nos templos de fogo requerem cuidado e vigilância para se manterem puras e brilhantes, também os indivíduos devem guardar os seus pensamentos e desejos contra a escuridão invasora. O livre arbítrio é a ferramenta com a qual os fiéis zoroastrianos mantêm vivo o seu fogo interior, queimando a falsidade e acendendo a luz da verdade.

Através desta compreensão do livre arbítrio, o Zoroastrismo apresenta uma filosofia moral profunda que entrelaça as escolhas individuais com a ordem cósmica. Ensina que cada decisão, por mais pequena que seja, contribui para o equilíbrio do universo. Esta filosofia é um apelo à ação, incitando cada pessoa a reconhecer a sua capacidade de moldar o mundo à sua volta, a ver cada momento como uma oportunidade para afirmar a vida, a verdade e a presença duradoura da luz no meio das sombras.

Tal como o capítulo explora, a ênfase no livre-arbítrio no pensamento zoroastriano não só moldou a visão do mundo dos seus seguidores, como também se repercutiu em tradições filosóficas mais vastas que procuram compreender a natureza da escolha e da responsabilidade humanas. Este envolvimento com o conceito de livre-arbítrio fornece uma base para o próximo capítulo, que irá aprofundar as tensões entre liberdade e destino na filosofia zoroastriana, explorando a forma como estas ideias continuam a evoluir nas interpretações modernas da fé.

A interação entre o livre arbítrio e o destino no pensamento zoroastriano oferece uma rica tapeçaria de contemplação filosófica. No centro desta exploração encontra-se uma tensão: a liberdade inerente concedida aos humanos por Ahura Mazda e a grande visão de um mundo moldado por forças cósmicas. Este capítulo analisa a forma como o zoroastrismo tem navegado nesta tensão, reflectindo sobre os ensinamentos antigos, os debates entre estudiosos e as interpretações modernas que mantêm estas ideias relevantes nos dias de hoje.

Um dos debates centrais da filosofia zoroastriana diz respeito aos limites da liberdade humana no contexto de um plano cósmico divinamente orquestrado. Embora os ensinamentos zoroastrianos elevem a capacidade dos indivíduos para escolherem o seu caminho, também afirmam que Ahura Mazda, o sábio criador, previu a vitória final da luz sobre as trevas. Este aparente paradoxo - em que as acções humanas são livres, mas o resultado da luta cósmica está predeterminado - inspirou gerações de pensadores zoroastrianos a reflectir sobre a natureza do destino.

No pensamento zoroastriano, o conceito de Frashokereti, a renovação do mundo, representa o ponto final deste plano divino. É uma altura em que toda a criação é purificada e restaurada a um estado de harmonia sob o domínio de Ahura Mazda. No entanto, o caminho para esta renovação não é um simples desenrolar do destino. É concebido como uma viagem que requer a participação ativa da humanidade. Os fiéis são chamados a alinhar a sua vontade com os princípios de Asha, a combater as forças de Druj e a lutar por este futuro divino através das suas escolhas quotidianas.

Os ensinamentos de Zaratustra sugerem que, embora o Frashokereti seja inevitável, o papel que cada indivíduo desempenha no processo não é. As escrituras enfatizam que o momento e a natureza dessa renovação dependem das escolhas morais cumulativas feitas pelos seres humanos. A vontade divina não é, portanto, coerciva; pelo contrário, ela convida à cooperação, oferecendo um destino que a humanidade deve escolher abraçar. É através deste alinhamento voluntário com Asha que os zoroastrianos participam no plano divino, acelerando o triunfo do bem.

Ao longo dos séculos, os académicos zoroastrianos procuraram articular este equilíbrio entre a predestinação e o livre arbítrio. Alguns compararam-no a um jardineiro que cuida de um jardim. Ahura Mazda, como o jardineiro divino, estabelece as condições - sol, solo, chuva - que permitem que as plantas cresçam, mas é a escolha de cada semente, o esforço de cada planta, que determina como ela prospera. Os seres humanos, então, são como sementes no jardim do mundo, crescendo de acordo com as suas escolhas, mesmo quando o jardineiro divino vigia o desenrolar mais alargado das estações.

Esta analogia também se estende ao conceito da Ponte Chinvat, que liga o reino terreno ao mundo espiritual. O julgamento que as almas enfrentam ao atravessar a ponte reflecte a soma das suas acções livremente escolhidas. No entanto, mesmo aqui, os ensinamentos zoroastrianos dão espaço à misericórdia divina - um reconhecimento de que, embora os humanos estejam limitados pelas suas escolhas, a sabedoria de Ahura Mazda transcende a compreensão humana, permitindo um equilíbrio entre justiça e compaixão. Esta perspetiva tem sido um ponto de conforto para muitos zoroastrianos, oferecendo a esperança de que, mesmo quando as escolhas humanas vacilam, a visão divina continua a ser a da restauração final.

Nas interpretações contemporâneas do zoroastrismo, a ênfase no livre arbítrio continua a ressoar, especialmente quando a fé encontra ideias modernas sobre autonomia, ética e responsabilidade pessoal. Os zoroastrianos de hoje reflectem frequentemente sobre a forma como a sua antiga tradição aborda questões como a gestão ambiental, a justiça social e os direitos individuais. A mensagem de que as escolhas de cada pessoa podem ter impacto no mundo em geral alinha-se com os movimentos contemporâneos que defendem a cidadania activa e a vida ética.

Para muitos zoroastrianos modernos, a luta entre Asha e Druj é interpretada não só como uma batalha metafísica, mas também como um apelo à resolução de questões tangíveis como as alterações climáticas, a desigualdade social e a preservação do património cultural. O conceito de livre arbítrio permite aos crentes verem-se a si próprios como agentes de mudança, fazendo eco do antigo apelo de Zaratustra para escolherem o caminho da verdade e da retidão. Este envolvimento dinâmico com o mundo permite ao Zoroastrismo manter uma voz relevante nas conversas éticas globais, realçando o significado duradouro dos seus ensinamentos sobre liberdade e responsabilidade.

No entanto, esta ênfase moderna na autonomia também levanta novas questões. Como é que se mantém um sentido de liberdade individual ao mesmo tempo que se reconhece o peso de uma tradição que fala de destino cósmico? Como é que os princípios do Zoroastrismo se adaptam a um mundo onde muitos vêem o destino como menos divino e mais moldado por forças sócio-políticas? Estas questões reflectem os diálogos internos que há muito moldam as comunidades zoroastrianas, fomentando uma tradição viva que evolui sem deixar de estar enraizada nos seus valores fundamentais.

A experiência zoroastriana moderna reflecte um desejo de harmonizar a agência pessoal com a busca comunitária de Asha. Nas comunidades da diáspora, onde a adaptação a novos contextos culturais é frequentemente necessária, a ênfase no livre arbítrio torna-se uma fonte de força. Permite aos zoroastrianos enfrentar os desafios de manter a identidade enquanto se integram em sociedades diversas, encorajando-os a fazer escolhas que honrem tanto a sua herança como as realidades dos seus novos lares.

Para as gerações mais jovens de zoroastrianos, as reflexões filosóficas sobre o livre-arbítrio tornam-se uma ponte entre a tradição e a modernidade. Encontram nos ensinamentos de Zaratustra uma validação do seu desejo de uma vida com sentido, em que as suas acções têm significado para além do indivíduo e ressoam com a narrativa cósmica mais ampla. A ideia de que as escolhas de cada pessoa contribuem para o desenrolar de um plano divino dá um sentido de propósito num mundo que muitas vezes se sente incerto e fragmentado.

A exploração deste capítulo do livre-arbítrio no Zoroastrismo, tanto nas suas raízes antigas como nas interpretações modernas, sublinha a interação dinâmica entre o arbítrio humano e a sabedoria divina. É uma filosofia que encoraja tanto a humildade como o empoderamento, pedindo aos fiéis que reconheçam as suas limitações ao mesmo tempo que abraçam o seu poder de moldar o mundo. Esta dualidade, em que o livre arbítrio e o destino divino coexistem, constitui uma pedra angular da identidade zoroastriana, convidando os crentes a percorrer um caminho que é simultaneamente auto-dirigido e alinhado com as verdades eternas de Asha.

Ao passarmos deste terreno filosófico, a narrativa dirige-se para o impacto cultural mais alargado do zoroastrismo na sociedade persa. O próximo capítulo começará a traçar a forma como estes princípios espirituais de livre arbítrio, ordem e luta cósmica deixaram a sua marca na arte, arquitetura e literatura da Pérsia, revelando o legado indelével do pensamento zoroastriano no tecido cultural da região. Através desta viagem, veremos como os valores zoroastrianos transcenderam as fronteiras religiosas, dando forma a uma herança cultural que continua a inspirar o mundo de hoje.

Capítulo 25
Influência na cultura persa

Os fios do zoroastrismo estão profundamente entranhados na rica tapeçaria da cultura persa. Desde a grande arquitetura dos antigos palácios até à intrincada poesia que ecoa através dos tempos, a influência desta antiga fé moldou profundamente a identidade cultural da Pérsia. Traçar este impacto é seguir a sombra dos ensinamentos de Zaratustra ao longo dos séculos, observando como os valores de Asha, a luta cósmica contra Druj e a reverência pelo divino encontram expressão nas artes, nas estruturas sociais e até nos valores não ditos que definem a vida persa.

No centro desta influência cultural está a ênfase zoroastriana na dualidade - a eterna interação entre a luz e as trevas, o bem e o mal. Este conceito não é apenas uma construção teológica; inspirou o simbolismo encontrado nas artes visuais da Pérsia. Nos antigos relevos e motivos arquitectónicos persas, surge frequentemente o tema da luta entre a ordem e o caos. A imagem do Faravahar, com a sua forma alada representando a viagem da alma humana em direção à verdade divina, é um motivo que perdurou na iconografia persa, simbolizando a ligação entre o terreno e o espiritual.

Na arquitetura da antiga Pérsia, a reverência zoroastriana por elementos naturais como o fogo e a água torna-se evidente. Os templos do fogo, com as suas chamas sagradas, serviam não só como locais de culto, mas também como centros de coesão comunitária e cultural. A sua conceção reflecte o princípio zoroastriano de que o fogo, enquanto símbolo de pureza, deve ser protegido dos elementos, mantendo-se no entanto uma ligação visível a Ahura Mazda. Esta preocupação em proteger o sagrado, permitindo ao mesmo tempo que a sua luz brilhe para o exterior, reflecte os valores de equilíbrio e respeito que permeiam a sociedade persa. Mesmo no Irão moderno, os vestígios destes antigos templos e a sua influência podem ser vistos na conceção arquitetónica dos espaços públicos e privados, onde o equilíbrio entre a forma e a função é um eco destes princípios antigos.

    A influência do Zoroastrismo estende-se para além da pedra e da estrutura; canta através da poesia e da literatura da Pérsia. As obras dos poetas persas clássicos, como o Shahnameh de Ferdowsi - a epopeia dos reis persas - transportam fios da cosmologia e dos valores morais zoroastrianos. Ferdowsi, que escreveu muito depois de o zoroastrismo ter deixado de ser a religião do Estado, inspirou-se nos antigos mitos e histórias de heróis zoroastrianos e nas batalhas entre a luz e as trevas. Os seus versos, entrelaçados com o imaginário da justiça divina e da eterna luta contra o engano, ecoam os imperativos morais que Zaratustra pregava. Através destas obras, os ideais zoroastrianos de coragem, verdade e luta pela justiça foram preservados e celebrados, mesmo quando a paisagem religiosa da Pérsia se transformava.

    A celebração de festivais como o Nowruz, o Ano Novo persa, revela também uma herança zoroastriana que antecede o Islão em milénios. O Nowruz, enraizado na cosmologia zoroastriana, assinala o renascimento da natureza e o triunfo da luz sobre as trevas com a chegada da primavera. Embora hoje em dia seja abraçado por muitos grupos culturais e religiosos diferentes, as raízes zoroastrianas do festival são evidentes nos rituais que o acompanham - rituais que honram os elementos, acendem velas e se centram na renovação e na purificação. Esta celebração não é apenas um momento de alegria, mas um reflexo da antiga crença na natureza cíclica da existência, em que cada renovação é uma oportunidade de se alinhar mais estreitamente com Asha.

    No domínio da governação, o antigo conceito persa de realeza foi fortemente influenciado pelos ideais zoroastrianos. A noção de Shahanshah, ou "Rei dos Reis", estava entrelaçada com a ideia de que um governante devia encarnar os princípios de

Asha. Esperava-se que um rei justo fosse um reflexo da ordem divina na terra, governando com sabedoria e justiça como um servo de Ahura Mazda. Esta crença moldou a ideologia imperial persa, desde o Império Aqueménida até à dinastia Sassânida, onde os reis se apresentavam frequentemente como escolhidos por Ahura Mazda, lutando contra as forças do caos. As gravuras rupestres e as inscrições destas épocas, como as de Persépolis, testemunham esta dimensão espiritual da governação, em que o poder terreno é visto como uma extensão da harmonia cósmica.

A influência do zoroastrismo manifesta-se também nas práticas culturais quotidianas da sociedade persa, nomeadamente no respeito pela limpeza e na ênfase dada à verdade, que eram princípios centrais dos ensinamentos de Zaratustra. Práticas como a utilização de incenso para a purificação das casas, a observância de rituais para honrar os elementos e a importância atribuída à verdade reflectem uma continuidade dos valores zoroastrianos que persistiram subtilmente ao longo das gerações, mesmo quando o contexto religioso da Pérsia evoluiu. Estes valores moldaram as normas sociais, fomentando uma cultura que valoriza a honra, a hospitalidade e as responsabilidades éticas do indivíduo para com a sua comunidade.

Até o tradicional jardim persa, conhecido como paraíso ou pairi-daeza, se inspira no simbolismo zoroastriano. Estes jardins foram concebidos para representar o ideal de uma ordem celestial na terra - um oásis de harmonia, onde a água flui livremente e as plantas crescem em abundância exuberante, reflectindo a criação divina tal como imaginada por Ahura Mazda. O espaço fechado do jardim simbolizava a luta para manter a ordem e a beleza contra o caos invasor do deserto, tal como a batalha espiritual contra Druj. Esta estética de harmonia com a natureza continua a ser um elemento apreciado na arte e arquitetura persas, influenciando tudo, desde o design urbano à disposição dos pátios familiares.

Além disso, o impacto cultural do zoroastrismo pode ser visto na música persa, que, tal como os antigos cânticos rituais, procura frequentemente estabelecer uma ponte entre o mundo material e o espiritual. As melodias tradicionais têm um eco das invocações a Ahura Mazda, celebrando temas da natureza, do amor e da eterna dança entre a luz e as trevas. A música tem servido de recipiente para a transmissão de temas zoroastrianos, oferecendo uma recordação subtil mas duradoura da antiga visão do mundo que outrora guiou o povo da Pérsia.

Ao explorarmos estas camadas de influência, torna-se claro que o zoroastrismo deixou uma marca indelével na paisagem cultural persa. Moldou uma visão do mundo que é simultaneamente mística e prática, onde o cósmico e o mundano se entrelaçam. Esta influência perdura, não só nos restos de pedra de templos antigos ou nas palavras de poetas venerados, mas no próprio ritmo de vida no Irão moderno, onde os ecos antigos dos ensinamentos de Zaratustra ainda podem ser ouvidos, mesmo no meio das mudanças trazidas pelo tempo.

O próximo capítulo continuará esta exploração, aprofundando a forma como o zoroastrismo influenciou as correntes intelectuais e artísticas da literatura e filosofia persas clássicas e como os ecos desta antiga fé continuam a moldar a identidade iraniana moderna. À medida que avançamos, a narrativa revelará o legado duradouro do pensamento zoroastriano, traçando a forma como este se entrelaçou no coração cultural e intelectual da Pérsia, dando forma a uma herança que transcende as fronteiras religiosas e o tempo.

Os ecos do pensamento zoroastriano estendem-se para além dos monumentos físicos e das estruturas históricas, ressoando profundamente nas tradições intelectuais e artísticas da literatura persa clássica. Esta influência é mais do que um vestígio de crenças antigas; é uma corrente que moldou a imaginação filosófica e poética da Pérsia, conferindo uma profundidade única ao seu legado literário. Os poetas, filósofos e académicos persas inspiraram-se em temas zoroastrianos, explorando os mistérios da existência, a natureza do bem e do mal e a ordem cósmica através da lente dos antigos ensinamentos de Zaratustra.

Na poesia de Rumi, Hafez e Saadi, o dualismo que define a cosmologia zoroastriana - luz e escuridão, verdade (Asha) e engano (Druj) - encontra uma expressão renovada, mesmo quando estes poetas escreviam no contexto da Pérsia islâmica. Os seus versos, repletos de metáforas da luz como uma verdade divina que ilumina a alma e das trevas como um véu de ignorância, transportam um sentido subjacente da eterna luta que o zoroastrismo articulou séculos antes. As imagens do fogo como símbolo de pureza espiritual e o desejo da alma de se reunir com uma luz superior ecoam os rituais zoroastrianos em que o fogo é o meio através do qual o divino se manifesta. Esta continuidade subtil mostra como as ideias zoroastrianas penetraram no pensamento persa, moldando uma paisagem espiritual rica em camadas de significado.

O conceito de ordem divina, central no zoroastrismo, também permeia a filosofia persa. Pensadores como Avicena (Ibn Sina) e Suhrawardi envolveram-se profundamente com a ideia de um universo ordenado, inspirando-se tanto na antiga cosmologia zoroastriana como nas tradições filosóficas mais recentes que se misturaram na Pérsia. A filosofia da iluminação de Suhrawardi, por exemplo, está impregnada da metáfora da luz como símbolo do conhecimento e da verdade divina. Embora Suhrawardi trabalhasse dentro de uma estrutura islâmica, a sua ênfase na emanação da luz de uma fonte central tem uma semelhança notável com os conceitos zoroastrianos de Ahura Mazda como a luz da criação, uma presença que permeia e dá ordem ao cosmos.

Na literatura persa clássica, as narrativas épicas como Shahnameh servem como mais do que meras crónicas de reis e heróis; são um testemunho da influência da visão do mundo zoroastriana no ethos da realeza e da liderança. As figuras lendárias de Rustam e de outros heróis são retratadas não só como guerreiros, mas também como defensores de Asha, esforçando-se por manter a justiça e o equilíbrio no mundo. Ferdowsi, ao tecer estes contos antigos, assegurou que o sentido zoroastriano de responsabilidade moral - em que a luta contra o caos é um dever divino - continuasse a ser uma parte essencial da identidade persa. Através da sua epopeia, as histórias antigas da criação, a batalha entre o bem e o mal e os ensinamentos de Zaratustra continuaram a ressoar junto dos leitores persas muito depois da queda oficial do zoroastrismo como religião do Estado.

Esta influência não se limita à literatura e à filosofia; estende-se aos códigos sociais e à ética que moldaram a cultura persa ao longo dos milénios. Os conceitos de mehr (amor, amizade) e dad (justiça), subjacentes à ética persa, reflectem os ideais zoroastrianos, realçando a importância da harmonia comunitária, da caridade e da justiça social. Estes valores, derivados dos ensinamentos de Zaratustra, estão integrados na forma como a sociedade persa tem tradicionalmente abordado a hospitalidade e o respeito mútuo, criando uma cultura que valoriza a interligação de toda a vida.

À medida que a cultura persa foi evoluindo, continuou a misturar e a reinterpretar estes elementos zoroastrianos com novas influências, criando uma identidade sincrética única. Por exemplo, as tradições místicas persas retratam frequentemente a viagem da alma como um caminho em direção à luz - uma busca da chama interior que reflecte as noções zoroastrianas da centelha divina dentro de cada indivíduo. Esta viagem é vista como um regresso à unidade primordial, ecoando as ideias zoroastrianas da responsabilidade da alma de se alinhar com Asha e rejeitar as tentações de Druj. Mesmo quando o misticismo persa assumiu formas islâmicas, o foco zoroastriano na luz, no fogo e na purificação interior continuou a ser uma camada fundamental das narrativas espirituais da época.

A influência do zoroastrismo na formação da língua persa é outro testemunho do seu legado duradouro. Muitos termos e expressões idiomáticas da língua persa que se referem a conceitos de verdade, ordem e pureza têm as suas origens no vocabulário teológico zoroastriano. Palavras como Asha (verdade, retidão) evoluíram, mas mantêm a sua ressonância, orientando subtilmente o quadro moral em que a sociedade persa discute a virtude e a ética. Mesmo as expressões utilizadas na vida quotidiana, como as bênçãos ou as referências aos elementos naturais, têm ecos da reverência zoroastriana pelas dimensões físicas e espirituais do mundo.

A continuidade dos elementos zoroastrianos na cultura persa também desempenhou um papel na formação da identidade iraniana moderna, especialmente na forma como os iranianos se vêem a si próprios como guardiães de uma herança antiga que é anterior ao Islão. No Irão moderno, os festivais zoroastrianos, como o Nowruz, são celebrados não só pelo seu significado cultural, mas também como símbolo de continuidade, uma recordação de um passado em que os reis persas governavam por mandato divino, segundo os princípios de Asha. Estes festivais tornaram-se um ponto de orgulho e um marcador de identidade cultural, realçando uma ligação profunda às raízes pré-islâmicas do país. Este sentido de continuidade cultural é evidente no orgulho que muitos iranianos têm nas antigas ruínas de Persépolis e na reverência com que consideram figuras como Ciro, o Grande, cujo governo foi moldado pelos ideais zoroastrianos de justiça e retidão.

Também na diáspora, os símbolos e valores zoroastrianos continuam a servir de ponte entre o passado e o presente, oferecendo uma fonte de identidade para aqueles que procuram manter uma ligação com a sua herança. As comunidades persas de todo o mundo têm-se inspirado nos conceitos zoroastrianos para viverem em novas terras, utilizando estes ensinamentos antigos como uma bússola moral e uma ligação às suas raízes culturais. Este facto permitiu que o zoroastrismo mantivesse a sua relevância, não como um sistema de crenças estático, mas como uma tradição viva que se adapta e evolui.

A síntese filosófica e cultural que surgiu na Pérsia criou um legado em que o zoroastrismo, embora já não seja a fé dominante, continua a moldar a paisagem espiritual e intelectual. É um legado em que os ensinamentos antigos se misturam perfeitamente com as tradições mais recentes, em que os ecos das palavras de Zaratustra ressoam nos cânticos dos poetas, nos desenhos dos jardins e nas meditações dos filósofos. É um legado que persiste na forma como a cultura persa valoriza o equilíbrio entre o mundo material e o espiritual, entre a ação e a reflexão, entre a busca do conhecimento e a procura da verdade interior.

Desta forma, o zoroastrismo provou ser mais do que um capítulo na história da Pérsia; é um fio que atravessa todo o tecido da cultura iraniana, uma constante que perdura no meio da mudança. Deixou uma marca indelével nas expressões artísticas e intelectuais da civilização persa, influenciando a forma como os iranianos se vêem a si próprios e ao seu lugar no mundo. Esta profunda marca cultural continua a ser um testemunho da sabedoria duradoura de Zaratustra, cujos ensinamentos continuam a iluminar o espírito persa, guiando-o para uma visão do mundo onde a luz e a verdade são sempre perseguidas.

Os próximos capítulos explorarão a perspetiva zoroastriana sobre a natureza, a ética ambiental e a profunda ligação entre o dever espiritual e o mundo natural, salientando como os princípios antigos continuam a oferecer perspectivas para a consciência ecológica moderna. Ao voltarmos o nosso olhar para estes ensinamentos, descobriremos as formas como o respeito pela criação, central no pensamento zoroastriano, se alinha com os esforços contemporâneos para honrar e proteger o ambiente.

Capítulo 26
Ética ambiental

No Zoroastrismo, a natureza não é apenas um pano de fundo para a existência humana - é uma parte integrante da ordem cósmica, um reflexo da criação divina de Ahura Mazda. Esta antiga fé vê o mundo como um espaço sagrado, onde cada elemento, desde a mais pequena gota de água até às montanhas imponentes, está imbuído de significado espiritual. A terra, o céu, a água, as plantas e o fogo são todos considerados sagrados, e os zoroastrianos têm a profunda responsabilidade de proteger estes elementos, reconhecendo o seu papel de administradores da criação.

A reverência pela natureza nos ensinamentos zoroastrianos deriva da compreensão de que o mundo físico é uma manifestação de Asha, o princípio da verdade, da ordem e da retidão. Asha governa não só a moralidade humana, mas também as próprias leis da natureza, alinhando os ciclos das estações, o crescimento das colheitas e o fluxo dos rios com um objetivo divino. O mundo é visto como um campo de batalha onde as forças da ordem, representadas por Asha, devem ser continuamente defendidas contra o caos de Druj, ou falsidade. Neste contexto, cuidar do ambiente não é apenas uma escolha ética - é um dever espiritual, um ato de devoção que mantém o equilíbrio cósmico.

No centro da ética ambiental zoroastriana está o conceito de Khvarenah, ou glória divina, que se acredita estar presente em todos os aspectos da criação. Esta energia sagrada infunde o mundo natural, tornando-o numa fonte de alimento espiritual para a humanidade. Quando os zoroastrianos cuidam de um jardim, protegem uma fonte de água ou tratam dos animais, estão a praticar actos que honram a presença divina no mundo que os rodeia. Esta perspetiva encoraja uma relação harmoniosa entre os seres humanos e o seu ambiente, promovendo um sentido de interligação em que o bem-estar da natureza está diretamente ligado ao bem-estar da alma.

A água, por exemplo, ocupa um lugar particularmente estimado na cosmologia zoroastriana. É venerada como um purificador e um símbolo de vida, representando o fluxo das bênçãos de Ahura Mazda. A prática ancestral do Ab-Zohr, um ritual de oferenda à água, realça o profundo respeito que os zoroastrianos têm por este elemento. Nas regiões da Pérsia onde a escassez de água sempre foi um desafio, esta reverência traduziu-se numa gestão cuidadosa dos recursos hídricos. A construção de qanats - sistemas de irrigação subterrâneos - pelas comunidades zoroastrianas nos tempos antigos reflecte o desejo de utilizar os recursos naturais de forma sustentável, assegurando a preservação deste precioso elemento para as gerações futuras.

Do mesmo modo, a terra é vista como uma entidade viva que deve ser protegida da contaminação e da impureza. As escrituras zoroastrianas, como a Vendidad, contêm instruções sobre como tratar a terra com respeito, sublinhando que não deve ser poluída por resíduos ou práticas nocivas. A eliminação de corpos, por exemplo, é feita através do uso de dakhmas ou "Torres do Silêncio", onde os mortos são expostos aos elementos em vez de serem enterrados, para evitar a contaminação do solo. Esta prática, embora incompreendida por estranhos, tem as suas raízes no profundo respeito zoroastriano pela pureza da terra e pelo seu papel como força vivificante.

O fogo, outro elemento crucial na prática zoroastriana, não é apenas um símbolo de iluminação espiritual, mas também uma lembrança da energia que alimenta o mundo natural. O cuidado dado aos fogos sagrados nos templos zoroastrianos reflecte o cuidado que deve ser dado às fontes naturais de energia, como o calor do sol e as forças vitais que sustentam a vida. O imperativo ético de proteger o fogo da poluição estende-se metaforicamente ao dever mais amplo de manter a pureza e a sustentabilidade dos recursos da terra.

A veneração dos animais também faz parte da ética ambiental zoroastriana. Criaturas como os cães e as vacas têm um estatuto especial, acreditando-se que possuem uma ligação direta com a ordem divina. A matança de animais benéficos é considerada um pecado grave no Zoroastrismo, uma vez que perturba o equilíbrio da criação. Em vez disso, os zoroastrianos são encorajados a cuidar dos animais, fornecendo-lhes alimento e proteção, reflectindo um ethos mais amplo de compaixão e respeito por todos os seres vivos. Esta abordagem é evidente em textos zoroastrianos antigos que defendem o tratamento ético do gado, reconhecendo o seu papel na manutenção da vida humana através da agricultura e da alimentação.

Para além destas práticas específicas, a visão do mundo zoroastriana encoraja um estilo de vida que minimiza os danos ao ambiente. A simplicidade dos rituais zoroastrianos, que frequentemente envolvem oferendas de flores, frutos e incenso, contrasta com práticas que podem explorar ou degradar os recursos naturais. Esta contenção é vista como uma forma de asha em ação - um esforço consciente para viver em harmonia com o mundo em vez de exercer domínio sobre ele.

Os ensinamentos zoroastrianos também enfatizam a importância de manter um ambiente limpo e puro, tanto externa como internamente. Os actos rituais de limpeza e purificação estendem-se aos espaços físicos que os zoroastrianos habitam, sejam casas, templos ou locais públicos. Esta preocupação com a limpeza não é apenas uma questão de higiene, mas uma disciplina espiritual que reflecte a luta cósmica mais vasta contra a impureza e a desordem. Ao manterem o seu ambiente limpo, os zoroastrianos acreditam que contribuem para a luta contra as forças de Druj, simbolicamente fazendo recuar o caos e a decadência.

No mundo moderno, onde a crise ecológica representa um profundo desafio para a sobrevivência do nosso planeta, estes princípios antigos oferecem uma perspetiva oportuna. O respeito do Zoroastrismo pelo mundo natural, a sua ênfase na gestão dos recursos e o seu reconhecimento da sacralidade de toda a criação ressoam profundamente com o ambientalismo contemporâneo. À medida que as sociedades se debatem com as alterações climáticas, a poluição e o esgotamento dos recursos, o apelo zoroastriano para viver em harmonia com a natureza serve para recordar a dimensão espiritual da responsabilidade ecológica.

Para os zoroastrianos de hoje, a adaptação destes ensinamentos antigos às realidades contemporâneas envolve o equilíbrio entre tradição e inovação. Embora as práticas dos seus antepassados possam não ser todas aplicáveis em contextos modernos, os princípios subjacentes de respeito pela natureza e vida sustentável continuam a orientar a sua abordagem às questões ambientais. Em comunidades de todo o mundo, os zoroastrianos participam em acções de plantação de árvores, esforços de conservação da água e defesa do ambiente, procurando cumprir o antigo mandato de proteger e acarinhar a criação de Ahura Mazda.

Este sentido de dever para com a terra, transmitido ao longo de milénios, sublinha a relevância duradoura da ética ambiental zoroastriana. Oferece uma visão em que a espiritualidade e a sustentabilidade não estão separadas, mas entrelaçadas, em que o cuidado com o mundo é visto como um reflexo do cuidado com a própria ordem divina. Esta perspetiva encoraja não só os zoroastrianos, mas toda a humanidade a reimaginar a sua relação com a natureza, reconhecendo que, ao proteger a terra, estão também a preservar uma confiança sagrada.

À medida que a exploração da ética ambiental zoroastriana continua no próximo capítulo, aprofundaremos as formas específicas como estes ensinamentos têm sido praticados ao longo da história e o seu potencial para inspirar abordagens modernas à gestão ecológica. A viagem através da sabedoria antiga revela caminhos que nos podem guiar na abordagem dos desafios ambientais urgentes do nosso tempo, retirando força dos princípios duradouros de Asha e do respeito intemporal pelo mundo natural.

Ao longo dos séculos, a abordagem zoroastriana à preservação ambiental evoluiu, reflectindo tanto a sabedoria antiga como os desafios em mudança enfrentados pelas suas comunidades. Os princípios de reverência pela natureza e de gestão responsável mantiveram-se constantes, mas a aplicação destas ideias adaptou-se aos contextos de diferentes épocas, especialmente quando os zoroastrianos migraram e enfrentaram novas paisagens e condições ambientais.

A diáspora zoroastriana, nomeadamente os Parsis na Índia, levou consigo um respeito pela natureza que estava profundamente enraizado na sua fé. No subcontinente indiano, a paisagem diferia significativamente do terreno seco e acidentado da antiga Pérsia, e os zoroastrianos tiveram de encontrar novas formas de exprimir os seus valores ambientais. O antigo princípio de manter a pureza de elementos como a água e a terra continuou a ser crucial, e os Parsis adoptaram práticas que preservariam a santidade destes elementos na sua nova casa.

Um aspeto notável é a adaptação das dakhmas, ou "Torres do Silêncio". Na Índia, estas estruturas eram cuidadosamente colocadas em ambientes naturais, permitindo que os elementos - luz solar, ar e pássaros - devolvessem o falecido ao ciclo da natureza sem contaminar a terra. Embora a prática dos enterros no céu tenha enfrentado desafios nos tempos modernos, incluindo a urbanização e a preocupação com a diminuição da população de aves necrófagas, a filosofia subjacente mantém-se: o falecido deve ser devolvido à natureza sem perturbar o equilíbrio natural. Esta abordagem exemplifica o desejo zoroastriano de alinhar os rituais de morte com a ética ambiental, minimizando o impacto na terra.

Para além das práticas funerárias, o cultivo de espaços sagrados como os templos Atash Behram e os seus jardins circundantes realça a ênfase zoroastriana na vegetação e na preservação da natureza. Estes jardins, muitas vezes repletos de plantas exuberantes e fontes de água serena, servem para recordar a ligação entre a prática espiritual e a natureza. Proporcionam um espaço para contemplação e reunião da comunidade, onde a sacralidade da terra é honrada através do ato de cuidar dos seres vivos. O cuidado dispensado a estes jardins reflecte o compromisso zoroastriano mais vasto de manter a harmonia com o ambiente.

Nas últimas décadas, com o aumento da consciencialização global para a degradação ambiental, as comunidades zoroastrianas encontraram novas formas de integrar princípios antigos com movimentos ecológicos contemporâneos. Esta adaptação é evidente em iniciativas como campanhas de plantação de árvores organizadas por associações zoroastrianas, esforços para conservar a água em regiões áridas e programas educativos que realçam a importância de proteger os ecossistemas locais. Estas actividades modernas são vistas como extensões do antigo dever de defender Asha, aplicando a sabedoria do passado para resolver as preocupações prementes do presente.

A ênfase na conservação da água continua a ser particularmente forte, ecoando os ensinamentos do Avesta, que exaltam a água como uma força vivificante que deve ser protegida da poluição. Em lugares como o Irão, onde a seca e a escassez de água são desafios significativos, os zoroastrianos têm estado envolvidos em projectos comunitários para gerir os recursos hídricos de forma sustentável. Isto envolve não só práticas tradicionais como a manutenção de qanats - os antigos aquedutos subterrâneos - mas também o apoio a métodos modernos de reciclagem da água e de irrigação eficiente. A reverência espiritual pela água encontra assim uma nova expressão em soluções tecnológicas destinadas a preservar este precioso recurso para as gerações futuras.

Os princípios da ética ambiental no Zoroastrismo também encontraram ressonância nos movimentos globais de preservação ecológica e desenvolvimento sustentável. Conceitos como a eco-teologia - a ideia de que as crenças religiosas podem inspirar o ativismo ambiental - ganharam força, com os zoroastrianos a oferecerem uma perspetiva única enraizada nas suas tradições ancestrais. Ao enfatizar a interconexão de toda a vida e a responsabilidade moral de proteger o planeta, os zoroastrianos contribuem com uma voz que mistura espiritualidade com consciência ecológica, defendendo um mundo onde a sacralidade da natureza é reconhecida e respeitada.

Para além disso, a crença zoroastriana na renovação cíclica do mundo, incorporada no conceito de Frashokereti, contém uma mensagem poderosa para o ambientalismo contemporâneo. Esta visão escatológica descreve um futuro em que o mundo é purificado e restaurado ao seu estado original de perfeição, livre da corrupção do mal e da decadência. Esta esperança de uma renovação da criação alinha-se com as aspirações modernas de um futuro sustentável, em que as acções humanas podem levar à cura dos danos ecológicos e à restauração do equilíbrio no mundo natural.

Nas regiões para onde os zoroastrianos migraram, como a América do Norte, a Austrália e a Europa, a sua ética ambiental foi ainda mais influenciada pelos esforços locais de conservação e pela ênfase na redução das pegadas de carbono. A juventude zoroastriana, em particular, envolveu-se no ativismo ambiental, criando diálogos entre a sua herança religiosa e as abordagens contemporâneas de base científica às alterações climáticas. Este envolvimento reflecte a vontade de reinterpretar os ensinamentos antigos à luz dos novos conhecimentos, assegurando que os valores fundamentais do respeito pela natureza continuam a orientar as suas acções.

O papel dos festivais também adquiriu um novo significado no contexto da consciência ambiental. Celebrações como o Nowruz, o Ano Novo persa, têm tradicionalmente envolvido rituais que honram a chegada da primavera e a renovação da vida. Nos tempos modernos, os zoroastrianos têm usado estas ocasiões para promover a consciência ambiental, organizando eventos que realçam a importância de plantar árvores, limpar espaços públicos e fomentar uma apreciação mais profunda do mundo natural. Estas actividades servem de ponte entre as dimensões espiritual e ecológica do Zoroastrismo, ligando antigos ritos sazonais a apelos contemporâneos à gestão ambiental.

À medida que estas práticas evoluíram, não deixaram de ser objeto de desafios. A tensão entre a manutenção dos costumes tradicionais e a adaptação a novos contextos ambientais conduziu por vezes a decisões difíceis no seio da comunidade. No entanto, a capacidade de adaptação, mantendo-se fiel aos princípios fundamentais, tem sido uma caraterística definidora da resiliência zoroastriana. Reflecte a crença de que a essência de Asha permanece inalterada, mesmo que as formas de a expressar possam mudar com o tempo e as circunstâncias.

A ética ambiental zoroastriana oferece um quadro de visão do mundo que transcende a mera gestão de recursos. É uma visão em que o mundo natural é tanto uma dádiva como uma responsabilidade, uma fonte de inspiração espiritual que requer cuidado e respeito. À medida que as comunidades globais se debatem com as realidades das alterações climáticas, da poluição e da perda de biodiversidade, a antiga sabedoria do zoroastrismo serve para recordar que a busca da sustentabilidade não é apenas um esforço prático, mas profundamente espiritual.

Ao explorar a profundidade destes ensinamentos, descobrimos que o Zoroastrismo encoraja uma perspetiva em que os seres humanos não são dominadores da terra, mas sim participantes na sua história divina - a quem é confiado um papel que é simultaneamente humilde e sagrado. Esta perspetiva convida todas as pessoas, independentemente da sua origem, a encarar a preservação do ambiente como um dever moral partilhado e a procurar formas de viver em harmonia com o mundo natural.

Ao voltarmos a nossa atenção para os próximos capítulos, a relevância duradoura destes princípios ambientais continuará a revelar-se. A integração de crenças antigas com os desafios ecológicos contemporâneos oferece um caminho a seguir, sugerindo que a sabedoria do passado pode iluminar o caminho para um futuro mais sustentável e espiritualmente sintonizado. Através da lente do Zoroastrismo, o apelo à proteção do nosso mundo ressoa não apenas como uma questão de sobrevivência, mas como um ato de devoção aos princípios duradouros que unem toda a vida.

Capítulo 27
Verdade e honestidade

A verdade, no Zoroastrismo, não é um mero conceito, mas a própria essência da ordem cósmica, incorporada no princípio de Asha. Asha é a verdade fundamental que está subjacente a toda a criação, uma lei universal que governa o equilíbrio entre a luz e as trevas, o bem e o mal, a ordem e o caos. Não se trata apenas de uma realidade passiva, mas de uma força dinâmica que molda as acções de todos os crentes, orientando-os para a justiça e a integridade moral. A compreensão zoroastriana da verdade, portanto, permeia todos os aspectos da vida, formando o núcleo da prática espiritual e dos valores sociais.

No coração da ética zoroastriana encontra-se a tríade Humata, Hukhta, Hvarshta - Bons Pensamentos, Boas Palavras e Boas Acções. Esta tríade representa a personificação de Asha na conduta humana, incitando os indivíduos a alinharem os seus pensamentos, discurso e acções com a ordem cósmica. Pensar com verdade é harmonizar o mundo interior com os princípios divinos de Ahura Mazda; falar com verdade é trazer clareza e honestidade ao mundo; e agir com verdade é manifestar Asha nas interações diárias.

A importância da verdade no Zoroastrismo estende-se às responsabilidades da comunidade e da liderança. Desde as antigas cortes dos imperadores persas até às reuniões modernas das associações zoroastrianas, a expetativa de que os líderes defendam Asha é primordial. As palavras de Zaratustra, tal como estão registadas nos Gathas, sublinham o dever dos governantes de agirem como pastores do seu povo, assegurando que a sua governação está enraizada na justiça e na verdade. Esta expetativa não se limita à autoridade política, mas também se reflecte no papel dos Mobed, os sacerdotes a quem é confiada a interpretação dos textos sagrados e a orientação da comunidade. Para um Mobed, a veracidade é essencial não só na execução dos rituais, mas também na preservação dos ensinamentos de Zaratustra, assegurando que a sabedoria do Avesta é transmitida sem distorções.

Na vida quotidiana, a busca da verdade é um compromisso pessoal de cada zoroastriano. Este compromisso é mais evidente na ênfase dada à honestidade em todos os negócios, nas relações familiares ou nas interações sociais. Nas comunidades zoroastrianas tradicionais, a reputação de um indivíduo está intimamente ligada à sua adesão aos princípios de Asha. Ser conhecido como uma pessoa de verdade e integridade é considerado uma das maiores honras, reflectindo uma vida que espelha a ordem cósmica.

O respeito zoroastriano pela verdade é também evidente nas suas tradições jurídicas, em que dizer a verdade é um princípio central. Na antiga Pérsia, os procedimentos legais estavam entrelaçados com os valores religiosos e esperava-se que as testemunhas fizessem juramentos na presença do fogo, simbolizando a luz de Ahura Mazda. O ato de dizer falsidades era visto não só como um crime contra a comunidade, mas também como uma traição à confiança divina, um ato que perturbava o equilíbrio de Asha e invocava as forças de Druj - a mentira e o engano.

Os ensinamentos de Zaratustra realçam a luta cósmica entre Asha e Druj, não apenas como um conflito mitológico, mas como uma batalha que se desenrola no interior de cada indivíduo. Cada escolha para defender a verdade, por mais pequena que seja, é vista como uma posição contra a escuridão do engano. No entendimento Zoroastriano, o caminho de Asha é um caminho de disciplina interior, onde a mente deve estar vigilante contra as tentações da falsidade, auto-engano e compromisso moral. Esta vigilância é considerada uma forma de guerra espiritual, alinhando a alma com as forças da luz e recuando contra as sombras que se aproximam.

Mesmo na esfera privada, a influência de Asha molda a abordagem zoroastriana à reflexão pessoal e ao auto-aperfeiçoamento. Os seguidores são encorajados a examinar regularmente os seus próprios pensamentos e acções, perguntando a si próprios se estão de acordo com os princípios da verdade. Esta introspeção não tem como objetivo induzir a culpa, mas sim fomentar um espírito de crescimento constante, um desejo de se tornarem cada vez mais sintonizados com a vontade de Ahura Mazda. Através da oração e da meditação, os zoroastrianos procuram purificar as suas mentes de pensamentos que os possam desviar, reafirmando o seu compromisso com uma vida vivida de acordo com a ordem divina.

Uma das formas de manifestação deste foco na verdade é através do calendário zoroastriano, particularmente em festivais como Mehregan e Nowruz, que celebram a renovação da criação e o triunfo da luz sobre as trevas. Durante estas celebrações, são encorajados os actos de reconciliação e de dizer a verdade. As comunidades reúnem-se para resolver litígios, reparar relações quebradas e reafirmar laços de honestidade e confiança. Esta prática reflecte a crença de que a harmonia colectiva é inseparável da integridade individual; que o bem-estar da comunidade está diretamente ligado ao carácter moral dos seus membros.

Na diáspora zoroastriana, onde as comunidades se encontraram em contextos culturais diversos, o valor da verdade forneceu uma bússola moral. Vivendo como minorias, muitas vezes em regiões onde as suas tradições não são familiares, os zoroastrianos têm confiado no apelo universal da veracidade como forma de ultrapassar as divisões culturais e construir relações com os seus vizinhos. Este compromisso para com a verdade, a honestidade e os negócios justos ajudou os Zoroastrianos a ganharem uma reputação de confiança e ética, quer no comércio, na educação ou no serviço público.

À medida que o mundo evoluiu, também evoluíram os desafios para manter a veracidade. Na sociedade contemporânea, os Zoroastrianos enfrentam as complexidades da comunicação moderna, onde a desinformação e as meias verdades podem facilmente espalhar-se. No entanto, os ensinamentos de Asha continuam a ser uma luz orientadora, oferecendo um padrão intemporal em relação ao qual todas as afirmações devem ser avaliadas. Para muitos zoroastrianos, isto significa serem consumidores críticos de informação, aplicando um olhar perspicaz aos meios de comunicação social que consomem e pronunciando-se contra as falsidades nas esferas pública e privada.

A centralidade da verdade no zoroastrismo também se estende ao conceito de Daena, que pode ser entendido como uma "visão religiosa" e uma "consciência interior". Daena representa a luz do discernimento que guia a compreensão de Asha por um indivíduo. É através de Daena que uma pessoa percebe a verdade do mundo e o seu próprio lugar dentro dele. No pensamento zoroastriano, Daena não é estático; é nutrido através do estudo, da oração e da vida ética. Um Daena forte permite-nos perceber a unidade subjacente de Asha no universo, mesmo no meio do caos e das complexidades da vida quotidiana.

Assim, o compromisso com a verdade no Zoroastrismo não se limita a evitar mentiras ou enganos. É uma forma holística de viver que procura o alinhamento com as verdades mais profundas da existência. Ao viver de acordo com Asha, um zoroastriano esforça-se por trazer harmonia tanto ao seu mundo interior como ao mundo que o rodeia, incorporando os ensinamentos de Zaratustra em cada interação. Desta forma, a verdade torna-se uma ponte entre o terreno e o divino, um meio pelo qual os humanos podem participar na dança eterna entre a ordem e o caos.

À medida que nos aprofundamos na exploração do zoroastrismo, o próximo capítulo examinará a forma como estes princípios de veracidade são postos em prática em vários contextos, lançando luz sobre os desafios e as recompensas de viver segundo Asha num mundo complexo e em constante mudança.

Os princípios zoroastrianos de verdade e honestidade ultrapassam o domínio da moralidade pessoal e tocam todos os aspectos da vida social e espiritual, influenciando profundamente a forma como os seguidores da fé navegam nas suas interações com o mundo em geral. Para os zoroastrianos, viver de acordo com Asha, ou a verdade cósmica, significa encarnar a honestidade não só como uma virtude individual, mas também como um ethos comunitário, moldando a forma como as comunidades constroem a confiança e enfrentam os desafios da modernidade.

Nos negócios e no comércio, os Zoroastrianos têm desde há muito uma reputação de integridade, sendo frequentemente vistos como parceiros fiáveis que dão prioridade à justiça e à transparência. Este legado, que remonta à antiga Pérsia, reflecte um valor cultural profundo que vê o engano nas transacções económicas como uma manifestação de Druj, a mentira cósmica. Enganar no comércio é perturbar o equilíbrio de Asha, introduzindo a desordem no tecido das interações humanas. Historicamente, este facto levou os comerciantes zoroastrianos a estabelecer códigos de conduta que enfatizam o comércio justo, a comunicação honesta e o respeito pelos contratos, criando uma base de confiança que atravessa gerações.

A aplicação destes princípios nos negócios não é simplesmente uma escolha pragmática, mas uma prática espiritual. Cada transação honesta é vista como uma oportunidade para nos alinharmos com a visão de Ahura Mazda de um mundo justo e harmonioso. Desta forma, as acções diárias tornam-se uma forma de adoração, um meio de trazer a ordem divina de Asha para o mundo material. O compromisso com a honestidade reflecte-se nas histórias e provérbios transmitidos nas comunidades zoroastrianas, sublinhando que a riqueza obtida através de meios verdadeiros traz consigo uma bênção, enquanto que os ganhos adquiridos através do engano têm um custo oculto.

No seio da unidade familiar, a honestidade é a pedra angular das relações. Os ensinamentos zoroastrianos encorajam a comunicação aberta entre pais e filhos, cônjuges e membros da família alargada. Esta abertura é vista como uma forma de fomentar a compreensão mútua e de promover um ambiente familiar que reflecte a clareza e a transparência de Asha. Os desacordos devem ser abordados com um espírito de veracidade, em que cada parte procura compreender e transmitir a sua perspetiva honestamente, sem manipulação ou agendas ocultas. O lar, neste sentido, torna-se um reflexo da maior luta cósmica, onde a verdade e a transparência são as ferramentas para manter a harmonia contra a invasão do mal-entendido e da discórdia.

No entanto, o caminho da honestidade não é isento de complexidades. Nos tempos modernos, os zoroastrianos, como outros, enfrentam dilemas éticos em que a verdade pode entrar em conflito com a compaixão ou a privacidade. Os ensinamentos de Zaratustra não prescrevem respostas rígidas para todas as situações, mas enfatizam a importância da intenção e da busca da retidão. Quando se deparam com escolhas difíceis, os zoroastrianos são encorajados a refletir sobre os princípios de Asha, procurando um curso de ação que sustente o espírito da verdade, tendo simultaneamente em conta o bem-estar dos outros. Esta abordagem matizada reconhece que a veracidade nem sempre é direta e que a sabedoria deve guiar a sua prática.

Um exemplo disto é a abordagem zoroastriana aos segredos de família e às verdades sensíveis. Em situações em que a revelação de certas verdades possa causar danos ou angústia desnecessários, pode recorrer-se à discrição, desde que a intenção se alinhe com a compaixão e a busca mais alargada de Asha. Este equilíbrio entre a verdade e a bondade ilustra a profundidade da ética zoroastriana, que procura harmonizar princípios em vez de os aplicar de forma rígida.

Em ambientes comunitários, o valor da honestidade é fundamental para manter a unidade e a confiança. As reuniões comunitárias zoroastrianas, como as que ocorrem durante festivais como o Nowruz ou cerimónias religiosas, são momentos em que os laços de confiança dentro da comunidade são reforçados. Durante estas reuniões, a troca de histórias, ensinamentos e experiências pessoais centra-se frequentemente na importância de manter a verdade face aos desafios externos, sejam eles políticos, sociais ou culturais. Através destas narrativas, os membros da comunidade são recordados do seu compromisso comum com Asha e da força que advém da integridade colectiva.

Na diáspora zoroastriana, a ênfase na honestidade tem desempenhado um papel crucial na manutenção da identidade da fé no meio de uma diversidade de culturas e religiões. Quando os zoroastrianos se estabeleceram em novas regiões, da Índia ao Ocidente, levaram consigo a reputação de serem pessoas de palavra - dignas de confiança, diligentes e justas. Esta reputação não só ajudou a estabelecer relações fortes com outras comunidades, mas também serviu como forma de preservar a sua identidade cultural e religiosa distinta. A honestidade tornou-se uma ponte que permitiu aos zoroastrianos integrarem-se mantendo os seus valores fundamentais, mostrando que a adesão a Asha não é um obstáculo à coexistência, mas um caminho para o respeito mútuo.

Na era digital, os zoroastrianos enfrentam novos desafios para defender a verdade num mundo onde a informação é abundante, mas muitas vezes pouco fiável. Os ensinamentos de Zaratustra, com a sua ênfase no discernimento e na clareza, oferecem orientação para navegar nas complexidades dos media modernos. Os zoroastrianos são encorajados a questionar as fontes, a procurar conhecimento que se alinhe com os princípios de Asha e a evitar espalhar falsidades. Este compromisso com a verdade no domínio digital é visto como uma extensão da antiga batalha entre Asha e Druj, onde as mentiras e os enganos da desinformação ameaçam distorcer a realidade e criar divisões.

Ao mesmo tempo, as comunidades zoroastrianas têm utilizado plataformas digitais para promover a transparência e o diálogo dentro das suas próprias fileiras, abordando questões de governação, liderança e bem-estar da comunidade. Desta forma, a esfera digital torna-se um espaço onde os valores da verdade e da honestidade podem ser reimaginados e adaptados, assegurando que os princípios intemporais de Asha permanecem relevantes num mundo em constante mudança.

As tradições jurídicas do Zoroastrismo, que evoluíram a par dos seus ensinamentos éticos, continuam a enfatizar a verdade como um dever fundamental. Nos sistemas jurídicos tradicionais zoroastrianos, os juramentos e os votos são considerados sagrados, com consequências espirituais e sociais. Quebrar um voto ou prestar falso testemunho é visto não só como uma transgressão contra a sociedade, mas também como um ato que perturba a harmonia espiritual do universo. As comunidades zoroastrianas modernas, mesmo as que estão integradas em sistemas jurídicos seculares, mantêm um profundo respeito pelo poder da palavra falada, considerando as promessas e os compromissos como extensões da sua aliança com Ahura Mazda.

O conceito de Frashokereti, a renovação final do mundo na escatologia zoroastriana, está profundamente ligado à prática da verdade. Acredita-se que, nos últimos dias, o poder de Asha prevalecerá sobre todas as formas de Druj, conduzindo a um mundo onde a verdade é absoluta e incontestada. Esta visão de um futuro em que o engano já não tem influência inspira os zoroastrianos a lutar pela verdade nas suas próprias vidas, vendo cada ato honesto como um passo em direção a esta restauração divina. Acreditam que o seu compromisso com a verdade no presente contribui para uma narrativa cósmica maior, onde a luta entre a luz e as trevas culminará num mundo de perfeita clareza.

Assim, a verdade e a honestidade no Zoroastrismo não são meras recomendações éticas, mas compromissos profundos que moldam a identidade e o destino de cada seguidor. São fios que se entrelaçam nas dimensões pessoal, comunitária e cósmica da vida, criando um tecido que liga o mundano ao divino. Através da sua dedicação a estes valores, os zoroastrianos continuam a honrar o legado de Zaratustra, mantendo viva a chama de Asha num mundo que testa constantemente a resistência da verdade.

Esta exploração da verdade no seio da tradição zoroastriana revela uma abordagem matizada e evolutiva da honestidade, que se adapta às necessidades de cada época, mantendo-se ancorada em princípios intemporais. À medida que nos aprofundamos, os capítulos seguintes virar-se-ão para o futuro, examinando a forma como o Zoroastrismo enfrenta os desafios de preservar as suas tradições e de se adaptar às dinâmicas em mudança do mundo moderno.

Capítulo 28
O Futuro do Zoroastrismo

O Zoroastrismo, uma das mais antigas religiões vivas do mundo, enfrenta uma complexa rede de desafios à medida que avança para o futuro. Embora enraizada em tradições antigas e rica em ensinamentos que guiaram os seguidores durante milénios, a fé enfrenta agora ameaças significativas à sua continuidade. No centro destes desafios estão o número decrescente de adeptos, a dispersão geográfica das comunidades e a necessidade de adaptação às rápidas mudanças culturais e sociais da era moderna.

No centro do desafio está o número cada vez menor de zoroastrianos em todo o mundo. Na sua terra natal, o Irão, onde o zoroastrismo ocupou outrora uma posição de destaque, a comunidade diminuiu drasticamente, em resultado de séculos de perseguição, migração e pressões de conversão após a conquista islâmica. Hoje, a população zoroastriana do Irão é uma pequena fração do que já foi, confinada a algumas cidades e aldeias onde os ecos dos antigos rituais ainda ressoam, mas em tons mais baixos. Esta contração levou a receios de extinção, com os anciãos da comunidade preocupados com a perda da língua, das práticas culturais e dos ritos religiosos que foram transmitidos ao longo de gerações.

Fora do Irão, a Índia tornou-se um centro crítico para a vida zoroastriana através da comunidade Parsi. Os parsis, que fugiram da Pérsia para evitar a perseguição religiosa há mais de mil anos, prosperaram na Índia, tornando-se uma das mais proeminentes comunidades da diáspora zoroastriana. No entanto, mesmo entre os Parsis, há preocupações quanto ao declínio demográfico. Com uma população pequena e baixas taxas de natalidade, a comunidade tem enfrentado debates internos sobre questões como os casamentos mistos e a inclusão de novos membros, lutas que reflectem a tensão entre a preservação da tradição e a aceitação da mudança. A questão de saber quem se qualifica como zoroastriano tornou-se um tema sensível, dividindo opiniões e moldando o futuro da fé.

A dispersão das comunidades zoroastrianas, da América do Norte à Austrália, acrescenta outra camada de complexidade. Embora a diáspora tenha proporcionado novas oportunidades para o intercâmbio cultural e a difusão dos ideais zoroastrianos para além das suas fronteiras tradicionais, também conduziu à fragmentação. As comunidades que outrora prosperavam através de estruturas sociais muito unidas encontram-se agora espalhadas pelos continentes, adaptando-se cada uma delas aos contextos locais enquanto se esforçam por manter uma identidade comum. Esta dispersão exigiu novas abordagens para manter a coesão da comunidade, com uma dependência crescente da comunicação digital e dos serviços religiosos em linha para colmatar a fractura geográfica. As plataformas virtuais permitiram que os zoroastrianos de diferentes partes do mundo se ligassem, mas também realçam o desafio de manter um sentido de unidade face às diversas influências culturais.

Nesta paisagem em mudança, algumas das preocupações mais prementes centram-se na adaptação das práticas antigas à vida contemporânea. Os rituais, as orações e os costumes que foram fielmente preservados ao longo dos séculos exigem muitas vezes uma reinterpretação para se manterem relevantes. Por exemplo, as gerações mais jovens de zoroastrianos, em especial as que cresceram nos países ocidentais, procuram formas de integrar a sua fé na sua vida quotidiana de modo a que esta se coadune com os valores e estilos de vida modernos. Isto levou a debates sobre o papel da igualdade de género no zoroastrismo, a interpretação das leis tradicionais de pureza e a incorporação da consciência ambiental na prática religiosa. Enquanto alguns encaram estas mudanças como necessárias para a sobrevivência da fé, outros vêem-nas como potenciais compromissos para a integridade dos ensinamentos zoroastrianos.

Ao mesmo tempo, a sobrevivência do zoroastrismo depende não só da adaptação, mas também de um profundo sentido de orgulho cultural e de um desejo de reencontro com as suas raízes. No Irão, tem havido um ressurgimento do interesse de alguns jovens iranianos pela sua herança pré-islâmica, que inclui o zoroastrismo. Este facto conduziu a um renovado apreço pelo papel da religião na formação da história e da identidade persas, bem como a um maior interesse pelos antigos locais e práticas zoroastrianas. Para muitos, isto representa uma forma de resistência cultural e de recuperação de uma identidade que foi ofuscada por séculos de pressões externas.

Para além do Irão e da Índia, surgiram organizações zoroastrianas globais que trabalham para unificar as comunidades dispersas e garantir que os ensinamentos zoroastrianos não se perdem no tempo. Estas organizações, como o Congresso Mundial Zoroastriano, organizam regularmente eventos e conferências, reunindo zoroastrianos de diferentes partes do mundo para partilharem as suas experiências e debaterem os desafios que enfrentam. Através destes encontros, os zoroastrianos têm procurado encontrar pontos em comum em questões como a educação, a preservação cultural e o papel da religião num mundo que muitas vezes parece estar em desacordo com as crenças antigas.

Neste contexto, a utilização da tecnologia tornou-se uma faca de dois gumes. As plataformas digitais permitiram a preservação de textos sagrados, reuniões de oração em linha e a partilha de ensinamentos, tornando a fé mais acessível àqueles que vivem longe dos centros de culto tradicionais. No entanto, o mundo digital também apresenta desafios, uma vez que o domínio virtual pode diluir o sentido de comunidade física que tem sido tão central para a identidade zoroastriana. A transição dos templos de fogo, com as suas chamas sagradas tangíveis, para o culto online levanta questões sobre como manter a santidade dos rituais num espaço virtual.

Ao olhar para o futuro, o zoroastrismo tem também de enfrentar a questão de como atrair e manter as gerações mais jovens. Muitos jovens zoroastrianos sentem uma profunda ligação à sua herança, mas lutam para encontrar um lugar para as suas crenças num mundo que é cada vez mais secular e acelerado. As iniciativas que visam o envolvimento dos jovens têm procurado colmatar esta lacuna, oferecendo campos de férias, programas educativos e actividades culturais que enfatizam a relevância da ética zoroastriana, como a gestão ambiental e a justiça social, para as questões globais contemporâneas. Estes esforços são concebidos não só para educar, mas também para inspirar um sentido de objetivo e de ligação à fé.

Além disso, a ênfase do Zoroastrismo no livre arbítrio e na responsabilidade individual continua a ser uma mensagem potente para os tempos modernos. O conceito de escolher Asha - a verdade e a retidão - em vez de Druj - a falsidade e o caos - ressoa com aqueles que procuram clareza ética no meio das complexidades da vida moderna. Esta luta intemporal oferece um enquadramento espiritual que pode ser particularmente apelativo para aqueles que se sentem desligados de outras tradições religiosas ou desiludidos com o materialismo. Apresenta o Zoroastrismo não como uma relíquia do passado, mas como uma filosofia com profunda relevância contemporânea.

No entanto, apesar destes esforços, existe um sentimento de urgência subjacente no seio da comunidade. A perspetiva de declínio demográfico e de assimilação cultural é grande, levando a questões existenciais sobre como será o zoroastrismo noutro século. Será que o núcleo da fé será preservado através da adaptação, ou transformar-se-á em algo irreconhecível para os seus antepassados? As respostas a estas perguntas permanecem incertas, moldadas pelas escolhas de indivíduos, comunidades e líderes que se debatem com o equilíbrio entre tradição e mudança.

O futuro do Zoroastrismo é, portanto, uma tapeçaria tecida com fios de esperança, resiliência e o peso da história. À medida que o mundo muda à sua volta, o Zoroastrismo encontra-se numa encruzilhada, onde a sabedoria duradoura de Zaratustra tem de satisfazer as exigências de uma nova era. A história que se desenrola não é uma história de declínio, mas de transformação, à medida que a antiga chama dos ensinamentos de Ahura Mazda continua a encontrar formas de arder brilhantemente, mesmo em paisagens desconhecidas.

A viagem em direção ao futuro do Zoroastrismo é marcada tanto pela incerteza como por uma determinação tranquila em preservar a sua essência. Embora os desafios demográficos e as pressões da modernização representem obstáculos significativos, existem também iniciativas e movimentos no seio da comunidade zoroastriana global que procuram rejuvenescer e revitalizar a fé. Estes esforços misturam o respeito pela tradição com a vontade de se envolver com a sociedade contemporânea, oferecendo esperança num futuro em que o zoroastrismo continue a ser relevante, mantendo-se fiel aos seus princípios fundamentais.

Um dos aspectos centrais desta revitalização é o esforço para reconectar os zoroastrianos com a sua herança através da educação. Em todo o mundo, foram criados programas educacionais para ensinar às gerações mais jovens os ensinamentos de Zaratustra, os princípios de Asha e a rica história da antiga Pérsia. Estes programas vão muitas vezes para além da simples instrução religiosa, integrando lições sobre a história, a língua e a cultura zoroastrianas para promover um sentido de identidade mais profundo. Na era digital, esta educação estende-se a plataformas online, onde webinars, debates virtuais e arquivos digitais permitem aos zoroastrianos aceder ao conhecimento independentemente da sua localização geográfica.

Os encontros globais, como o Congresso Mundial da Juventude Zoroastriana, desempenham um papel vital neste processo. Estes eventos proporcionam uma plataforma para os jovens zoroastrianos se encontrarem, trocarem ideias e reflectirem sobre o que significa ser zoroastriano no mundo atual. Oferecem um espaço onde os participantes podem celebrar a sua herança e, ao mesmo tempo, discutir os desafios de manter a fé num ambiente em rápida mudança. Estes congressos, muitas vezes repletos de workshops, palestras e intercâmbios culturais, têm como objetivo promover um sentido de unidade entre os zoroastrianos de diversas origens, sublinhando que, apesar do seu pequeno número, fazem parte de uma família global.

Os esforços para promover a inclusão e a adaptação aos valores sociais contemporâneos também ganharam força, especialmente nas comunidades da diáspora. Durante muitos anos, os debates sobre a admissão de indivíduos de herança mista no seio do zoroastrismo suscitaram controvérsia. Em locais como a Índia, onde as regras tradicionais em torno da identidade zoroastriana têm sido mais rígidas, estas discussões assumiram uma nova urgência. Os grupos progressistas defendem uma interpretação mais inclusiva, sugerindo que a tónica deve ser colocada na preservação dos ensinamentos e valores da fé e não na manutenção estrita das linhagens. Esta perspetiva é motivada pelo reconhecimento de que a adaptação pode ser a chave para garantir a sobrevivência da religião a longo prazo.

Em contrapartida, há também vozes no seio da comunidade que sublinham a importância de preservar os costumes e práticas antigos sem os diluir. Para estes tradicionalistas, os rituais, as leis de pureza e as práticas em torno dos templos de fogo representam uma ligação direta aos seus antepassados e aos ensinamentos originais de Zaratustra. Preocupa-os o facto de uma adaptação excessiva poder fazer perder a essência do zoroastrismo, transformando-o em algo irreconhecível. O diálogo entre estas perspectivas progressistas e conservadoras é uma das caraterísticas que definem a evolução do zoroastrismo, na medida em que a comunidade procura um equilíbrio que honre o passado e, ao mesmo tempo, satisfaça as exigências do presente.

A tecnologia tornou-se um aliado inesperado na preservação e promoção do zoroastrismo. A utilização de redes sociais, sítios Web e comunidades em linha permitiu aos zoroastrianos manterem-se ligados, partilharem recursos e promoverem um sentido de comunidade, mesmo a grandes distâncias. Plataformas online como o Instagram, o YouTube e aplicações dedicadas ao zoroastrismo incluem ensinamentos de sacerdotes, debates sobre práticas religiosas e visitas virtuais a locais históricos do zoroastrismo. Para muitos zoroastrianos mais jovens, estes espaços digitais são onde encontram pela primeira vez os aspectos mais profundos da sua fé, o que os torna inestimáveis para colmatar o fosso geracional.

Esta transformação digital estende-se também às práticas religiosas. Com o advento dos grupos de oração em linha e dos rituais virtuais, muitos zoroastrianos encontraram novas formas de participar no culto comunitário, mesmo que vivam longe de um templo de fogo tradicional. Estas reuniões virtuais oferecem um novo tipo de acessibilidade, possibilitando aos zoroastrianos que, de outra forma, se sentiriam isolados, participar na vida espiritual da sua comunidade. No entanto, esta mudança não está isenta de desafios, pois levanta questões sobre como manter a sacralidade e a energia espiritual dos rituais quando estes são conduzidos através de um ecrã e não nos espaços sagrados de um templo.

Nos últimos anos, tem havido também uma ênfase renovada nos princípios zoroastrianos que se alinham de perto com as preocupações modernas, como o ambientalismo e a responsabilidade social. A ênfase em Asha - que representa a verdade, a retidão e a ordem cósmica - está em forte sintonia com os movimentos globais centrados na sustentabilidade e na preservação ecológica. Por exemplo, alguns grupos zoroastrianos iniciaram projectos que visam proteger os recursos naturais, sublinhando que cuidar da Terra é um reflexo do seu dever como guardiães da criação de Ahura Mazda. Ao enquadrar os ensinamentos antigos em termos que abordam questões contemporâneas, estas iniciativas oferecem uma forma de o zoroastrismo se envolver em preocupações sociais mais alargadas.

O papel da globalização não pode ser subestimado na definição do futuro do Zoroastrismo. À medida que as comunidades continuam a espalhar-se e a adaptar-se, dão por si a interagir com outras culturas, religiões e filosofias. Esta interação tem o potencial de enriquecer o Zoroastrismo, introduzindo novas perspectivas e formas de interpretar textos antigos. No entanto, também apresenta riscos de assimilação cultural e de diluição de identidades religiosas únicas. Muitos zoroastrianos encontram-se numa linha delicada entre abraçar a cidadania global e manter uma identidade espiritual e cultural distinta.

Neste contexto global, a preservação dos conhecimentos tradicionais torna-se ainda mais crucial. A geração mais velha possui um tesouro de tradições orais, histórias e interpretações de textos sagrados que nem sempre se encontram na forma escrita. Estão a ser feitos esforços para documentar estas histórias orais, garantindo que a sabedoria e as experiências dos mais velhos não se perdem no tempo. Esta preservação do conhecimento oral complementa os textos escritos, como o Avesta, oferecendo uma compreensão mais holística dos ensinamentos zoroastrianos, baseada na experiência vivida.

Outra área de interesse tem sido a promoção do zoroastrismo como fonte de orientação filosófica e ética no mundo moderno. Os académicos e pensadores da comunidade têm procurado realçar os aspectos universais da filosofia zoroastriana, como a ênfase no livre arbítrio, a importância da escolha moral e a eterna luta entre o bem e o mal. Estes temas, embora profundamente enraizados na visão do mundo zoroastriana, também oferecem uma visão valiosa da condição humana, tornando-os relevantes para um público mais vasto, para além dos limites da própria religião.

Olhando para o futuro, é provável que o futuro do zoroastrismo seja moldado por um mosaico de esforços: alguns com o objetivo de manter as práticas tradicionais, outros procurando reenquadrar a sabedoria antiga em contextos modernos, e ainda outros centrados na construção de ligações através da comunidade global dispersa. O resultado destes esforços permanece incerto, mas o empenhamento em manter viva a chama do Zoroastrismo arde intensamente. É uma viagem definida tanto pela continuidade como pela transformação, onde as orações antigas se encontram com os ecrãs digitais e os sussurros da voz de Zaratustra encontram eco no mundo agitado do século XXI.

Este capítulo da história do Zoroastrismo ainda está a ser escrito e está a ser moldado por inúmeras escolhas individuais - por famílias que decidem ensinar aos seus filhos as orações antigas, por jovens zoroastrianos que questionam e redefinem o que significa pertencer e por líderes comunitários que se esforçam por manter um sentido de unidade em todos os continentes. No meio dos desafios, há também um sentido de renovação, à medida que o zoroastrismo encontra formas de se adaptar sem perder a essência espiritual que tem guiado os seus seguidores durante milhares de anos.

Nesta narrativa em evolução, o futuro do Zoroastrismo continua a ser um testemunho do poder duradouro da fé, da tradição e da esperança inabalável de que, apesar de todas as probabilidades, os ensinamentos de Zaratustra continuarão a guiar os que procuram a luz de Asha durante as gerações vindouras.

Capítulo 29
Regras e práticas diárias

O ritmo da vida quotidiana de um zoroastriano está impregnado de rituais que mantêm a ligação a Ahura Mazda e reforçam o sentido de disciplina espiritual. Estas práticas formam a espinha dorsal da viagem de um zoroastriano pelo mundo, oferecendo estrutura e um sentido de objetivo enraizado na sabedoria antiga. Desde o momento em que se acorda até à hora do descanso, o dia desenrola-se como uma série de oportunidades para expressar gratidão, manter a pureza e alinhar-se com a ordem cósmica de Asha.

No centro das práticas diárias está a recitação de orações, ou manthras, que não são meras palavras faladas, mas vibrações sagradas que se acredita invocarem o poder espiritual. O Avesta fornece uma grande quantidade destas orações, sendo que Ashem Vohu e Yatha Ahu Vairyo estão entre as mais frequentemente recitadas. Estas orações são ditas em vários momentos do dia - ao acordar, antes das refeições, durante o acender do fogo sagrado e antes de dormir - procurando sempre renovar a ligação a Ahura Mazda e aos princípios da verdade e da retidão. Recitar estes manthras é uma forma de alinhar os nossos pensamentos com o divino e de nos lembrarmos da eterna luta contra a falsidade e a desordem.

A pureza, tanto física como espiritual, desempenha um papel importante na vida quotidiana zoroastriana. As abluções, conhecidas como padyab, envolvem a lavagem das mãos, do rosto e de outras partes do corpo, muitas vezes acompanhada da recitação de uma oração. Este ato simboliza a limpeza não só das impurezas físicas, mas também a remoção de pensamentos ou influências negativas. Estes actos de purificação são realizados antes da oração e de outros deveres religiosos, reforçando o conceito de que a pureza do corpo e da mente são pré-requisitos para a aproximação ao divino.

O fogo, como símbolo da luz divina, ocupa um lugar de destaque nos rituais quotidianos. Em casa, muitos zoroastrianos mantêm uma pequena chama ou atash dadgah como ponto focal para as suas orações, honrando o elemento sagrado que representa a presença de Ahura Mazda. A manutenção desta chama - quer se trate de acender uma lâmpada ou de acender um incenso - serve para recordar o fogo divino que arde dentro e à volta de toda a criação. Para aqueles que não podem aceder diariamente a um templo de fogo, esta prática torna-se um altar pessoal, um espaço onde a devoção e a reflexão convergem.

Na estrutura de um dia típico, são observadas três horas primárias de oração, cada uma delas alinhada com a progressão natural do sol: o amanhecer (Havan), o meio-dia (Rapithwin) e o anoitecer (Uzirin). Estas horas não são arbitrárias, mas estão profundamente ligadas aos ciclos da natureza, reflectindo a crença zoroastriana na sacralidade da criação. As orações da manhã celebram o nascer do sol, que simboliza o triunfo da luz sobre as trevas. As orações do meio-dia reconhecem o pico do poder do sol, uma altura para reafirmar a força e a clareza. As orações da noite, quando o sol se põe, representam um momento de introspeção, gratidão e procura de proteção contra as forças das trevas. Estes ritmos ligam o indivíduo ao universo mais alargado, transformando cada dia num microcosmo da luta cósmica entre a ordem e o caos.

A prática das orações do Kusti é outro aspeto fundamental da vida quotidiana. O Kusti, um cordão sagrado tecido de lã, é enrolado à volta da cintura sobre o Sudreh, uma peça de vestuário interior que representa o caminho da retidão. O ritual de desatar e voltar a atar o Kusti é efectuado várias vezes por dia - ao acordar, antes de comer e antes de dormir - sempre acompanhado de orações específicas. O ato de voltar a atar o Kusti simboliza um novo compromisso com a fé zoroastriana, com a tríade de bons pensamentos, boas palavras e boas acções. Para muitos, este ritual torna-se um momento de pausa, uma oportunidade de se concentrarem novamente no meio das exigências da vida quotidiana e de renovarem a sua armadura espiritual contra as tentações do Druj.

Os costumes alimentares zoroastrianos também reflectem a filosofia religiosa mais ampla, dando ênfase à moderação, ao respeito pela vida e à gratidão. As refeições começam com uma oração simples, agradecendo a comida e reconhecendo-a como uma dádiva de Ahura Mazda. Este ritual sublinha a interligação entre os mundos material e espiritual, recordando aos fiéis que cada ato, mesmo o de comer, tem uma dimensão espiritual. Nalgumas tradições, os zoroastrianos evitam consumir certos alimentos que, segundo se crê, perturbam o equilíbrio espiritual, embora as práticas alimentares possam variar muito consoante as comunidades.

Para além dos rituais estruturados, o zoroastrismo incentiva a prática de Frashokereti na vida quotidiana - a ideia de trabalhar para a renovação do mundo através de acções individuais. Este conceito sugere que todos os pensamentos e acções contribuem para a luta mais vasta em prol de um mundo livre de sofrimento e falsidade. Os actos de bondade, a generosidade para com os necessitados e os esforços para proteger o mundo natural são vistos como extensões deste dever divino. Assim, o Zoroastrismo integra a espiritualidade com a responsabilidade social, fazendo da vida quotidiana uma expressão contínua de devoção e serviço.

Os zoroastrianos também se preocupam com os cuidados a ter com os falecidos, o que reflecte a ênfase na pureza. A tradição de não enterrar os mortos na terra, para evitar poluir os elementos sagrados da terra e do fogo, leva à prática única da exposição no Dakhma ou Torre do Silêncio. Embora esta prática não faça diretamente parte das rotinas diárias, ilustra a visão mais ampla do mundo em que cada elemento da natureza deve ser tratado com reverência. Desta forma, a vida quotidiana está constantemente em sintonia com as leis cósmicas e com o equilíbrio entre os reinos físico e espiritual.

Para além das orações e dos rituais, o comportamento quotidiano de um zoroastriano é orientado pelos ensinamentos morais da religião. A verdade, o respeito pelos outros, a diligência no trabalho e a manutenção de um lar pacífico são vistos como manifestações de uma vida de acordo com Asha. Desta forma, mesmo as actividades mais mundanas - como as interações com os vizinhos, a condução dos negócios ou o cuidado da família - estão imbuídas de significado espiritual. A vida zoroastriana ideal é aquela em que cada ação, por mais pequena que seja, contribui para a harmonia do mundo e reflecte os valores transmitidos por Zaratustra.

A ênfase na comunidade também desempenha um papel crucial nas práticas quotidianas. Os zoroastrianos são encorajados a reunir-se para orações comunitárias, festivais e eventos de caridade, reforçando um sentido de unidade e de objetivo partilhado. Mesmo na diáspora, onde as distâncias podem separar os indivíduos dos templos de fogo ou das comunidades zoroastrianas mais alargadas, muitos mantêm laços através de grupos em linha, associações locais e reuniões de oração virtuais. Estes encontros, presenciais ou virtuais, proporcionam um espaço de reflexão colectiva, de apoio e de reforço dos laços comunitários. O sentimento de pertença a uma tradição milenar constitui uma poderosa fonte de continuidade, sobretudo face aos desafios modernos.

No seu cerne, as práticas diárias do Zoroastrismo reflectem uma profunda atenção - uma consciência constante do papel de cada um na ordem cósmica e da responsabilidade que daí advém. Nestas rotinas, os fiéis encontram um ritmo que os liga aos seus antepassados e aos ensinamentos de Zaratustra, mesmo quando navegam pelas complexidades da vida contemporânea. Os rituais, sejam eles antigos ou adaptados, servem para lembrar que a luta entre Asha e Druj não é apenas uma grande batalha cósmica, mas uma série de escolhas feitas todos os dias. Através destas práticas, os zoroastrianos esforçam-se por viver em harmonia com a chama eterna, percorrendo um caminho iluminado pela luz de Ahura Mazda.

Embora as práticas fundamentais da vida quotidiana zoroastriana se centrem em rituais universais, orações e purificação, a diversidade da fé deu origem a variações que adaptam estas tradições às realidades culturais, sociais e geográficas de cada comunidade. Em todo o mundo, os zoroastrianos na diáspora adaptaram as suas rotinas, equilibrando a adesão a tradições antigas com os desafios de viver em ambientes modernos, muitas vezes não zoroastrianos. Este capítulo investiga as nuances destas adaptações e as formas como as práticas antigas continuam a ressoar, mesmo quando se transformam para satisfazer as necessidades contemporâneas.

Uma das variações mais profundas nas práticas quotidianas surge na forma como as diferentes comunidades zoroastrianas mantêm os rituais de purificação. A prática do padyab - lavagem ritual - continua a ser um princípio central, mas em locais onde a água pode ser escassa, como nos centros urbanos ou nas regiões áridas, foram feitas adaptações. Algumas comunidades introduziram versões simplificadas, utilizando o mínimo de água ou concentrando-se mais na recitação simbólica de orações do que na lavagem física propriamente dita. Esta flexibilidade reflecte a abordagem pragmática incorporada no Zoroastrismo, em que a essência do ritual - a purificação do pensamento e da intenção - pode ser preservada, mesmo que a forma tenha de evoluir.

O ritual de manter o Kusti e o Sudreh também adquiriu novas interpretações entre as comunidades da diáspora. Embora o ato fundamental de atar o Kusti e recitar as orações que o acompanham permaneça consistente, a frequência e o momento destas práticas podem variar. Para os zoroastrianos que têm horários de trabalho exigentes ou que vivem em regiões com ritmos diários diferentes, o ritual é por vezes ajustado para se adequar ao seu estilo de vida. No entanto, mesmo nestas formas adaptadas, o objetivo central - uma recordação diária da aliança com Ahura Mazda e dos valores da verdade e da justiça - permanece intacto. Para muitos, esta adaptabilidade é um testemunho da resiliência do espírito zoroastriano.

A presença do fogo na prática zoroastriana, particularmente em casa, também sofreu alterações significativas em resposta às condições de vida modernas. Nos contextos tradicionais, as famílias mantinham um espaço dedicado a uma lâmpada ou a uma pequena fogueira, simbolizando a presença da luz divina. No entanto, nas habitações urbanas contemporâneas ou em regiões onde as chamas abertas podem colocar problemas de segurança, muitos zoroastrianos passaram a usar luzes eléctricas ou lâmpadas simbólicas. A chama, real ou simbólica, continua a ser o ponto central das orações, uma lembrança do fogo eterno que significa a presença de Ahura Mazda em todos os cantos do mundo.

Embora estas adaptações permitam aos zoroastrianos continuar as suas práticas em diversos ambientes, mantém-se um profundo sentido de reverência pelos costumes originais. Este respeito pela tradição é particularmente visível durante os eventos da vida que envolvem rituais específicos, como casamentos, nascimentos e funerais. As cerimónias de casamento zoroastrianas, por exemplo, envolvem uma combinação de ritos antigos, como a troca de alianças perante uma fogueira e a recitação de manthras, com elementos mais modernos que reflectem a cultura da região onde a cerimónia tem lugar. Mesmo com a evolução destas cerimónias, elas mantêm a sua essência - a celebração da união divina e a afirmação dos valores que guiarão a vida em comum do casal.

Do mesmo modo, os costumes em torno da morte e do luto no Zoroastrismo tiveram de se adaptar. Tradicionalmente, o Dakhma ou Torre do Silêncio era usado para enterros no céu, mas em muitas partes do mundo, tais práticas não são legalmente permitidas. Como resultado, algumas comunidades zoroastrianas passaram a utilizar o enterro ou a cremação, mas sempre com uma forte ênfase na pureza e no respeito pelos elementos. Por exemplo, os ritos de enterro podem incluir a colocação do corpo numa sepultura revestida a cimento para evitar o contacto com a terra, reflectindo o respeito permanente pela sacralidade do mundo natural. Estes ajustamentos mostram como os zoroastrianos navegam no delicado equilíbrio entre a adesão a crenças antigas e a adaptação às restrições legais e ambientais contemporâneas.

Os tempos de oração diários também enfrentam desafios de adaptação num mundo em que o ritmo de vida difere muitas vezes significativamente do das antigas sociedades agrárias. Para muitos zoroastrianos, os horários tradicionais das orações ao amanhecer, ao meio-dia e ao pôr do sol podem ser difíceis de observar rigidamente devido a compromissos laborais ou escolares. Em resposta, alguns encontraram soluções criativas, como a recitação de versões mais curtas dos manthras durante os intervalos ou a utilização de aplicações digitais de oração que fornecem lembretes ao longo do dia. Estas ferramentas modernas funcionam como pontes, ligando o passado ao presente, permitindo que os indivíduos transportem o ritmo da devoção zoroastriana para o tecido das suas rotinas diárias.

Outro exemplo de adaptação é a celebração de festivais zoroastrianos em diferentes partes do mundo. Em regiões onde os zoroastrianos são uma minoria, festivais como o Nowruz ou o Yalda são frequentemente celebrados com pequenas reuniões em casas particulares ou centros comunitários, em vez de grandes festividades públicas. No entanto, mesmo nestes ambientes íntimos, os elementos essenciais mantêm-se: o acender de velas, a oferta de orações, a partilha de alimentos e a narração de histórias que ligam a comunidade às suas raízes. Esta continuidade assegura que a essência destas festas - gratidão, renovação e celebração da vida - permanece vibrante, mesmo quando a escala da celebração se ajusta às realidades da vida na diáspora.

O desafio de manter a pureza e a conduta ética num mundo diversificado também levou a reflexões ponderadas no seio das comunidades zoroastrianas. Viver em sociedades multiculturais significa muitas vezes envolver-se em costumes e práticas que diferem dos valores tradicionais zoroastrianos. Por exemplo, manter a pureza da dieta, especialmente evitar certos alimentos ou a santificação ritual das refeições, pode ser difícil num mundo globalizado onde alimentos de muitas culturas estão facilmente disponíveis. Em resposta, alguns zoroastrianos concentram-se mais no espírito da prática - expressando gratidão por todas as refeições e esforçando-se pela moderação - em vez de aderirem estritamente às antigas leis dietéticas. Este enfoque na intenção em detrimento da forma permite que os fiéis se adaptem sem perder a essência moral das suas práticas.

No contexto da tecnologia, muitos zoroastrianos adoptaram as plataformas online como forma de se manterem ligados à sua fé. Templos de fogo virtuais, reuniões de oração em linha e arquivos digitais de textos sagrados surgiram como recursos vitais para aqueles que vivem longe dos centros zoroastrianos físicos. Para as gerações mais jovens, estas plataformas oferecem uma forma de se envolverem com o seu património de uma forma que parece acessível e relevante. Ao mesmo tempo, colocam questões sobre a forma como a fé pode evoluir - como podem o calor e a intimidade de uma comunidade que se reúne à volta de uma fogueira ser traduzidos para um espaço virtual? Como é que a experiência de recitar orações sozinho em frente a um ecrã difere de o fazer num espaço físico partilhado?

Apesar destas adaptações, a essência da prática zoroastriana - a sua ênfase na manutenção de uma ligação com o divino, na promoção de laços comunitários e na defesa de uma vida alinhada com Asha - permanece inabalável. A crença zoroastriana no livre arbítrio incentiva cada indivíduo a escolher a melhor forma de integrar as suas tradições no mundo moderno, esforçando-se sempre por preservar os valores subjacentes ensinados por Zaratustra. Esta abordagem permite que a fé seja dinâmica, adaptando-se a novos contextos sem sacrificar a sabedoria e a orientação dos ensinamentos antigos.

A relevância contínua destas práticas realça a resiliência e a flexibilidade do Zoroastrismo. Quer seja numa cidade movimentada ou numa aldeia remota, a rotina diária de cada zoroastriano é um testemunho do poder duradouro de uma fé que valoriza tanto a tradição como a capacidade de renovação. Enquanto navegam pelas complexidades da vida moderna, os zoroastrianos de todo o mundo continuam a encontrar formas de manter viva a chama da sua fé, deixando-a iluminar os seus caminhos, tal como o fez para os seus antepassados. Através destas práticas - tanto antigas como recentemente adaptadas - permanecem profundamente ligados a uma herança espiritual que atravessa milénios, mas que está sempre presente nas escolhas que fazem todos os dias.

Capítulo 30
Simbolismo

O Zoroastrismo é rico numa linguagem simbólica que transcende as palavras, tecendo uma tapeçaria que liga o mundo visível aos reinos espirituais. Entre estes símbolos, cada um carrega camadas de significado, um canal através do qual os fiéis podem compreender melhor os mistérios do cosmos e o seu próprio lugar dentro dele. Desde a imagem icónica do Faravahar até à presença duradoura do fogo sagrado, os símbolos zoroastrianos oferecem um mapa visual e espiritual que guia os seguidores na sua viagem pela vida.

O Faravahar é talvez o símbolo mais conhecido do Zoroastrismo, uma figura alada que personifica a essência do espírito humano e a orientação divina. O seu desenho intrincado, com uma figura humana a emergir de um círculo com asas e uma pena na cauda, contém múltiplas camadas de significado. A figura humana central representa a alma, estendendo-se em direção a Ahura Mazda, sugerindo a natureza aspiracional da viagem do espírito. O círculo que rodeia a figura é uma lembrança da eternidade, da natureza cíclica da vida, da morte e do renascimento. Pensa-se que as duas asas, cada uma composta por três camadas, representam Humata, Hukhta e Hvarshta - bons pensamentos, boas palavras e boas acções - guiando os fiéis para a retidão.

O Faravahar não é apenas uma representação abstrata, mas um lembrete prático dos deveres morais e espirituais de cada zoroastriano. Encoraja a introspeção, pedindo aos fiéis que alinhem as suas acções com os princípios de Asha. Quer seja esculpido na pedra de templos antigos ou usado como pendente, serve como um símbolo constante da busca da elevação espiritual, ancorando os zoroastrianos nas suas lutas morais diárias. Nos tempos modernos, tornou-se também um emblema cultural, uma ligação à herança persa para muitos, incluindo os que não pertencem à fé zoroastriana, simbolizando valores de resiliência, dignidade e procura de sabedoria.

Igualmente central no simbolismo zoroastriano é o fogo sagrado, que ocupa um lugar de profunda reverência no seio da fé. O fogo não é apenas um elemento; representa a luz divina de Ahura Mazda, personificando a pureza, a verdade e a energia que sustenta a vida. Nos templos, o fogo é mantido continuamente aceso, representando a presença eterna de Ahura Mazda. Para os zoroastrianos, o fogo é uma entidade viva, uma manifestação da energia divina que pode purificar a mente e o espírito. O seu calor e brilho são vistos como a personificação física da iluminação espiritual, guiando os crentes para a clareza e compreensão num mundo cheio de sombras.

Para além do templo, o fogo também desempenha um papel na vida quotidiana dos zoroastrianos. O acender de uma pequena lâmpada durante as orações em casa serve de ligação a esta chama eterna, um reflexo pessoal da ordem cósmica maior. A chama não é apenas um objeto de veneração; é um participante no diálogo do crente com o divino. A sua luz bruxuleante, que responde ao sopro do vento, simboliza a interação sempre presente entre os reinos material e espiritual. A capacidade do fogo para transformar o físico - transformando a madeira em cinzas, por exemplo - reflecte a viagem espiritual da ignorância à iluminação, uma transformação pela qual cada alma tem de passar.

Também a água tem um profundo significado simbólico no Zoroastrismo. Representa a pureza e a força vivificante do divino, complementando o poder purificador do fogo. As nascentes e os rios sagrados são considerados como vasos de Asha, encarnando o poder criativo de Ahura Mazda. A água é fundamental em muitos rituais zoroastrianos, desde o simples ato de lavar as mãos antes da oração até às cerimónias de purificação mais elaboradas. Serve como um meio através do qual os fiéis podem ligar-se ao divino, lavando não só as impurezas físicas, mas também as influências subtis de Druj - as forças do engano e do caos.

Na cosmologia zoroastriana, cada elemento - fogo, água, terra e ar - faz parte de um equilíbrio sagrado, reflectindo a interação entre os mundos material e espiritual. Esta reverência estende-se às montanhas, às árvores e a outras caraterísticas naturais, cada uma delas vista como uma manifestação da presença divina no mundo. As montanhas do Irão, por exemplo, há muito que são consideradas locais de retiro espiritual, onde o isolamento da sociedade permite uma ligação mais profunda com a criação de Ahura Mazda. Durante séculos, os peregrinos zoroastrianos procuraram estes santuários naturais para contemplação e oração, acreditando que as alturas físicas das montanhas os aproximam da iluminação espiritual.

Outro símbolo que ressoa profundamente entre os crentes zoroastrianos é o Asha Vahishta, a personificação da verdade e da retidão. Ao contrário do fogo ou do Faravahar, Asha não é um símbolo físico, mas um princípio orientador que permeia a prática e a filosofia do zoroastrismo. É frequentemente visualizado no equilíbrio entre a luz e as trevas, ou no caminho reto e inabalável, recordando aos fiéis a luta cósmica entre a ordem e o caos. Em orações e rituais, Asha é invocada como uma força que alinha as acções do indivíduo com o plano divino, uma forma de viver em harmonia com o universo. Ensina que, ao perseguir a verdade em cada pensamento, palavra e ação, se contribui para a ordem cósmica mais ampla e para o triunfo da luz sobre as trevas.

A importância de Asha também se reflecte no simbolismo da ética zoroastriana, onde a verdade se torna uma arma poderosa contra o engano de Druj. O conceito de Mithra - contratos ou acordos - desempenha aqui um papel crucial, simbolizando a sacralidade da veracidade e as consequências morais da quebra da palavra dada. Mithra é mais do que um princípio legal; é um laço espiritual que mantém unido o tecido da sociedade. Quando uma pessoa cumpre as suas promessas, reforça o tecido de Asha; quando as quebra, convida a desordem de Druj a entrar no mundo. Assim, Mitra serve para lembrar que a integridade não é apenas uma virtude pessoal, mas um dever cósmico, ligando o indivíduo à comunidade e ao divino.

Os símbolos no Zoroastrismo são também ferramentas de meditação e contemplação, oferecendo camadas de significado a serem exploradas ao longo da vida. Tomemos, por exemplo, o fio sagrado do Kusti, enrolado à volta da cintura sobre o Sudreh, uma simples veste branca. O ato de atar o Kusti é uma reafirmação simbólica do compromisso do crente com o caminho de Asha, ligando-se ao pacto divino. É um símbolo exterior de uma viagem interior, uma forma de nos lembrarmos da batalha constante entre o bem e o mal que tem lugar no nosso interior. Os fios do Kusti, entrelaçados com orações, representam a interligação do pensamento, da palavra e da ação - cada fio contribuindo para o tecido maior da vida de cada um.

Neste capítulo, começamos a ver como os símbolos do Zoroastrismo - sejam eles físicos, como o Faravahar e o fogo sagrado, ou conceptuais, como Asha - criam uma linguagem através da qual a visão do mundo zoroastriana é expressa. Não são meras relíquias de uma fé antiga, mas símbolos vivos, continuamente interpretados e reinterpretados por cada geração de crentes. Formam uma ponte entre os antigos ensinamentos de Zaratustra e as experiências dos zoroastrianos que vivem num mundo moderno e em rápida mudança. Neles, a essência da filosofia zoroastriana ganha vida, oferecendo um meio profundo de compreender o universo e o lugar de cada um nele.

Estes símbolos transportam uma mensagem intemporal, que ecoa através dos tempos: que a luta entre a luz e as trevas, a ordem e o caos, não é apenas uma batalha cósmica, mas uma batalha profundamente pessoal, travada no coração de cada crente. Através da lente destes símbolos sagrados, os zoroastrianos encontram tanto uma ligação às suas raízes antigas como uma bússola para navegar nas complexidades do mundo atual. Servem para recordar que, mesmo perante uma mudança profunda, a essência da fé zoroastriana - a sua reverência pelo divino, a sua busca da verdade e o seu empenho no caminho de

Asha - permanece tão duradoura como a chama que arde nos templos zoroastrianos há milénios.

À medida que os símbolos do zoroastrismo desdobram as suas camadas, servem como mais do que meras representações; são instrumentos que transportam os ensinamentos da fé para a vida quotidiana dos seus seguidores. Estes símbolos tornam-se parte dos rituais, da arquitetura e até da arte que permeia as comunidades zoroastrianas. Moldam a forma como os crentes percepcionam o seu lugar no universo, influenciando as suas acções, a ética e a busca do divino.

Um desses símbolos que estende a sua presença para além dos templos e das orações é o Fogo de Ahura Mazda. Não se limitando a espaços sagrados, este fogo inspira frequentemente representações artísticas, aparecendo na arte zoroastriana como uma chama radiante rodeada de desenhos intrincados. Em esculturas e relevos antigos, encontra-se o fogo sagrado representado ao lado de reis e sacerdotes, sublinhando o seu papel de testemunha divina dos acontecimentos terrenos. Estas representações artísticas do fogo sugerem a sua dupla natureza - protetora e purificadora - guiando tanto os governantes como os devotos. No brilho deste fogo sagrado encontra-se a promessa tácita da luz divina que guia a humanidade através de períodos de escuridão.

Nos templos do fogo, o Atash Behram e outros fogos sagrados são mantidos com um cuidado meticuloso, representando cada chama um nível diferente de pureza ritual. A presença destes diferentes graus de fogo - Atash Dadgah, Atash Adaran e Atash Behram - serve para recordar que, mesmo dentro da pureza do fogo, existem hierarquias e caminhos, tal como as viagens espirituais dos indivíduos. As gradações do fogo sagrado simbolizam os estágios de elevação espiritual, sugerindo que a jornada em direção a Ahura Mazda é estratificada e progressiva. Esta hierarquia de fogo não é estática; é uma tradição viva, evoluindo com as necessidades da comunidade, mas sempre enraizada na antiga sabedoria dos ensinamentos de Zaratustra.

O Faravahar também encontrou o seu lugar para além dos contextos religiosos, tornando-se um símbolo da identidade persa e da resiliência, especialmente entre a diáspora zoroastriana. Este duplo papel - como guia espiritual e como emblema cultural - demonstra a adaptabilidade dos símbolos zoroastrianos. Para os que vivem na diáspora, o símbolo torna-se uma ponte, ligando-os às suas raízes espirituais e culturais, mesmo quando estão longe das suas terras ancestrais. Quando gravado em paredes ou usado como joia, o Faravahar transcende as fronteiras entre o sagrado e o quotidiano, oferecendo uma recordação silenciosa do legado duradouro dos ideais zoroastrianos.

Para além do fogo e do Faravahar, existe o Khvarenah, um conceito que, embora mais abstrato, desempenha um papel crucial no pensamento zoroastriano. Khvarenah representa a glória ou fortuna divina, um brilho etéreo concedido por Ahura Mazda a indivíduos justos. Esta aura de glória, frequentemente representada como uma auréola luminosa ou uma energia radiante à volta de reis e heróis na antiga arte persa, significa o favor divino e a luz interior da verdade. Para os zoroastrianos, Khvarenah não é apenas um conceito místico; é um estado pelo qual se deve lutar, alcançado através da devoção, da força moral e do alinhamento com Asha. Incorpora a crença de que o brilho espiritual se reflecte no mundo material, e aqueles que vivem em harmonia com a ordem cósmica brilham com uma luz interior que os outros podem perceber.

A presença de Khvarenah em textos antigos e a sua representação visual na arte indicam um profundo entrelaçamento entre aspiração espiritual e autoridade mundana. Os reis e os líderes eram vistos como portadores de Khvarenah, responsáveis pela defesa da lei divina nos seus reinos. Este entendimento reforçava a ideia de que o poder terreno deveria estar alinhado com os princípios espirituais, reflectindo o ethos zoroastriano em que a governação é um dever sagrado. No contexto moderno, embora as monarquias se tenham desvanecido, o conceito de Khvarenah continua a inspirar os zoroastrianos a perseguir a liderança de forma a servir o bem maior, guiados pelos mesmos ideais de luz e retidão.

Passando aos rituais, o Kusti e o Sudreh formam outro par simbólico vital, personificando o compromisso de cada zoroastriano com a sua fé. O Sudreh, uma peça de vestuário de algodão branco usada junto ao corpo, simboliza a pureza e a armadura espiritual contra as forças de Druj. O Kusti, um longo cordão de lã, é enrolado três vezes à volta da cintura, simbolizando os três princípios de bons pensamentos, boas palavras e boas acções. O ato de desatar e voltar a atar o Kusti durante as orações diárias torna-se um momento de renovação, um realinhamento consciente com o caminho de Asha.

Este ritual diário transforma o mundano em sagrado, transformando o ato de se vestir numa prática espiritual. Serve para recordar que a batalha entre Asha e Druj não é apenas uma luta cósmica, mas também uma luta interna, que se desenrola nas escolhas e acções de cada indivíduo. Cada vez que um zoroastriano recita a oração enquanto ata o Kusti, reafirma o seu compromisso de lutar contra as influências da falsidade e do caos, ancorando-se na antiga tradição que guiou os seus antepassados durante milénios.

O simbolismo zoroastriano é também evidente na arquitetura, particularmente na conceção dos templos do fogo. Estas estruturas são muitas vezes construídas com um foco na simplicidade e harmonia com a natureza, incorporando a reverência zoroastriana pelo mundo físico como uma manifestação da criação divina. No interior do templo, o fogo sagrado está alojado num santuário abobadado, onde o teto curvo representa a abóbada do céu e a ordem cósmica. Este desenho arquitetónico não é meramente funcional; cria um espaço onde o adorador sente o abraço do universo, ficando entre a terra e o céu enquanto oferece as suas orações.

Na antiga arquitetura persa, os motivos dos ciprestes e dos leões são frequentemente esculpidos em pedra, símbolos da vida, da força e da proteção divina. O cipreste, sempre verde e duradouro, simboliza o espírito eterno que resiste aos ciclos do tempo. O leão, feroz e majestoso, representa a guarda da ordem divina, tal como o papel de Ahura Mazda como protetor da verdade. Estes símbolos, presentes em palácios e ruínas antigas, ligam os ensinamentos zoroastrianos aos espaços físicos onde as comunidades outrora se reuniam, oferecendo uma ligação tangível aos ideais espirituais que moldaram o seu mundo.

Embora as manifestações materiais destes símbolos proporcionem um vislumbre da visão do mundo zoroastriana, o seu poder reside na forma como moldam a vida interior dos crentes. Não são imagens estáticas, mas expressões dinâmicas, constantemente reinterpretadas à medida que o mundo muda. Os símbolos servem como uma linguagem através da qual os mistérios do universo são comunicados, recordando a cada geração os princípios eternos que estão no cerne da sua fé.

A adaptabilidade destes símbolos permitiu que o Zoroastrismo sobrevivesse ao longo de séculos de mudanças e desafios, desde os antigos impérios persas até à diáspora atual. São um espelho para a alma, reflectindo a crença zoroastriana de que o mundo é um reflexo da ordem divina e que todas as acções realizadas no domínio físico ecoam no espiritual. Quando os zoroastrianos acendem uma vela, fazem o Sudreh e o Kusti, ou contemplam a chama eterna num templo de fogo, participam numa tradição que transcende o tempo, encontrando nestes símbolos antigos uma fonte de força e um caminho para compreender os mistérios da existência.

Através desta intrincada teia de símbolos, o Zoroastrismo fala à procura universal de significado, tecendo uma ligação entre o temporal e o eterno. Cada símbolo serve como um fio condutor, atraindo os fiéis mais profundamente para o tecido da sua tradição, guiando-os através das complexidades da vida com a promessa da presença e ordem divinas. Nestes símbolos, a luz duradoura de Ahura Mazda brilha, lançando os seus raios através dos séculos, iluminando o caminho para um mundo onde Asha prevalece sobre as trevas de Druj.

Capítulo 31
Ligação com a ciência e a filosofia

Os ensinamentos do Zoroastrismo, embora profundamente enraizados na espiritualidade antiga, têm uma ressonância única com o pensamento científico moderno e a investigação filosófica. Existe uma ordem inerente à visão do mundo zoroastriana - um projeto cósmico concebido por Ahura Mazda - que encontra paralelos na compreensão científica do universo. Este capítulo explora estas intersecções, revelando como os conceitos zoroastrianos se alinham com, e por vezes antecipam, ideias contemporâneas sobre o mundo natural e o lugar da humanidade no mesmo.

No centro da cosmologia zoroastriana está a crença num universo ordenado, governado pelos princípios de Asha, ou verdade e ordem. Esta visão de um cosmos intrincadamente estruturado partilha afinidades com as explorações científicas sobre as leis que regem a realidade física. Tal como Asha representa uma harmonia cósmica no Zoroastrismo, a ciência procura descobrir os padrões subjacentes que dão coerência ao universo - desde a dança das partículas subatómicas até às forças gravitacionais que moldam as galáxias. Para os zoroastristas, o universo não é uma coleção aleatória de matéria, mas uma criação imbuída de um propósito, em que cada elemento, desde a mais pequena gota de água até à estrela mais distante, segue uma ordem divina estabelecida por Ahura Mazda.

Este sentido de ordem cósmica reflecte-se particularmente no domínio da cosmologia. A narrativa zoroastriana da criação fala do universo que emerge através de uma série de fases estruturadas, cada uma representando aspectos da intenção divina. A ciência, através de disciplinas como a astrofísica e a cosmologia, oferece a sua própria narrativa da criação: a teoria do

Big Bang e a formação de estrelas, planetas e galáxias. Embora estas perspectivas difiram nas suas metodologias - uma emergindo de uma visão mística, a outra da observação empírica - partilham uma profunda curiosidade sobre as origens da existência. O foco do zoroastrismo num cosmos ordenado encontra eco na busca científica de mapear a estrutura do universo, sugerindo um parentesco profundo, embora metafórico, entre o antigo e o moderno.

    O conceito de Asha como força orientadora estende-se à compreensão zoroastriana da natureza e dos seus ciclos. Este defende que o mundo funciona de acordo com um ritmo divino, evidente na mudança das estações, nos ciclos da vida e na interação entre os elementos. A ecologia moderna, com o seu enfoque nos ecossistemas e na interdependência das formas de vida, está em sintonia com esta perspetiva. Assim como os ensinamentos zoroastrianos enfatizam a necessidade de manter o equilíbrio e a harmonia com o mundo natural, a ciência ecológica reconhece o delicado equilíbrio necessário para sustentar a vida na Terra. Em ambas, há um reconhecimento de que a rutura do equilíbrio - seja através das forças de Druj ou da degradação ambiental - pode levar ao caos e ao sofrimento.

    Além disso, a ênfase zoroastriana na responsabilidade individual em manter este equilíbrio é paralela às considerações éticas que sustentam a ciência ambiental atualmente. O apelo para cuidar de Asha protegendo a água, o ar e o solo pode ser visto como uma articulação precoce dos princípios que orientam a gestão ambiental moderna. Os rituais zoroastrianos que honram os elementos naturais, como a reverência pelo fogo, pela água e pela terra, servem para recordar a interconexão de toda a vida - um entendimento que se alinha de perto com o princípio ecológico de que o bem-estar humano está ligado à saúde do planeta.

    Filosoficamente, a ênfase do Zoroastrismo no livre arbítrio e na escolha moral cruza-se com as questões existenciais colocadas pela filosofia ocidental e oriental. A luta entre Asha e Druj, central na visão do mundo zoroastriana, apresenta uma visão da vida como uma série de escolhas morais, em que os seres humanos são dotados do poder de moldar o seu destino. Isto reflecte o pensamento existencialista, que enfatiza a agência individual e a procura de significado dentro dos constrangimentos da condição humana. Os ensinamentos zoroastrianos sugerem que, através do exercício do livre-arbítrio, se pode alinhar com a ordem cósmica, contribuindo para o triunfo final do bem sobre o mal. Trata-se de uma visão da vida que abraça tanto a responsabilidade pessoal como o profundo impacto de cada escolha no drama cósmico mais alargado.

Em diálogo com as filosofias deterministas que por vezes dominam o pensamento científico, o Zoroastrismo oferece uma perspetiva que afirma a capacidade humana de mudar o curso dos acontecimentos. Enquanto as leis da física podem governar o comportamento da matéria, o zoroastrismo sugere que o universo moral é moldado por acções conscientes. Esta crença no poder da escolha humana constitui um contraponto às ideias de um universo governado apenas por forças impessoais, apresentando, em vez disso, um mundo em que cada decisão se repercute no tecido da realidade, influenciando o equilíbrio entre Asha e Druj.

A natureza dualista do zoroastrismo, com a sua clara distinção entre o bem e o mal, a luz e as trevas, também oferece um paralelo intrigante com as discussões metafísicas sobre a natureza da realidade e a existência de dualidades. Conceitos como o problema mente-corpo, a interação entre a realidade material e a consciência e a procura da verdade última encontram um espírito afim na exploração do Zoroastrismo dos reinos espiritual e material. A noção de que forças espirituais como Asha podem manifestar-se em realidades físicas convida a uma questão filosófica mais alargada: Poderá a moralidade moldar o mundo material, tal como as leis físicas moldam o cosmos?

Esta investigação metafísica estende-se ao domínio da ética, onde os ensinamentos do Zoroastrismo oferecem uma base para compreender a natureza do bem e o papel da humanidade na sua prossecução. Os debates filosóficos que há muito ponderam a natureza da virtude, da justiça e o objetivo da vida humana encontram eco no apelo zoroastriano ao cultivo de Humata, Hukhta, Hvarshta - bons pensamentos, boas palavras, boas acções. A ética zoroastriana, com o seu enfoque na prática ativa da virtude, alinha-se com a filosofia moral que procura definir um caminho para a boa vida, sugerindo que a verdadeira sabedoria reside no alinhamento do pensamento, do discurso e da ação.

A influência do zoroastrismo pode até ser traçada no domínio da ética que está na base dos direitos humanos modernos. Os seus ensinamentos sobre a dignidade inerente aos indivíduos, a ênfase na verdade e a necessidade de lutar pela justiça ressoam com os ideais contemporâneos de igualdade e dignidade humana. Estudiosos e filósofos notaram os paralelos entre os conceitos zoroastrianos de ordem moral e os princípios que mais tarde influenciaram o pensamento iluminista. Esta perspetiva antiga, enraizada nos ensinamentos místicos de Zaratustra, recorda-nos que a procura da justiça e da verdade é um esforço intemporal, que transcende as fronteiras da cultura e da história.

Assim, o diálogo entre o zoroastrismo e a ciência e filosofia modernas não é uma oposição, mas uma procura partilhada de compreensão dos mistérios da existência. Quer através da lente da revelação espiritual, quer através dos rigores da investigação científica, ambos procuram responder às mesmas questões fundamentais: Qual é a natureza da realidade? Qual é o papel da humanidade no cosmos? E como é que se pode viver em harmonia com a verdade que está subjacente a toda a criação?

Ao explorar estas ligações, o Zoroastrismo demonstra a sua capacidade de se envolver com o mundo das ideias para além das suas origens antigas. Oferece uma perspetiva em que os mundos material e espiritual estão interligados, cada um influenciando o outro. Esta visão encoraja uma síntese da sabedoria antiga e do conhecimento moderno, sugerindo que a procura da verdade é uma viagem que atravessa milénios, com cada era a acrescentar a sua voz ao coro da compreensão.

À medida que os capítulos se desenrolam, a visão zoroastriana do universo continua a revelar as suas profundezas, convidando à reflexão sobre a forma como as antigas percepções espirituais continuam a ser relevantes nas discussões contemporâneas sobre a natureza da realidade e o papel do ser humano no seu seio. A viagem através destas intersecções entre o pensamento zoroastriano, a ciência e a filosofia convida a uma apreciação mais profunda da busca duradoura do conhecimento e dos mistérios que continuam a cativar o espírito humano.

Com base na exploração inicial das ligações entre o zoroastrismo e o pensamento científico e filosófico moderno, este capítulo aprofunda os diálogos que surgiram entre os antigos ensinamentos zoroastrianos e as correntes mais alargadas da investigação filosófica. Aqui, descobrimos como os intrincados princípios do Zoroastrismo encontraram ressonância em várias escolas de pensamento das tradições orientais e ocidentais, oferecendo novas dimensões de compreensão a questões intemporais sobre a existência, a moralidade e a natureza do cosmos.

Um dos aspectos mais fascinantes do pensamento zoroastriano é a sua abordagem matizada do dualismo, que se tornou um tópico de discussão alargada na filosofia. Embora o zoroastrismo seja muitas vezes conhecido pelas suas distinções claras entre o bem e o mal - corporizadas na oposição cósmica entre Asha (ordem, verdade) e Druj (caos, engano) - este dualismo não é uma divisão simplista. Reconhece a interação complexa entre estas forças, reconhecendo que o mundo material é o palco onde se desenrola a luta moral. Esta perspetiva tem traçado paralelos com as filosofias dualistas encontradas nas obras de figuras como Platão, que também se debateu com a tensão entre o ideal (o reino das formas) e o mundo físico.

A influência do zoroastrismo no pensamento ocidental é talvez mais evidente no encontro da Grécia antiga com as ideias persas. Filósofos como Heráclito, que falava do mundo como estando num estado de fluxo governado por uma espécie de razão divina (Logos), podem ter sido indiretamente influenciados pelas ideias zoroastrianas de um cosmos ordenado guiado por Asha. Os intercâmbios entre antigos pensadores persas e gregos evidenciam uma polinização cruzada histórica que moldou as paisagens filosóficas de ambas as regiões, deixando vestígios nos conceitos de ordem cósmica e da natureza do divino.

Nas tradições filosóficas orientais, especialmente na filosofia indiana, os ecos do pensamento zoroastriano são igualmente profundos. As interações entre os primeiros seguidores do zoroastrismo e a cultura védica levaram a uma partilha de ideias metafísicas que influenciaram ambas as tradições. Conceitos como a eterna luta entre a luz e as trevas podem ser vistos reflectidos nos temas dualistas encontrados na cosmologia hindu e, mais tarde, na cosmologia budista. Este diálogo contribuiu para uma compreensão mais alargada da batalha espiritual entre a iluminação e a ignorância, criando uma rica tapeçaria de ideias que enriqueceu ambas as paisagens religiosas.

Para além do mundo antigo, o dualismo zoroastriano também convida a comparações com as tradições maniqueísta e gnóstica, que floresceram nos primeiros séculos da Era Comum. Estes movimentos, tal como o zoroastrismo, enfatizavam a luta entre a luz e as trevas e o papel do mundo material nesse conflito cósmico. Embora distintas nas suas estruturas teológicas, as semelhanças temáticas sugerem que as ideias zoroastrianas sobre a natureza do bem, do mal e da luta cósmica ressoaram profundamente nas correntes espirituais da época, moldando as perspectivas místicas que mais tarde influenciaram o misticismo cristão e islâmico.

Voltando à era moderna, os conceitos zoroastrianos continuam a encontrar lugar nas discussões filosóficas sobre ética e moralidade. A ênfase zoroastriana no papel da escolha individual na formação do destino de cada um reflecte a ênfase existencialista na responsabilidade pessoal, tal como articulada por pensadores como Jean-Paul Sartre e Albert Camus. Para os Zoroastrianos, o ato de escolher Asha em vez de Druj não é apenas um dever religioso, mas uma afirmação da nossa capacidade de ação no cosmos - um tema que ressoa com as ideias existencialistas sobre a criação de significado através da ação num universo indiferente. Esta ênfase partilhada no peso da escolha individual sublinha uma preocupação intemporal com a natureza da liberdade e o peso da responsabilidade ética.

Além disso, as ideias zoroastrianas sobre a natureza cíclica do universo e o conceito de Frashokereti - a renovação do mundo - encontram um paralelo nos debates contemporâneos no âmbito da filosofia do tempo e da cosmologia. A visão zoroastriana de um cosmos que passa por períodos de decadência seguidos de uma renovação final alinha-se com certas interpretações do tempo como não linear, uma visão que ganhou força tanto nas filosofias orientais como na física moderna através de teorias de um universo cíclico. Convida à reflexão sobre o modo como as visões antigas da renovação cósmica se podem cruzar com as teorias científicas da entropia, do Big Crunch ou do potencial renascimento do universo.

Ao envolver-se com estas correntes filosóficas, o zoroastrismo também oferece um enquadramento para a compreensão da relação entre a ética e o mundo físico. O compromisso zoroastriano com Asha como uma força ativa que molda a realidade espiritual e material sugere uma interação dinâmica entre o pensamento e o ser. Esta perspetiva está em sintonia com certos aspectos da filosofia idealista, que defende que a consciência e as ideias desempenham um papel fundamental na formação da realidade. No entanto, o Zoroastrismo mantém-se distinto na sua insistência de que a ação ética é essencial para provocar a mudança, posicionando-o mais próximo das filosofias pragmatistas que valorizam a aplicação prática das ideias na formação do mundo.

A visão do Zoroastrismo de um universo harmonioso também se relaciona com o discurso científico contemporâneo sobre a sustentabilidade e o tratamento ético do ambiente. Os ensinamentos antigos sobre a santidade dos elementos naturais e o dever de manter o equilíbrio da Terra encontram um paralelo na ética ambiental moderna, onde o reconhecimento da interconectividade entre as formas de vida levou a uma consciência mais profunda da responsabilidade da humanidade para com o planeta. Este alinhamento sugere que a antiga reverência zoroastriana pela natureza oferece perspectivas intemporais para os debates contemporâneos sobre a responsabilidade ecológica e a necessidade de práticas de vida sustentáveis.

Em diálogo com as perspectivas científicas sobre a natureza da consciência, os ensinamentos do Zoroastrismo sobre a alma e a sua viagem após a morte oferecem uma articulação precoce de questões que continuam a intrigar tanto os neurocientistas como os filósofos. A viagem da alma através da Ponte Chinvat - uma passagem que simboliza a transição do reino material para o espiritual - levanta questões sobre a natureza da consciência, a possibilidade de uma vida após a morte e a relação entre a mente e a matéria. Enquanto a ciência continua a centrar-se em provas empíricas, os conhecimentos espirituais zoroastrianos fornecem um contraponto poético, sugerindo que os mistérios da consciência podem estender-se para além dos limites físicos do cérebro.

Na era moderna, a influência do zoroastrismo estendeu-se a pensadores e buscadores espirituais que são atraídos pela sua ênfase na ordem cósmica, na vida ética e na busca da verdade. Os seus princípios inspiraram um ressurgimento de interesse entre aqueles que vêem no Zoroastrismo um caminho espiritual que preenche a lacuna entre a sabedoria antiga e os desafios modernos. A ênfase na verdade (Asha), a batalha contra o engano (Druj) e a busca de uma vida alinhada com princípios mais elevados falam àqueles que procuram uma estrutura moral que permanece relevante no meio das complexidades contemporâneas.

Em última análise, o diálogo contínuo do Zoroastrismo com a ciência e a filosofia demonstra a sua capacidade de evoluir e de se envolver com a paisagem em mudança do conhecimento humano. Oferece uma perspetiva simultaneamente antiga e virada para o futuro, sugerindo que as questões colocadas por Zaratustra continuam a ressoar nos corações e mentes daqueles que procuram compreender a natureza da existência. Os ensinamentos do zoroastrismo recordam-nos que, na busca da verdade, devemos olhar tanto para o exterior, para os vastos mistérios do cosmos, como para o interior, para as escolhas morais que moldam a alma humana.

Nesta exploração contínua das dimensões filosóficas do Zoroastrismo, o leitor é convidado a refletir sobre o modo como os ensinamentos antigos podem iluminar as discussões modernas, oferecendo uma ponte entre o misticismo do passado e a racionalidade do presente. É nesta síntese que o Zoroastrismo revela a sua relevância duradoura, um testemunho da procura humana intemporal de sabedoria, significado e uma compreensão mais profunda do universo.

Capítulo 32
Zoroastrianos famosos

A viagem através da longa e rica história do Zoroastrismo leva-nos às figuras que, ao longo dos séculos, encarnaram os ensinamentos de Zaratustra e desempenharam um papel vital na preservação e propagação da fé. Estes indivíduos, desde antigos sábios a líderes contemporâneos, não são apenas guardiões de uma tradição espiritual, mas também símbolos de resiliência e adaptação face a imensas mudanças culturais. As suas histórias revelam o espírito duradouro do Zoroastrismo, proporcionando uma ponte entre a sabedoria antiga e as expressões modernas de fé.

Entre as primeiras e mais significativas figuras encontra-se o lendário Dario I, rei do Império Aqueménida, cujo governo, no século VI a.C., marcou uma época em que o zoroastrismo se entrelaçou com a governação de um dos grandes impérios do mundo. As inscrições de Dario, em particular as de Behistun, falam da sua devoção a Ahura Mazda, sublinhando o papel do apoio divino no seu direito de governar. O seu patrocínio de rituais zoroastrianos e a proteção de templos de fogo reforçaram a ligação entre a governação e o dever espiritual. Embora o reinado de Dario tenha ocorrido séculos depois da vida de Zaratustra, o seu apoio ajudou a institucionalizar a fé, permitindo-lhe florescer a par das ambições imperiais da Pérsia.

Outra figura fundamental no início da história do zoroastrismo é o erudito sacerdote Tansar, que viveu durante o período sassânida (224-651 d.C.). Atribui-se frequentemente a Tansar a sistematização dos ensinamentos zoroastrianos e a solidificação do cânone do Avesta, os textos sagrados que formam o núcleo das escrituras zoroastrianas. A sua influência na organização da estrutura religiosa do estado sassânida não pode ser exagerada, uma vez que trabalhou para estabelecer uma autoridade religiosa centralizada, o que ajudou a fé a resistir a influências externas e à fragmentação interna. Os esforços de Tansar garantiram que os ensinamentos de Zaratustra permanecessem uma tradição coesa e estruturada durante uma época de grandes transformações políticas e sociais na Pérsia.

Com o advento da conquista islâmica da Pérsia, no século VII, o zoroastrismo enfrentou uma mudança dramática. A história dos fiéis Mobedan (sacerdotes), como Adurfarnbag Farrokhzad, é crucial nesta época. Adurfarnbag, um proeminente sacerdote zoroastriano, trabalhou incansavelmente para preservar os textos espirituais e as tradições do zoroastrismo numa época de crescente repressão. Os seus escritos e comentários sobre o Avesta constituíram uma tábua de salvação para a continuidade do conhecimento zoroastriano face à adversidade. O seu empenho em manter a pureza dos rituais e a transmissão de conhecimentos em reuniões secretas exemplificou a resiliência do espírito zoroastriano numa época de grandes mudanças.

Avançando para a era da migração e da diáspora, a história da comunidade Parsi na Índia constitui um testemunho da adaptabilidade das tradições zoroastrianas. Não se pode falar deste período sem mencionar a figura de Dadabhai Naoroji, um líder Parsi pioneiro conhecido pelo seu papel na política indiana como o primeiro asiático a servir no Parlamento britânico no final do século XIX. A defesa de Naoroji da independência da Índia e a sua crença na reforma social foram profundamente influenciadas pelos seus valores zoroastrianos, nomeadamente a ênfase na verdade (Asha) e na justiça social. Utilizou a sua plataforma para defender não só os direitos dos indianos, mas também para assegurar que o património e os valores da comunidade Parsi fossem respeitados no contexto mais vasto da sociedade indiana.

Na era moderna, outra figura significativa é o Dastur Dr. Firoze M. Kotwal, um Mobed de alto nível que se tornou uma voz proeminente da fé zoroastriana nos tempos actuais. O trabalho académico do Dr. Kotwal e a sua dedicação à preservação dos rituais tradicionais tornaram-no uma autoridade respeitada no seio da comunidade zoroastriana. Os seus esforços para documentar e ensinar os ritos antigos, bem como a sua abertura para se envolver em questões modernas sobre fé e identidade, fazem dele uma figura-chave no diálogo em curso sobre o lugar do Zoroastrismo no mundo moderno. A liderança do Dr. Kotwal tem ajudado a manter o delicado equilíbrio entre honrar o passado e atender às necessidades de uma comunidade zoroastriana globalizada.

Para além dos líderes religiosos, o zoroastrismo também assistiu ao aparecimento de figuras da literatura e das artes que se inspiraram no seu rico simbolismo e filosofia. Entre estes, destaca-se Keki N. Daruwalla, um aclamado poeta indiano. A sua poesia reflecte frequentemente os temas do fogo, da luz e da luta entre a ordem e o caos - motivos profundamente enraizados na visão do mundo zoroastriana. Através do seu trabalho, Daruwalla trouxe o espírito da filosofia zoroastriana para a corrente literária, oferecendo uma reflexão poética do ethos zoroastriano a um público mais vasto.

No domínio da ciência, o legado de Zubin Mehta, um maestro de renome, constitui um exemplo de como os valores zoroastrianos podem permear diversos aspectos da vida. Embora o seu trabalho se situe principalmente no domínio da música clássica, a abordagem de Mehta à liderança de orquestras em todo o mundo reflecte a disciplina e a paixão que ecoam os princípios zoroastrianos de luta pela excelência e harmonia. As suas contribuições para o mundo da música valeram-lhe a aclamação internacional, e ele tem falado frequentemente da importância da sua herança Parsi na formação dos seus valores e visão do mundo.

Cada um destes indivíduos, em diferentes épocas e domínios, reflecte uma faceta única do impacto do Zoroastrismo no mundo. Personificam os ensinamentos de Zaratustra através da sua dedicação à verdade, da sua resistência perante a adversidade e do seu empenho em servir as suas comunidades. Através das suas vidas, os antigos valores do Zoroastrismo encontram novas expressões, mostrando que, mesmo quando o mundo muda, os princípios fundamentais desta antiga fé continuam a inspirar.

À medida que o capítulo se desenrola, os leitores são convidados a considerar como as contribuições destas figuras moldaram o curso da história do Zoroastrismo, mantendo viva uma tradição que, de outra forma, poderia ter-se desvanecido na obscuridade. As suas histórias servem para recordar que a essência de um caminho espiritual não está apenas nas suas doutrinas, mas também nas vidas daqueles que o vivem. Das cortes reais à diáspora e dos templos sagrados aos palcos das sinfonias globais, o espírito do Zoroastrismo perdura, adaptando-se e encontrando novas formas em cada geração que se ergue para levar a sua tocha.

À medida que o Zoroastrismo navega nas ondas da história, a sua sobrevivência e influência estão intimamente ligadas aos esforços de indivíduos extraordinários que ajudaram a sustentar os seus ensinamentos ao longo das gerações. Estas figuras, que emergem de vários cantos do mundo, representam a adaptabilidade da fé e a sua capacidade de permanecer relevante mesmo em tempos de profunda transformação. Os seus contributos na filosofia, nos direitos humanos, na literatura, e não só, continuam a inspirar zoroastristas e não zoroastristas, demonstrando o poder da sua herança e a mensagem duradoura de Zaratustra.

Uma das figuras contemporâneas mais proeminentes é Rohinton Mistry, um romancista de renome cujas obras lançaram luz sobre a experiência parsi zoroastriana na Índia moderna. Os seus aclamados romances, tais como A Fine Balance e Family Matters, aprofundam os desafios enfrentados pela comunidade Parsi, abordando temas de identidade, tradição e as tensões entre a manutenção de costumes antigos e a adaptação a um mundo em rápida mudança. A narrativa de Mistry oferece uma janela para a vida quotidiana dos zoroastrianos, captando as complexidades de uma comunidade que se esforça por preservar o seu património no meio das pressões da modernidade. Através da sua literatura, Mistry preserva o espírito dos valores zoroastrianos, como a busca da verdade (Asha) e a luta pela justiça, apresentando-os a um público global num contexto profundamente humano.

No domínio do ativismo social, Cyrus Habib, antigo Tenente Governador do Estado de Washington, surgiu como um símbolo de perseverança e progresso. Como político cego de herança zoroastriana, Habib enfrentou desafios que transformou em oportunidades de defesa e mudança. O seu empenho na equidade, nos direitos dos deficientes e no serviço público está profundamente enraizado nos ideais zoroastrianos de servir os outros e lutar pelo bem comum. A carreira de Habib reflecte uma interpretação moderna dos ensinamentos do Zoroastrismo, demonstrando como os princípios do dever moral e da luta pela justiça podem ser aplicados às questões contemporâneas da governação e da sociedade. O seu trabalho serve de inspiração para os jovens zoroastrianos que procuram fazer a diferença nas suas comunidades, mantendo-se fiéis aos fundamentos éticos da sua fé.

Para além destas figuras culturais e políticas, o zoroastrismo também deixou a sua marca no mundo académico, com académicos como Jamsheed Choksy a oferecerem uma ponte crítica entre os textos antigos e a compreensão contemporânea. A extensa investigação de Choksy sobre a história e as práticas religiosas do Zoroastrismo tem sido fundamental para trazer a profundidade das ideias filosóficas e teológicas da fé a um público académico mais vasto. O seu trabalho explora as intersecções do Zoroastrismo com outras religiões e culturas mundiais, revelando como os conceitos zoroastrianos de dualismo, moralidade e cosmologia influenciaram o pensamento religioso global. Os estudos de Choksy ajudaram a elevar o estudo do zoroastrismo, assegurando que as suas complexidades e significado histórico são reconhecidos no domínio dos estudos religiosos.

Entre os muitos zoroastrianos notáveis que contribuíram para a ciência e a tecnologia, Farrokh Bulsara, conhecido mundialmente como Freddie Mercury, é uma figura única. Embora conhecido principalmente como o lendário vocalista dos Queen, a origem parsi de Mercury e a sua educação zoroastriana em Zanzibar e na Índia desempenharam um papel subtil na formação da sua perspetiva de vida. Embora raramente falasse publicamente sobre a sua fé, os temas da dualidade e da luta interna entre o bem e o mal presentes em algumas das suas letras reflectem as crenças zoroastrianas fundamentais. O impacto global de Mercury através da música ilustra como os valores e as experiências de uma educação zoroastriana podem permear e influenciar até os domínios mais inesperados da criatividade e da auto-expressão.

As contribuições dos zoroastrianos vão para além dos indivíduos e incluem iniciativas filantrópicas que moldaram comunidades em todo o mundo. Um exemplo disso é a família Tata, na Índia, cujo império industrial tem estado entrelaçado com um compromisso com o bem-estar e o progresso social. Jamsetji Tata, o fundador do Grupo Tata, era movido por uma visão de industrialização que andava de mãos dadas com a responsabilidade social. Investiu na educação, nos cuidados de saúde e no desenvolvimento comunitário, princípios que reflectem os ideais zoroastrianos de gestão e melhoria da sociedade. Atualmente, os Tata Trusts dão continuidade a este legado, financiando iniciativas que visam melhorar as comunidades e promover a inovação, incorporando a ética zoroastriana de utilizar a riqueza para um bem maior.

Outra figura contemporânea importante é o Dr. Meher Master-Moos, um líder zoroastriano que tem trabalhado incansavelmente para promover o diálogo e a compreensão inter-religiosos. Como presidente do Zoroastrian College na Índia, a Dra. Master-Moos tem sido uma construtora de pontes entre o Zoroastrismo e outras religiões mundiais, promovendo um espírito de cooperação e respeito mútuo. Os seus esforços para preservar os ensinamentos zoroastrianos através da educação, ao mesmo tempo que defende a harmonia entre as diferentes fés, incorporam o valor zoroastriano fundamental de lutar pela unidade na diversidade. Através do seu trabalho, a Dra. Master-Moos assegura que a sabedoria dos ensinamentos zoroastrianos permanece acessível e relevante num mundo pluralista, ao mesmo tempo que alimenta um sentido de orgulho e identidade entre a juventude zoroastriana.

A diáspora global também viu zoroastrianos como Fali Nariman, um ilustre jurista na Índia, darem contributos significativos para o domínio do direito. Conhecido pela sua experiência em direito constitucional, Nariman tem sido um defensor das liberdades civis e dos direitos humanos, recorrendo frequentemente à ênfase zoroastriana na justiça e no dever moral de combater a falsidade. O seu trabalho jurídico moldou o desenvolvimento da jurisprudência constitucional na Índia e a sua dedicação à defesa dos princípios da justiça e da equidade granjeou-lhe a reputação de um dos principais juristas da sua geração. A carreira de Nariman reflecte a forma como os princípios zoroastrianos podem encontrar expressão através de um compromisso ao longo da vida com o Estado de direito e a proteção da dignidade humana.

Ao encerrar este último capítulo, é evidente que os contributos destes famosos zoroastrianos não são actos isolados, mas sim parte de uma tapeçaria mais vasta de resiliência, inovação e fé. As suas vidas demonstram que o Zoroastrismo, embora enraizado em tradições antigas, continua a inspirar ação e criatividade de formas novas e inesperadas. Estes indivíduos transportaram a tocha dos ensinamentos de Zaratustra ao longo dos séculos, adaptando-os aos desafios e oportunidades de cada época. Ao fazê-lo, mantiveram viva a essência da fé, provando que os valores fundamentais de Asha, da verdade e do serviço à humanidade permanecem intemporais.

As histórias destes zoroastrianos servem como um farol para as gerações futuras, lembrando-lhes que os princípios da sua fé podem ser uma fonte de força e orientação, independentemente dos desafios que enfrentem. Através da sua dedicação, criatividade e coragem moral, eles asseguraram que o legado do Zoroastrismo continuará a brilhar no mundo, oferecendo um caminho de sabedoria e esperança para todos os que o procuram.

Epílogo

O caminho que percorremos levou-nos à beira de um horizonte onde o sagrado e o profano se encontram, onde a luz e a escuridão se enfrentam num abraço final antes do amanhecer. Ahura Mazda e Angra Mainyu continuam a sua luta, mas agora compreendes que esta batalha também reside dentro de ti. As escolhas feitas, os silêncios mantidos, cada ato de bondade ou de sombra, todos ressoam no tecido do cosmos.

O que Zaratustra imaginou não foi apenas um mundo dividido entre o bem e o mal, mas a possibilidade de redenção, de renovação. A promessa de Frashokereti, a renovação do mundo, é um símbolo de um futuro onde as sombras se dissipam e a verdade de Asha triunfa sobre os véus de Druj. Mas esta promessa não é uma dádiva divina entregue sem esforço; é uma construção, um trabalho que exige o empenhamento de todos os seres que respiram debaixo do céu.

Enquanto o fogo sagrado arde silenciosamente nos templos, como um testemunho da presença eterna de Ahura Mazda, vós, que chegastes ao fim destas páginas, carregais agora uma centelha dessa chama dentro do vosso espírito. É um legado que transcende as eras, uma ligação entre o ontem e o amanhã, entre o visível e o invisível. A sabedoria antiga que aqui repousa torna-se tua, pronta para guiar os teus passos, mas também para te desafiar a ser mais do que um mero observador.

És chamado a ser um guardião da criação, a manter viva a chama da verdade face às tempestades que Angra Mainyu lança sobre o mundo. E embora a jornada possa ser árdua, embora a escuridão possa tentar engolir a luz, o destino da criação está nas mãos daqueles que ousam manter o olhar fixo na promessa de um novo amanhecer.

Agora, ao encerrarem este livro, saibam que o vosso papel na grande narrativa do cosmos está apenas a começar. Que o eco das palavras de Zaratustra ressoe no teu coração, lembrando-te que, em cada momento, há a oportunidade de escolher a luz, de viver em harmonia com Asha. Que encontres a coragem para enfrentar as sombras, e que a chama da sabedoria guie os teus passos, até ao dia em que o mundo, finalmente, brilhe com a pureza da criação restaurada.